ABHANDLUNGEN DER AKADEMIE DER WISSENSCHAFTEN DER DDR

Veröffentlichungen der Wissenschaftlichen Räte

W 9
1978

4. Tagung der Gemeinsamen Kommission der Ökonomen der UdSSR und der DDR

Probleme der Leitung und Planung der sozialistischen Wirtschaft

Akademie-Verlag · Berlin

ABHANDLUNGEN
DER AKADEMIE DER WISSENSCHAFTEN DER DDR
Abteilung Veröffentlichungen der Wissenschaftlichen Räte
Jahrgang 1978 · Nr. W 9

4. Tagung
der Gemeinsamen Kommission der Ökonomen
der UdSSR und der DDR

Probleme der Leitung und Planung der sozialistischen Wirtschaft

Probleme und Entwicklungstendenzen der Vervollkommnung
des Systems der Leitung und Planung der sozialistischen Wirtschaft

AKADEMIE-VERLAG · BERLIN 1979

Herausgegeben im Auftrage des Präsidenten
der Akademie der Wissenschaften der DDR
von Vizepräsident Prof. Dr. Heinrich Scheel

Verantwortlich für dieses Heft:
Akademiemitglied Prof. Dr. sc. oec. Helmut Koziolek
Vorsitzender des Wissenschaftlichen Rates
für die wirtschaftswissenschaftliche Forschung
bei der Akademie der Wissenschaften der DDR

Redaktionsschluß: 15. 9. 1978

Erschienen im Akademie-Verlag, DDR-108 Berlin, Leipziger Str. 3–4

Lizenznummer: 202.100/201/79
Gesamtherstellung: VEB Druckhaus Köthen
Bestellnummer: 753 687 3 (2001/78/9/W) · LSV 0345
Printed in GDR
DDR 12,– M

Inhaltsverzeichnis

Vorbemerkung

Gemäß den anläßlich der 3. Tagung der Gemeinsamen Kommission der Ökonomen der UdSSR und der DDR bei den Akademien der Wissenschaften der UdSSR und der DDR im Dezember 1977 getroffenen Vereinbarungen fand vom 26. Juni bis 2. Juli 1978 in Berlin die 4. Tagung der Kommission zum Thema „Probleme und Entwicklungstendenzen der Vervollkommnung des Systems der Leitung und Planung der sozialistischen Wirtschaft“ statt.[1] Mit der Behandlung dieses Themas setzte die Kommission ihre kontinuierliche Arbeit zu den entscheidenden Fragen der wirtschaftswissenschaftlichen Forschung in beiden Ländern fort. Das entspricht den Zielen, unter denen die Gemeinsame Kommission der Ökonomen der UdSSR und der DDR im Oktober 1975 in Moskau konstituiert wurde.

Das Thema der 4. Tagung der Kommission ergab sich folgerichtig aus dem inneren Zusammenhang, der zwischen den Grundfragen der weiteren Gestaltung der entwickelten sozialistischen Gesellschaft und ihrer Wirtschaft, den bei der vertieften Intensivierung der gesellschaftlichen Produktion zu lösenden Aufgaben und der Notwendigkeit besteht, das System der Leitung, Planung und ökonomischen Stimulierung in seiner ganzen Komplexität immer besser auf die Erfordernisse der sozialistischen Intensivierung und die Beschleunigung des wissenschaftlich-technischen Fortschritts einzustellen.

Der UdSSR-Teil der Gemeinsamen Kommission wurde auf der 4. Tagung durch eine Delegation unter Leitung des korrespondierenden Mitgliedes der Akademie der Wissenschaften der UdSSR, Prof. Dr. sc. J. I. Kapustin, Direktor des Instituts für Ökonomik der Akademie der Wissenschaften der UdSSR, vertreten. Der sowjetischen Delegation gehörten weiterhin an: Dr. sc. V. N. Kašin, Abteilung Wissenschaften und Hochschulen des Zentralkomitees der KPdSU; Prof. Dr. sc. Ju. V. Jakovec, Akademie der Volkswirtschaft der UdSSR; Dr. V. M. Šastitko, Stellvertretender Direktor des Instituts für Ökonomik des sozialistischen Weltsystems der Akademie der Wissenschaften der UdSSR sowie Dr. V. V. Sitnin und Dr. M. P. Pavlova-Silvanskaja, ebenfalls vom Institut für Ökonomik des sozialistischen Weltsystems der Akademie der Wissenschaften der UdSSR.

Als Gast nahm von sowjetischer Seite der 1. Sekretär der Botschaft der UdSSR in der DDR, Dr. A. J. Šabalin, an der Tagung teil.

Die Delegation des DDR-Teils der Gemeinsamen Kommission wurde vom Kandidaten des Zentralkomitees der SED, Akademiemitglied Prof. Dr. sc. H. Koziolek, Direktor des Zentralinstituts für sozialistische Wirtschaftsführung beim ZK der SED, geleitet. Weitere Mitglieder der Delegation waren das Mitglied des Zentralkomitees der SED, Akademiemitglied Prof. Dr. sc. O. Reinhold, Rektor der Akademie für Gesellschaftswissenschaften beim ZK der SED; das korrespondierende Mitglied der Akademie der Wissenschaften der DDR, Prof. Dr. sc. G. Friedrich, Stellvertreter des Direktors des Zentralinstituts für sozialistische Wirtschaftsführung beim ZK der SED; Prof. Dr.-Ing. H. Hanspach, Direktor des Zentralen Forschungsinstituts für Arbeit beim Staatssekretariat für Arbeit und Löhne; das korrespondierende Mitglied der Akademie der Wissenschaften der DDR, Prof. Dr. habil. W. Heinrichs, Direktor des Zentralinstituts für Wirtschaftswissenschaften der Akademie der Wissenschaften der DDR;

Prof. Dr. habil. W. Kunz, Stellvertreter des Direktors des Zentralinstituts für sozialistische Wirtschaftsführung beim ZK der SED; Prof. Dr. H. Nick, Akademie für Gesellschaftswissenschaften beim ZK der SED; Prof. Dr. D. Sachse, Parteihochschule „Karl Marx“ beim ZK der SED; Prof. Dr. G. Scholl, 1. Stellvertreter des Leiters des Ökonomischen Forschungsinstituts der Staatlichen Plankommission; das korrespondierende Mitglied der Akademie der Wissenschaften der DDR, Prof. Dr. habil. G. Schulz, Direktor des Instituts für Politische Ökonomie des Sozialismus der Akademie für Gesellschaftswissenschaften beim ZK der SED; Prof. Dr. habil. S. Tannhäuser, Technische Hochschule „Carl Schorlemmer“ Leuna-Merseburg sowie Prof. Dr. sc. W. Salecker, Zentralinstitut für sozialistische Wirtschaftsführung beim ZK der SED. Als Gast nahm von seiten der DDR der Vizepräsident der Akademie der Wissenschaften der DDR und Leiter des Forschungsbereiches Gesellschaftswissenschaften, Prof. Dr. sc. W. Kalweit, an der 4. Tagung der Kommission teil.

Als Gäste und Vortragende zu speziellen Themenkomplexen der 4. Tagung waren weiterhin vertreten: das korrespondierende Mitglied der Akademie der Wissenschaften der DDR, Prof. Dr. G. Merkel, Direktor für Forschung und Entwicklung im VEB Kombinat Robotron; Prof. Dr. G. Köhler, Ökonomisches Forschungsinstitut der Staatlichen Plankommission der DDR sowie Prof. Dr. sc. R. Gerisch, Prof. Dr. sc. F. Haberland, Prof. Dr. sc. L. Hummel und Prof. Dr. W. Mäder vom Zentralinstitut für sozialistische Wirtschaftsführung beim ZK der SED.

In einem Gespräch mit der sowjetischen Delegation zur 4. Tagung der Gemeinsamen Kommission brachte Dr. Günter Mittag, Mitglied des Politbüros und Sekretär des Zentralkomitees der SED, am 29. Juni 1978 seine Befriedigung über den erfolgreichen und fruchtbringenden Verlauf der Arbeit der Gemeinsamen Kommission der Ökonomen der UdSSR und der DDR zum Ausdruck. Er hob hervor, daß die Sozialistische Einheitspartei Deutschlands im Geiste des Vertrages vom 7. Oktober 1975 über Freundschaft, Zusammenarbeit und gegenseitigen Beistand zwischen der DDR und der UdSSR der ständigen Vertiefung der brüderlichen und freundschaftlichen Zusammenarbeit auf allen Gebieten des gesellschaftlichen Lebens eine außerordentlich große Bedeutung beimißt. In diesem Zusammenhang, so sagte Dr. Günter Mittag, „sind wir besonders froh darüber, daß wir in so grundlegenden und so wichtigen Fragen wie der Vervollkommnung der Leitung und Planung der Volkswirtschaft unserer beiden Länder eine so enge Zusammenarbeit durchführen und eine so große Übereinstimmung besitzen“.[2]

Der Meinungsaustausch der 4. Tagung wurde wiederum durch schriftliche Materialien langfristig vorbereitet, darunter durch vier Hauptreferate, deren vollständiger Text in der „Wirtschaftswissenschaft“, Heft 11/1978, veröffentlicht wurde. Das vorliegende Heft der „Abhandlungen der Akademie der Wissenschaften der DDR“ enthält bisher nicht veröffentlichte vollständige Fassungen schriftlicher Diskussionsbeiträge.

Anmerkungen

1 Die 5. Tagung der Gemeinsamen Kommission der Ökonomen der UdSSR und der DDR wird 1979 in Moskau zum Thema „Theoretische Probleme und Perspektiven der Entwicklung der wissenschaftlich-technischen und ökonomischen Zusammenarbeit zwischen der UdSSR und der DDR unter den Bedingungen der sozialistischen ökonomischen Integration“ durchgeführt. Diese Tagung wird dem 30. Jahrestag der Gründung der Deutschen Demokratischen Republik und dem 30. Jahrestag des Bestehens des Rates für Gegenseitige Wirtschaftshilfe gewidmet sein.

2 Freundschaftliche Begegnung mit sowjetischen Ökonomen, in: Neues Deutschland vom 30. Juni 1978, S. 2.

1. Beiträge des UdSSR-Teiles der Gemeinsamen Kommission

E. I. Kapustin

Der sozialistische Wettbewerb im System der planmäßigen Leitung der Wirtschaft

Ein zentrales Problem der Forschungen auf dem Gebiet der planmäßigen Leitung der sozialistischen Wirtschaft, der Erarbeitung von Wegen und Methoden ihrer weiteren Vervollkommnung besteht darin, den sozialistischen Wettbewerb mit dem Gesamtsystem der planmäßigen Leitung der sozialistischen Wirtschaft zu verbinden. Dieses Problem ist heute besonders aktuell, da erstens auf der Etappe der entwickelten sozialistischen Gesellschaft die objektive Notwendigkeit einer noch aktiveren Teilnahme der Werktätigen an der Leitung der gesellschaftlichen Produktion besteht, wie es konkret und eindeutig in der neuen Verfassung der UdSSR formuliert ist. Und zweitens verstärkte sich die Bedeutung dieses Problems besonders bei der Ausarbeitung von Vorschlägen zur weiteren Vervollkommnung des Gesamtsystems der zentralisierten planmäßigen Leitung der sozialistischen Wirtschaft. Doch wird diese Vervollkommnung uneffektiv sein, werden die Initiativen der Werktätigen, die in Form des sozialistischen Wettbewerbs ihren ausgeprägtesten und wirksamsten Ausdruck finden, nicht organisch in das Leitungssystem einbezogen. Diese massenwirksamste Form der Teilnahme der Werktätigen an der Leitung der Produktion ermöglicht es nicht nur, konkrete Vorschläge zur Vervollkommnung der Wirtschaftsführung zu unterbreiten, sondern diese auch unmittelbar durch die eigene Arbeit zu realisieren.

Bisher wurden jedoch die Probleme des sozialistischen Wettbewerbs und des Mechanismus der Wirtschaftsleitung vielfach isoliert voneinander behandelt und leider auch oft auf diese Weise gelöst. Dadurch wurde die Effektivität der ausgearbeiteten Maßnahmen und in gewissem Grade auch die Bedeutung der Nutzung von Masseninitiativen gemindert. Der sozialistische Wettbewerb wird in vielen theoretischen Untersuchungen und angewandten Ausarbeitungen gleichsam als äußerer Faktor und nicht als ein wichtiges organisatorisches Element des Leitungssystems der Volkswirtschaft auf ihren unterschiedlichsten Ebenen dargestellt. Deshalb scheinen oft viele wichtige Formen des Wettbewerbs, wie z. B. die Gegenpläne, die unserer Meinung nach konzentrierter Ausdruck der sozialistischen Verpflichtungen der Arbeitskollektive sind, in der Praxis gleichsam losgelöst von der Volkswirtschaftsplanung. Sie müssen jedoch eine der wichtigsten Etappen der planmäßigen Leitung der Produktion sein, wobei alle Reserven eines Produktionskollektivs zu berücksichtigen sind. L. I. Breshnew schätzte in seiner Rede auf dem XVI. Kongreß der Sowjetgewerkschaften die Rolle der Gegenpläne überaus hoch ein. Als er über die neuen Merkmale des sozialistischen Wettbewerbs sprach, hob er hervor, daß „er aufs engste mit den Gegenplänen verbunden (ist), in denen Initiative und hingebungsvolle Arbeit von Millionen so deutlich zum Ausdruck kommen“.[1]

Offensichtlich unzureichend ist die in Theorie und Praxis vorherrschend einseitige Behandlung des sozialistischen Wettbewerbs, wird diese bemerkenswerte Massenbewegung allein durch die Ausrichtung des Wettbewerbs auf die Planerfüllung und -übererfüllung mit dem planmäßigen Leitungsprozeß der Volkswirtschaft in Zusammenhang gebracht. Das hat zur Folge, daß der sozialistische Wettbewerb – und damit auch die Gegenpläne – in einigen Fällen nicht die Planmäßigkeit der volkswirtschaftlichen Entwicklung verstärkt, sondern bisweilen zu Verstößen gegen die Bilanziertheit und Proportionalität, zu einer unzureichend effektiven Nutzung der materiellen Ressourcen führt. Hinzu kommt, daß die Betriebe in einigen Fällen die Pläne zu niedrig ansetzen und das den übergeordneten Organen gegenüber damit begründen, daß ein angespannterer, doch realer Plan, der die im Betrieb vorhandenen Reserven berücksichtigt, als Gegenplan, als Ergebnis erhöhter Verpflichtungen vorgelegt wird. Hervorzuheben ist, daß auch die Anzahl der Betriebe, die Gegenpläne aufstellen, langsam wächst.

Auch das gesamte System der ökonomischen und materiellen Stimulierung ist in starkem Maße vom sozialistischen Wettbewerb losgelöst. Der Sieg im sozialistischen Wettbewerb, der im Wettbewerb erreichte Platz der Abteilung oder des Betriebes, die Ergebnisse bei der Erfüllung der sozialistischen Verpflichtungen nehmen auf den Lohn der Arbeiter und des ingenieurtechnischen Personals, der aus dem Lohnfonds und dem Prämienfonds der Betriebe gezahlt wird, ungenügend Einfluß. Nicht selten erhalten jene Arbeiter, die die sogenannten vorteilhaften Arbeiten erfüllen, einen höheren Lohn im Vergleich zu den wirklichen Bestarbeitern der Produktion, zu den Siegern des sozialistischen Wettbewerbs. Die im Verhältnis zum Grundlohn relativ geringen Summen, die für die Prämiierung der Sieger im sozialistischen Wettbewerb bereitgestellt werden, spielen natürlich eine bestimmte, jedoch nicht die entscheidende Rolle. Selbst wenn sie erhöht würden, könnten sie in keiner Weise mit den Prämien aus dem Lohnfonds und den Prämienfonds der Betriebe verglichen werden.

Leider ist das Problem einer objektiv notwendigen Verbindung der Prämiierung nach der Arbeitsleistung und der Prämiierung nach den Wettbewerbsergebnissen noch nicht gelöst. So entsteht oft der Eindruck, daß die Arbeitsergebnisse der Werktätigen das eine, die Wettbewerbsergebnisse aber das andere sind. In Wirklichkeit sind die Wettbewerbsziele auch die Hauptziele der gesamten Produktionstätigkeit. Deshalb wäre es falsch, sie einander entgegenzustellen oder voneinander zu trennen, denn die Ziele der Produktion müssen auch die Ziele des Wettbewerbs sein. Das betrifft gleichermaßen das Gesamtsystem der wirtschaftlichen Rechnungsführung und der ökonomischen Stimulierung der Produktionskollektive.

Die objektive Notwendigkeit, Möglichkeit und Effektivität einer organischen Verbindung des sozialistischen Wettbewerbs mit dem System der Planung und Leitung sehen wir vor allem darin, daß das System der planmäßigen Leitung der Produktion nicht außerhalb des sozialistischen Wettbewerbs alle inneren Reserven berücksichtigen kann, über die jedes Kollektiv verfügt. Jedoch ohne eine Erschließung dieser Reserven wird das Effektivitätswachstum verlangsamt, können die Pläne nicht angespannt und real sein.

Ohne eine organische Verbindung mit dem sozialistischen Wettbewerb basieren die Pläne und die gesamte Leitung der Produktion zwar auf wissenschaftlich begründeten, doch objektiv notwendigen Durchschnittsnormativen. Bei diesen Normativen wird und kann jenen spezifischen Reserven nicht Rechnung getragen werden, die im Arbeitsenthusiasmus, in der schöpferischen Masseninitiative enthalten sind und über die jedes Kollektiv, wenn auch in unterschiedlichem Maße, verfügt. Versuche, diese Reserven bei der Produktionsauflage durch das übergeordnete Organ außerhalb des sozialistischen Wettbewerbs zu berücksichtigen, führen nur zu willkürlichen, unzureichend begründeten und subjektiven Entscheidungen. Ergebnis eines solchen Herangehens an die Planung ist, daß in der Regel nicht alle im Produktionskollektiv vorhandenen Reserven effektiv genutzt werden, daß vielmehr die Betriebe versuchen, diese Reserven vor den übergeordneten Planungsorganen geheimzuhalten. Werden also der sozialistische Wettbewerb und die sozialistischen Verpflichtungen der einzelnen Werktätigen wie auch der Kollektive nicht berücksichtigt, so können die Pläne nicht als genügend wissenschaftlich begründet bezeichnet werden.

Ein angespannter, doch gleichzeitig auch realer Plan sollte offensichtlich nicht nur die Arbeit eines Produktionskollektivs nach mittleren Zweignormativen berücksichtigen, sondern auch alle inneren Reserven dieses Kollektivs, deren Erschließung von der Initiative des Kollektivs abhängt, die ihren Ausdruck in den sozialistischen Verpflichtungen der am Wettbewerb beteiligten Werktätigen und Abteilungen findet. Eine Verallgemeinerung all dieser sozialistischen Verpflichtungen und Schrittmacherinitiativen sowie eine Zusammenfassung des allgemeinen und zukünftigen Nutzeffektes kann unserer Meinung nach seinen vollständigen und genauen Ausdruck nur im Gegenplan finden. Das wird durch die Praxis des sozialistischen Wettbewerbs unterstrichen. Der Gegenplan ist, genauer gesagt, er muß prinzipiell ein Gegenplan zum Plan bzw. zur Produktionsaufgabe sein, die nach festgelegten Normativen formuliert wurde.

Der Gegenplan integriert in sich gleichzeitig auf bestmögliche Weise die zentralisierte staatliche Leitung und die Teilnahme breiter Massen der Werktätigen in Form der Produktionskollektive an der Leitung.

Der Plan und die gesamte Planung haben auch eine andere, nicht weniger wichtige Rolle in bezug auf den sozialistischen Wettbewerb zu spielen. Die Planung muß eine effektive Nutzung der Wettbewerbsergebnisse und alle notwendigen Bedingungen sichern, damit die sozialistischen Verpflichtungen der Wettbewerbsteilnehmer und ihre Arbeitsinitiative unbedingt realisiert werden können. Das schafft die Hauptvoraussetzung dafür, daß der sozialistische Wettbewerb als die wichtigste Form der Teilnahme der Werktätigen an der Leitung der gesellschaftlichen Produktion eine höhere Effektivität und Wirksamkeit erreicht.

Im Zusammenhang damit ist es erstens wichtig, um die Effektivität der Wettbewerbsergebnisse zu sichern, diese rechtzeitig in den Produktionsplan einzubeziehen. So werden die zentralen Planungsorgane, wie auch die unmittelbaren Verbraucher der Erzeugnisse einer jeweiligen Vereinigung oder eines Betriebes rechtzeitig bereit sein, jene zusätzlichen bzw. qualitativ neuen Erzeugnisse, die das Ergebnis des Wettbewerbs sein werden, zweckentsprechend und schnell zu nutzen. Hat in diesen oder jenen Fällen die Volkswirtschaft zum gegebenen Zeitpunkt keinen Bedarf an diesen Erzeugnissen oder sind diese Erzeugnisse angesichts einer gewissen Rohstoff- und Energieknappheit nicht von erstrangiger Bedeutung, so wird das der Gegenplan deutlich zeigen und mehr oder weniger tiefgreifende Veränderungen an den Zielstellungen des sozialistischen Wettbewerbs erforderlich machen.

Wie bereits erwähnt, kann eine Planauflage nicht alle inneren Reserven, über die jedes Produktionskollektiv verfügt, berücksichtigen. Nur dieses Kollektiv selbst, jeder Werktätige kennt die realen Möglichkeiten, nur sie können die wirklichen Reserven zur Erhöhung der Effektivität der Produktion und die Wege zu ihrer Erschließung bestimmen. Und genau das ist der Inhalt der sozialistischen Verpflichtungen, die von den Werktätigen und den Produktionskollektiven eingegangen werden. Diese Verpflichtungen können, gibt es keine organische Koordinierung zwischen ihnen und dem Plan, vor allem dem Gegenplan, nur in Form einer Übererfüllung realisiert werden.

Wird die große Bedeutung der Übererfüllung von Produktionsplänen erwähnt, so muß trotz allem darauf hingewiesen werden, daß diese Form der Realisierung der individuellen und kollektiven sozialistischen Verpflichtungen wie auch der Verträge über die Durchführung des sozialistischen Wettbewerbs mit anderen Werktätigen oder Kollektiven im Vergleich zur Erfüllung des Gegenplanes, der unter Berücksichtigung dieser Verpflichtungen aufgestellt wurde, weniger effektiv ist. Eine Planübererfüllung kann eine gewisse Ausgeglichenheit der ökonomischen Beziehungen, einen stärkeren Mangel an produzierten Erzeugnissen in den einen Bereichen und eine uneffektive Ausnutzung dieser Erzeugnisse in anderen bedingen, wenn der Verbraucher aus irgendeinem Grund nicht bereit ist, diese jeweiligen Erzeugnisse zu veränderten Fristen zu verwenden. Diese Erzeugnisse können zu einem bestimmten Zeitpunkt überflüssig werden, wenn die Volkswirtschaft nicht in ausreichendem Maße bereit ist, sie effektiv zu verwenden, während wiederum andere Erzeugnisse Mangelware sein können.

Das alles kann zu einem Einfrieren materieller Ressourcen führen, zu einem erhöhten Lagerhaltungsaufwand von Fertigerzeugnissen usw. Außerdem kann die im Ergebnis des sozialistischen Wettbewerbs erzielte Planübererfüllung einen stärkeren Mangel an bestimmten Rohstoff- und Energiearten hervorrufen und damit auf die Planerfüllung bei anderen Erzeugnissen oder in anderen Betrieben, die diesen Rohstoff bzw. diese Energieart verbrauchen, einen negativen Einfluß ausüben.

All das kann vermieden und die Bilanziertheit der Volkwirtschaft sowie die Effektivität des sozialistischen Wettbewerbs können noch mehr erhöht werden, wenn alle Verpflichtungen aus diesem Wettbewerb ihren komplexen Niederschlag im Gegenplan finden. In diesem Fall läßt sich eine bedeutend höhere Bilanziertheit gewährleisten, da die zusätzlichen Erzeugnisse erstens von vornherein entsprechend auf die Verbraucher verteilt und folglich sofort realisiert werden können. Besteht zu einem gegebenen Zeitpunkt kein Bedarf an den jeweiligen Erzeugnissen, so wird der Wettbewerb auf andere Ziele orientiert, z. B. auf die Erhöhung der Erzeugnisqualität oder die Aufwandssenkung an lebendiger oder vergegenständlichter Arbeit des bisherigen Produktionsvolumens. Zweitens wird die Quelle des zusätzlichen Rohstoffs, der Energie usw. rechtzeitig bestimmt. Verfügt die Volkswirtschaft nicht über solche zusätzlichen Quellen, so wird der Wettbewerb ebenfalls planmäßig auf andere Ziele ausgerichtet – z. B. auf die Herstellung zusätzlicher Erzeugnisse, ohne dabei defizitäre Rohstoffe zu verwenden bzw. diese sogar einzusparen, wobei das Produktionsvolumen konstant bleibt und die Erzeugnisqualität verbessert wird usw.

Wird der sozialistische Wettbewerb, der die Initiativen der Werktätigen ausdrückt, noch umfassender in den Volkswirtschaftsplan einbezogen, so wird dadurch die Bilanziertheit der Volkswirtschaft nicht geschwächt, sondern im Gegenteil – noch gestärkt.

Das ist jedoch nur die eine Seite. Nicht weniger wichtig ist, daß die effektivere Ausnutzung der Ergebnisse von Initiativen sowohl einzelner Werktätiger als auch ganzer Kollektive ihrerseits einen weiteren Aufschwung des sozialistischen Wettbewerbs hervorruft. Nichts beeinflußt günstiger seine Entwicklung als die Einbeziehung immer mehr Werktätiger in den Wettbewerb, die Vervollkommnung seiner Formen und Methoden sowie die Hebung des Arbeitsenthusiasmus, wie die effektive Nutzung der Wettbewerbsergebnisse; sie trägt dazu bei, daß jeder Werktätige die große Bedeutung seiner Arbeit bei der Lösung der Aufgaben des kommunistischen Aufbaus kennt.

Sieht der Werktätige, daß durch seine zusätzliche Arbeit, die er für die Gesellschaft durch seine aktive Teilnahme am sozialistischen Wettbewerb leistet, die Bedürfnisse der Produktion wie auch seine persönlichen Bedürfnisse immer vollständiger befriedigt werden können, so wächst in hohem Maße seine Arbeitsinitiative. Deshalb sichert der Gegenplan nicht nur eine bessere Ausnutzung der Ergebnisse des sozialistischen Wettbewerbs durch die Gesellschaft in Form zusätzlicher Erzeugnisse, deren Qualitätsverbesserung, einer Rohstoff- und Materialökonomie und einer Steigerung der Arbeitsproduktivität, sondern er schafft auch jene Bedingungen, um den sozialistischen Wettbewerb weiterzuentwickeln und die Werktätigen noch effektiver in die Leitung der sozialistischen Produktion einzubeziehen.

Jedoch ist das alles nur unter den Bedingungen einer wissenschaftlich begründeten Planung und exakten Einhaltung jener Methoden der Aufstellung und Durchführung von Produktionsplänen gerechtfertigt, die anhand der Theorie und der Wirtschaftspraxis ausgearbeitet wurden. Wird der Plan allerdings sehr oft und unbegründet korrigiert oder ohne entsprechende wissenschaftlich begründete Berechnungen aufgestellt, so ist kaum ein großer Nutzen aus der Einbeziehung des sozialistischen Wettbewerbs in ein derartiges Planungssystem, einschließlich der Gegenplanung, zu erwarten. In diesem Falle verzichten die Betriebe entweder gänzlich auf die Aufstellung und Annahme von Gegenplänen, oder sie gehen formal an diese Frage heran. Der Wettbewerb wird oft auch lediglich dazu benutzt, um Fehlkalkulationen in dieser Planung zu beseitigen.

Stellen Produktionskollektive aufgrund unvollkommener Planungsmethoden Gegenpläne auf, so liegt dem häufig der Versuch zugrunde, von den übergeordneten Organen eindeutig zu niedrig angesetzte Planauflagen zu erhalten. Auf der Grundlage des Gegenplans werden dann der Produktionsumfang und andere ökonomische Kennziffern dem real begründeten, mehr oder weniger angespannten Plan angenähert. Das führt jedoch nicht zu einer besseren Ausnutzung, sondern im Gegenteil bisweilen zu einer Verschleierung vorhandener Reserven.

Eine unbedingte Voraussetzung für die organische Verbindung von Planung und sozialistischem Wettbewerb ist auch die Ausarbeitung stabiler, langfristiger Normative für mindestens eine Fünfjahrplanperiode. Solche langjährigen Normativbeziehungen zwischen den Betrieben und der Gesellschaft geben den Betriebskollektiven die Gewißheit, daß auch in der künftigen Planperiode die Pläne nicht nach dem in einem jeweiligen Jahr erreichten Niveau errechnet werden, sondern in Übereinstimmung mit Langzeitnormativen. Diese stabilen Normative sehen ein ganz bestimmtes Wachstum aller Kennziffern in den einzelnen Jahren eines Planjahrfünfts vor. Das aber ist eine vorher festgelegte, begründete und auf die Betriebe aufgeschlüsselte Aufgabe. Deshalb können die Betriebe in der laufenden Periode ihre Reserven voll nutzen, ohne befürchten zu müssen, daß dadurch eine Erhöhung der Planauflagen hervorgerufen wird.

Das alles beweist, daß der auf der Grundlage langfristiger Normative wissenschaftlich begründete und stabile Produktionsplan wie überhaupt die Vervollkommnung der Planung an sich eine unerläßliche Voraussetzung für die organische Verbindung von Plan und Wettbewerb ist. Ist das nicht der Fall, so büßt diese Integration viel an Effektivität ein.

Eine erfolgreiche Lösung dieses Problems und auch die Weiterentwicklung des Systems der Gegenplanung setzt unserer Meinung nach ein stärkeres Interesse seitens der Mitarbeiter der höchsten Leitungsebene wie auch der Zweigministerien an dieser Frage voraus. Das ist unbedingt notwendig, damit Ministerien und Ämter die Betriebe und Vereinigungen bei der Aufstellung und vor allem bei der Realisierung von Gegenplänen aktiver unterstützen können: bei ihrer Bilanzierung im Zusammenhang mit der materiell-technischen Versorgung und dem Absatz der Fertigerzeugnisse, der Koordinierung der Gegenpläne vor- und nachgelagerter Betriebe des eigenen Ministeriums, aber auch anderer Ministerien usw. Eine nicht geringe Rolle kann dabei die Ausarbeitung und Annahme von Gegenplänen auf der Ebene eines Zweiges (Ministeriums) spielen – als Endergebnis aller Gegenpläne der Betriebe dieses Zweiges.

Für die sowjetischen Ökonomen ist die Frage der Gegenpläne längst nicht mehr Gegenstand einer Diskussion. Die Aufstellung und Annahme von Gegenplänen als ein wichtiger Weg zur organischen Verbindung von sozialistischem Wettbewerb und zentralisierter Planung ist eine der wichtigsten Forderungen der Kommunistischen Partei. Die Frage besteht vielmehr darin: Wie ist der Gegenplan zu verstehen? Zu welchem Plan ist er Gegenplan? Wann ist er auszuarbeiten? Wie ist er zu stimulieren? Und es ergeben sich viele weitere, nicht minder wichtige konkrete Fragen.

Grundlegendes und richtungweisendes Dokument zur Lösung all dieser Fragen durch die Betriebe, Vereinigungen und Ämter ist die „Richtlinie über die Verfahrensweise zur Ausarbeitung, Stimulierung und Berücksichtigung der Erfüllung von Gegenplänen der Betriebe (Organisationen) und Vereinigungen im 10. Planjahrfünft", das vom Staatlichen Plankomitee der UdSSR, dem Staatlichen Komitee für Arbeit der UdSSR, der Zentralverwaltung für Statistik der UdSSR und dem Zentralrat der Gewerkschaften der UdSSR am 28. Januar 1977 vorgelegt und angenommen und in der „Ėkonomičeskaja gazeta" veröffentlicht wurde. In diesem Dokument wird vor allem das Hauptziel der Gegenpläne formuliert: die Erfüllung und Übererfüllung der Aufgaben des Volkswirtschaftsplanes im 10. Fünfjahrplan unter der Losung „Besser arbeiten und die Effektivität und Qualität erhöhen".

Sehr wichtig ist, daß in dieser Richtlinie ausreichend klar, zumindest für den jeweiligen Zeitraum, definiert wurde, was ein Gegenplan ist. So wird betont, daß der Gegenplan ein Plan ist, der von Betrieben und Vereinigungen ausgearbeitet und von der übergeordneten Organisation bestätigt wird, ein Plan, der im Vergleich zu den Aufgaben, die der 10. Fünfjahrplan für den entsprechenden Zeitraum (ein betreffendes Jahr) vorsieht, höhere Kennziffern aufweist. Es wird unterstrichen, daß in den Gegenplänen die persönlichen und kollektiven Gegenpläne sowie die sozialistischen Verpflichtungen der Werktätigen voll zu berücksichtigen sind. Es wird auch darauf hingewiesen, auf welcher Grundlage die Gegenpläne auszuarbeiten sind, so z. B. auf der Grundlage eines besseren Einsatzes der Arbeitskräfte, der Technik, der materiellen Ressourcen usw. Auch wird unterstrichen, daß die Gegenpläne mit den Möglichkeiten der materiell-technischen Versorgung zu koordinieren sind, wobei die Maßnahmen zur zusätzlichen Materialeinsparung in den Betrieben und Vereinigungen zu berücksichtigen sind. In der Richtlinie heißt es, daß diese Gegenpläne unbedingt sowohl in bezug auf die Produktion volkswirtschaftlich notwendiger Erzeugnisse auszuarbeiten und anzunehmen sind, und zwar mit einer Nomenklatur, die den Erfordernissen der Verbraucher entspricht, als auch in bezug auf die Kennziffern, die die Effektivität und die Qualität der Arbeit charakterisieren. In den Fällen, in denen die Betriebe in den Jahresplänen zusätzliche Auflagen hinsichtlich des Produktionsumfanges erhielten, werden Gegenpläne in der Regel zu den Kennziffern der Effektivität und Qualität angenommen.

Die Vorschläge der Betriebe und Vereinigungen zur Verabschiedung von Gegenplänen einschließlich aller Berechnungen gehen in das Projekt der Jahrespläne ein, die sie den übergeordneten Organisationen vorlegen. Dabei dürfen jene Aufgaben der Jahrespläne nicht in die Gegenpläne einbezogen werden, die aus bestimmten Gründen, die keinen Bezug zur Tätigkeit der Betriebe und Vereinigungen haben, über den Fünfjahrplan hinausgehen, z. B. zusätzliche Investitionen aus dem Staatshaushalt, Erhöhung der Industrieabgabepreise für die Erzeugnisse dieses Betriebes u. a.

In dem genannten Dokument ist die materielle Stimulierung der Annahme, Erfüllung und Übererfüllung der Gegenpläne vorgesehen. Darin heißt es, daß sich die Abführungen an den Fonds für materielle Stimulierung entsprechend den festgelegten Normativen dabei verdoppeln. Bei Übererfüllung des Gegenplans wird das Normativ für diesen Teil um 30% niedriger angesetzt. Mit der Bestätigung des Gegenplanes erhöht sich somit gleichzeitig auch der Planumfang der Stimulierungsfonds im Rahmen des Zusatzgewinns; und wenn dieser Gewinn nicht erzielt werden kann – auf Kosten der Reserve des Ministeriums. Gleichzeitig werden auf Kosten dieser zusätzlichen Abführungen an den Fonds für materielle Stimulierung höhere Prämiensummen vorgesehen.

1978 wurden gewisse Korrekturen an diesem Dokument in Form „Ergänzender Richtlinien" vorgenommen. Darin wird unterstrichen, daß der Grad der Überbietung der Aufgaben des Fünfjahrplans für 1978 in erster Linie hinsichtlich der Kennziffern, die eine Steigerung der Effektivität der Produktion charakterisieren, das Hauptkriterium der Gegenpläne als der höchsten Form sozialistischer Verpflichtungen ist. Zu diesen Kennziffern gehören: Beschleunigung des Wachstumstempos der Arbeitsproduktivität, Erhöhung des spezifischen Anteils an Erzeugnissen höchster Qualität, verbesserte Nutzung der Produktionsgrundfonds, Sparsamkeit, Senkung der Selbstkosten, Gewinnsteigerung usw. Die Stimulierung erfolgt auf der Grundlage einer Erhöhung des Planumfangs der Stimulierungsfonds nach festgelegten und verdoppelten Normativen. Die wichtigsten Korrekturen in diesem Dokument bestehen in folgendem: Die Betriebe (Organisationen und Vereinigungen) können für 1978 Gegenpläne verabschieden, die die Plankennziffern dieses Jahres überbieten und sich damit den Auflagen des Fünfjahrplanes annähern. Das war notwendig, um in den Betrieben noch mehr Initiativen auszulösen. Gegenpläne sind also solche Pläne, die aus einem bestimmten Grund gegenüber der Aufgabenstellung des Fünfjahrplans für das jeweilige Jahr zwar niedriger sind, aber dennoch die Aufgaben des Jahresplanes, wie sie von der übergeordneten Organisation vorgesehen sind, überbieten. Dabei erhöhen sich die Stimulierungsfonds, allerdings nach einfachen Normativen.

Was die Gegenplanung betrifft, so muß noch vieles durchdacht, genauer überarbeitet werden. Im Zusammenhang mit dieser Aufgabe wurde vor kurzem eine wissenschaftlich-praktische Allunionskonferenz zu Fragen des Wettbewerbs und Planes durchgeführt.

Ein weiteres überaus wichtiges Problem bei der Entwicklung des Wettbewerbs und der planmäßigen Leitung ist die organische Einbeziehung des Wettbewerbs in das System der wirtschaftlichen Rechnungsführung, die im Sozialismus eine erprobte und unentbehrliche Methode zur Leitung der sozialistischen Betriebe darstellt und ein wichtiger Weg zur umfassenderen Durchsetzung des Prinzips des demokratischen Zentralismus ist, der eine Verbindung von gesamtstaatlicher zentralisierter Leitung mit der breiten Initiative der Arbeitskollektive voraussetzt. Das ist eine wichtige Richtung zur Realisierung der Aufgabe, die Teilnahme der Werktätigen an der Leitung der gesellschaftlichen Produktion allseitig zu erweitern.

Die organische Verbindung von Wettbewerb und wirtschaftlicher Rechnungsführung wird durch die Entwicklung der Gegenplanung bedingt; der Gegenplan wird zu einem wichtigen Planungselement, zur Voraussetzung für einen wissenschaftlich begründeten Plan, und die wirtschaftliche Rechnungsführung, die auf die Erfüllung und Übererfüllung des Planes orientiert, ist bereits eine Methode zur Erfüllung auch des Gegenplanes.

Die Verbindung von Wettbewerb und wirtschaftlicher Rechnungsführung bedeutet unserer Meinung nach vor allem, daß die Kennziffern des Wettbewerbs, seine rein ökonomische Seite, nicht von der wirtschaftlichen Rechnungsführung getrennt, von ihr isoliert werden können, sondern im Gegenteil Kennziffern darstellen, die auf der wirtschaftlichen Rechnungsführung basieren. Sie sind organisch in das Gesamtsystem der ökonomischen Kennziffern einzubeziehen, die für einen Betrieb verbindlich sind, dessen Leitung auf der Grundlage der wirtschaftlichen Rechnungsführung erfolgt.

Eine andere wichtige Voraussetzung für die organische Verbindung des Wettbewerbs mit der wirtschaftlichen Rechnungsführung, über die allerdings noch diskutiert wird, besteht darin, daß auch die materielle Stimulierung des Wettbewerbs kein selbständiges, parallel zum System der materiellen Stimulierung der Arbeitsergebnisse in Form des Lohnes bestehendes System sein darf, sondern mit diesem System ein einheitliches Ganzes bilden, genauer, dieses System organisch ergänzen muß.

Zu diesem Zweck ist offensichtlich die Übererfüllung der Normen durch die einzelnen Werktätigen und der Produktionsaufgaben durch die Abteilungen der Betriebe mittels höherer Prämien und Lohnsätze zu stimulieren, wenn diese Übererfüllung vorher in die Verpflichtungen zum sozialistischen Wettbewerb aufgenommen wurde. Dabei wird die hauptsächliche materielle Stimulierung der Arbeitsergebnisse, die in Form von Prämien oder einer Entlohnung nach Stücklohnsätzen aus dem Lohnfonds erfolgt, organisch mit einer zusätzlichen Prämiierung der Ergebnisse des sozialistischen Wettbewerbs entweder aus demselben Lohnfonds oder, wie gegenwärtig, aus Sonderfonds verbunden. Diese zusätzliche materielle Prämiierung der Arbeitsergebnisse erfolgt dann, wenn diese Ergebnisse in den sozialistischen Verpflichtungen vorgesehen waren. Dabei steht das allgemeine materielle Interesse eines Werktätigen an den Arbeitsergebnissen, das durch den Lohn gesichert wird, nicht im Widerspruch zur Prämiierung anhand der Wettbewerbsergebnisse, besteht nicht losgelöst von einer solchen Prämiierung, sondern wird vielmehr durch sie organisch ergänzt. Natürlich soll dadurch auch die materielle Verantwortung des Werktätigen verstärkt werden.

Was die Kollektive ganzer Betriebe betrifft, so sollen sie durch die Erfüllung bzw. Übererfüllung des Gegenplans das Recht erhalten, den Fonds für materielle Stimulierung in bestimmtem Maße zu erhöhen. Das ist gegenwärtig schon der Fall. Dadurch wird eine noch umfassendere Verbindung der materiellen Prämiierung des gesamten Betriebskollektivs für die Ergebnisse der Wirtschaftstätigkeit mit der materiellen Prämiierung anhand der Ergebnisse bei der Erfüllung des Gegenplanes gesichert.

Wahrscheinlich sollten die Prämierungen im Rahmen des sozialistischen Wettbewerbs aus dem Lohnfonds realisiert werden, mit Ausnahme von Prämiierungen in Form einer Erhöhung des Fonds für materielle Stimulierung der Betriebe. Zu diesem Zweck ist der Lohnfonds bei Auszahlung der Lohnmittel entsprechend zu korrigieren. Um eine ständige Beziehung zwischen Wettbewerb und wirtschaftlicher Rechnungsführung herzustellen, ist die Höhe einer Zusatzprämiierung für die Erfüllung bzw. Übererfüllung sozialistischer Verpflichtungen so zu errechnen, daß die Selbstkosten der Erzeugnisse bzw. Leistungen nicht steigen, sondern vielmehr sinken. Andernfalls wird es nicht möglich sein, aus dem sozialistischen Wettbewerb einen ökonomischen Nutzen auf der Grundlage der wirtschaftlichen Rechnungsführung zu erzielen.

Jedoch sind damit allein die Wege und Methoden einer verstärkten organischen Einbeziehung der Stimulierung des sozialistischen Wettbewerbs in das System zur Stimulierung der Arbeit und das System der wirtschaftlichen Rechnungsführung in seiner Gesamtheit noch nicht erschöpft.

Die Hauptsache bei der Verwirklichung dieses Prozesses ist die planmäßige Orientierung des sozialistischen Wettbewerbs auf die Erreichung von Kennziffern, die unmittelbar die Arbeitsergebnisse der nach der wirtschaftlichen Rechnungsführung arbeitenden Betriebe beeinflussen. Das bedeutet, daß die Ziele und die Kennziffern des sozialistischen Wettbewerbs eine aktive Einflußnahme auf die Hauptfaktoren zur Selbstkostensenkung der Erzeugnisse und deren Qualitätsverbesserung, auf die notwendige Erneuerung der hergestellten Erzeugnisse, die Erfüllung der Verpflichtungen des Betriebes entsprechend langfristiger Verträge zur Lieferung seiner Erzeugnisse usw. vorzusehen haben.

Es sei nochmals betont, daß eine optimale Verbindung zwischen dem sozialistischen Wettbewerb und der zentralen Planung der sozialökonomischen Entwicklung der Gesellschaft sowie dem auf der wirtschaftlichen Rechnungsführung beruhenden Leitungssystem objektiv nicht nur eine Vervollkommnung der Wettbewerbsorganisation, sondern gleichermaßen auch eine Vervollkommnung der Planung selbst sowie eine Vervollkommnung der Produktionsorganisation und der wirtschaftlichen Rechnungsführung verlangt.

Soll z. B. die bekannte Initiative der Baubrigade des Genossen Slobin umfassend verbreitet werden, bei der es um neue Arbeitsmethoden geht, die eine effektive Anwendung der Prinzipien der wirtschaftlichen Rechnungsführung bei der Leitung der Brigade und der Stimulierung des Kollektivs gewährleisten, so erfordert das objektiv eine Ausdehnung dieser Prinzipien der wirtschaftlichen Rechnungsführung auch auf höhere Leitungsebenen und -bereiche, von denen vor allem die materiell-technische Versorgung einer Brigade und andere wichtige Fragen abhängen. Die Slobin-Methode wird, wie die Praxis zeigt, zur notwendigen organisatorisch-ökonomischen Grundlage der weiteren Entwicklung des sozialistischen Wettbewerbs der Bauleute, die den gegenwärtig aktuellsten Aufgaben dieses Volkswirtschaftszweiges entspricht.

Sehr wichtige Bedeutung hat die Lösung des Problems einer Stimulierung des Wettbewerbs zwischen Kooperationsbetrieben, die zunehmend aktuell wird und sowohl mit den Aufgaben zur Orientierung der Produktionskollektive auf die Endergebnisse der Produktion als auch mit den Aufgaben zur Erhöhung der Bilanziertheit der gesamten Wirtschaft im Zusammenhang steht. Offensichtlich sollten das Ministerium bzw. die Vereinigung heute einen Sonderfonds für eine zielgerichtete ökonomische Stimulierung aller Kooperationsbetriebe in bezug auf die Endergebnisse dieses Wettbewerbs, d. h. nach den Endergebnissen der gesamten technologischen Kette, zur Verfügung haben, die sehr oft über den Rahmen eines einzelnen Betriebes hinausgehen. Vielleicht sollte dieser Stimulierungsfonds zu einem gewissen Prozentsatz aus dem Nutzen im Endstadium gebildet und in den Gewinn einbezogen werden, der im Ergebnis des Wettbewerbs der Kooperationsbetriebe erzielt wird. Der Fonds selbst könnte zwischen den am Wettbewerb beteiligten Betrieben aufgeteilt werden, und zwar abhängig vom Beitrag, den jeder Betrieb an diesem Endresultat leistet. Der Beitrag eines Betriebes, der seinem spezifischen Anteil an den produzierten Finalerzeugnissen entspricht, muß sich bei der

Aufteilung dieses Prämienfonds widerspiegeln. Dieses System ist jedoch noch im Detail auszuarbeiten und in der Praxis zu erproben. Vielleicht ist auch ein prinzipiell anderes System zu entwickeln, das aber unbedingt dazu beitragen sollte, das Problem der Wettbewerbsstimulierung zwischen Kooperationsbetrieben zu lösen.

Wird der Wettbewerb zwischen Betrieben geführt, die verschiedenen Ministerien und Ämtern unterstellt sind, so ist die Situation besonders schwierig. In diesem Fall reicht das Problem der Wettbewerbsstimulierung der Kooperationsbetriebe manchmal weit über die Grenzen nicht nur des einzelnen Betriebes, sondern sogar des Ministeriums hinaus. Gegenwärtig wird z. B. im Bauwesen immer breiter der Wettbewerb von Kooperationspartnern bei Wohnungs- und Industrieobjekten entwickelt. Die Betriebe für Baumaterialien, Transportbetriebe und nicht zuletzt die Bauarbeiter selbst unterstehen jedoch verschiedenen Ministerien und Ämtern. Deshalb wird gegenwärtig kein zentralisierter Fonds für die materielle Stimulierung aller Wettbewerbsteilnehmer gebildet. Jeder wird anhand der eigenen Kennziffern, entsprechend seiner Prämiensysteme und aus seinen Fonds prämiiert.

Das hemmt zweifelsohne die Entwicklung dieser progressiven Wettbewerbsform der Betriebe. Zum Beispiel ist es bei der bestehenden Stimulierungsform für Transportarbeiter günstig, möglichst viel Ladegut mit möglichst großem Gewicht und großen Abmessungen zur Baustelle zu transportieren, wobei außerdem weite Fahrten vorteilhaft sind. Für eine synchrone Zusammenarbeit mit den Bauarbeitern ist jedoch etwas vollkommen anderes wichtig; sonst kommt es zu einer zeitweiligen Anhäufung von Baumaterialien, die nicht sofort montiert werden können. Im ungünstigsten Falle hat eine nichtkomplette Versorgung der Montage- und Baubrigaden mit Baumaterialien und Einzelteilen bedeutende Stillstandszeiten und eine Verzögerung der Baufristen zur Folge.

Auch im Betrieb entstehen bei der Entfaltung des Wettbewerbs nach der technologischen Kette um gemeinsame Endergebnisse der Arbeit aller am Wettbewerb beteiligten Brigaden und Bereiche neue Aufgaben bei der Organisation der materiellen Stimulierung.

Es ist notwendig, die aufgezeigten Probleme in kürzester Frist zu lösen. Andernfalls wird all das die Entwicklung dieser progressiven Art des sozialistischen Wettbewerbs hemmen. Ein zusätzlicher Lösungsweg dieser Aufgabe könnte vielleicht darin bestehen, für den Sieg im sozialistischen Wettbewerb der Betriebe und Vereinigungen und für Erfolge im Wettbewerb der Kooperationsbetriebe Prämien zu verteilen und damit sowohl moralische als auch materielle Anreize zur Stimulierung dieser wichtigen Wettbewerbsform anzuwenden.

Die progressiven, den gegenwärtigen Bedingungen voll entsprechenden Wettbewerbsformen geraten oft in Widerspruch zur Produktions- und Leitungsorganisation innerhalb der Betriebe und Vereinigungen und verlangen objektiv bestimmte Veränderungen. So wiesen die fortschrittlichen Erfahrungen einiger Betriebe bei der Wettbewerbsorganisation der Kooperationspartner nach technologischen Ketten einen gewissen Widerspruch zur modernen Organisationsstruktur auf. Diese Wettbewerbsart durchbricht gewissermaßen die für sie engen Grenzen der bestehenden Produktionsbereiche und -abteilungen und setzt bestimmte Maßnahmen zur weiteren Vervollkommnung der Organisationsstruktur bei der Leitung eines Betriebes unter Berücksichtigung der Anforderungen der neuen sozialistischen Wettbewerbsformen voraus.

Die Weiterentwicklung des sozialistischen Wettbewerbs in unserem Lande und die bedeutende Erhöhung seiner Effektivität bei der Lösung der auf dem XXV. Parteitag der KPdSU festgelegten sozialökonomischen Aufgaben erfordern also nachdrücklich, alle notwendigen Voraussetzungen zu schaffen, um den sozialistischen Wettbewerb, die Produktionspläne und deren Ausarbeitungsmethoden, die wirtschaftliche Rechnungsführung, die ökonomische und materielle Stimulierung, die Produktionsorganisation sowie eine gleichzeitige komplexe Vervollkommnung all dieser wichtigen Seiten der sozialistischen Wirtschaft miteinander zu verbinden. Das ist auch die Hauptrichtung und die Hauptkennziffer der wachsenden Rolle der Teilnahme der Werktätigen an der Leitung der Volkswirtschaft, und es entspricht voll und ganz den Aufgaben, die in der neuen sowjetischen Verfassung formuliert sind.

Die Entfaltung des sozialistischen Wettbewerbs, die Erhöhung seiner Wirksamkeit und die Entwicklung seiner neuen qualitativen Seiten sind eine wichtige Bedingung, um unseren 10. Fünfjahrplan erfolgreich zu erfüllen. Im Brief des ZK der KPdSU, des Ministerrats der UdSSR, des Zentralrats der Sowjetgewerkschaften und des ZK des Leninschen Kommunistischen Jugendverbandes der Sowjetunion an die Partei-, Sowjet-, Wirtschafts-, Gewerkschafts- und Komsomolorganisationen sowie an die Werktätigen der Sowjetunion „Zur Entfaltung des sozialistischen Wettbewerbs um die Erfüllung und Übererfüllung des Planes 1978 und zur Verstärkung des Kampfes um die Erhöhung der Effektivität der Produktion und der Qualität der Arbeit" wird unterstrichen, daß bei uns alle Möglichkeiten für eine erfolgreiche Erfüllung bzw. Übererfüllung des Staatsplanes zur ökonomischen und sozialen Entwicklung der UdSSR im Jahre 1978 gegeben sind. Die Volkswirtschaft verfügt dafür über bedeutende Reserven. Deshalb wendet sich der Brief an alle Werktätigen mit dem Aufruf, den sozialistischen Wettbewerb noch breiter zu entfalten, aktiver an dem gesamtnationalen Kampf um die Erhöhung der Effektivität der Produktion und der Qualität der Arbeit sowie um die Erreichung höchster Ergebnisse mit minimalstem Aufwand teilzunehmen. Die Kommunistische Partei der Sowjetunion ruft alle Werktätigen auf, als Eigentümer zu denken, zu überlegen, wie die Arbeit besser organisiert und die Reserven vollständiger erschlossen werden können, welchen Beitrag jeder an seinem Arbeitsplatz dazu leisten kann – sei es in der Werkhalle, auf der Baustelle, auf dem Feld, der Farm oder in einem Konstruktionsbüro. Die KPdSU geht davon aus, daß die allererste Pflicht aller Partei-, Sowjet- und Gewerkschaftsorganisationen aller Wirtschaftsorgane und aller Werktätigen darin besteht, die Organisation des Wettbewerbs zu verbessern und seine Wirksamkeit zu erhöhen. Die Lösung dieser Aufgaben setzt auch eine aktive Teilnahme der Wissenschaftler an der Untersuchung von Problemen des sozialistischen Wettbewerbs und besonders an der theoretischen und praktischen Erarbeitung des gesamten komplizierten Systems seiner organischen Einbeziehung in den Mechanismus der planmäßigen Leitung der sozialistischen Wirtschaft voraus.

Anmerkungen

1 UdSSR steuert unbeirrt den Leninschen Kurs des Friedens, Rede von Leonid Breshnew, Generalsekretär des ZK der KPdSU, auf dem XVI. Kongreß der Sowjetgewerkschaften, in: Neues Deutschland vom 22. März 1977, S. 3.

V. N. Kašin

Zur Wechselwirkung objektiver und subjektiver Faktoren bei der Leitung der entwickelten sozialistischen Wirtschaft

1. Allgemeine Problemstellung; Einschränkungen bei der Behandlung des Problems

Die Probleme einer systematischen Vervollkommnung der Leitung der entwickelten sozialistischen Wirtschaft werden immer aktueller, dringender und gleichzeitig komplizierter, was ihren Inhalt und die Wege zu ihrer Lösung betrifft. Sie nehmen in der Tätigkeit der Kommunistischen Partei der Sowjetunion, in ihrer Wirtschaftspolitik, einen bedeutenden Platz ein.

Inhalt, Formen und Methoden der Leitung der Wirtschaft werden im sozialistischen Staat objektiv durch das Entwicklungsniveau der gesellschaftlichen Produktivkräfte und den Reifegrad der sozialistischen Produktionsverhältnisse bedingt. Gleichzeitig hängt die Effektivität der Leitung, ihre aktive Rückwirkung auf die Entwicklung der gesellschaftlichen Produktion, entscheidend vom subjektiven Faktor ab: von der Fähigkeit aller Leitungskader von oben nach unten, die Haupttendenzen und Erfordernisse der ökonomischen Entwicklung richtig zum Ausdruck zu bringen und zu berücksichtigen, von der schöpferischen Energie und Initiative, vom Arbeitsenthusiasmus und der Organisiertheit aller Werktätigen, von ihrer Bewußtheit und ihrer Bereitschaft, an der Produktion und an der Leitung der Produktion teilzunehmen.

Deshalb kann die Leitung der Wirtschaft nicht in eine rein mechanische Funktion umgewandelt werden, die selbständig, ohne bzw. fast ohne die Mitwirkung der Menschen, durch irgendein hochentwickeltes automatisiertes System der planmäßigen Leitung ausgeführt wird, von der Art des sogenannten elektronischen Gosplan. Dabei ist der subjektive Faktor in der Wirtschaft seiner Struktur nach ein kompliziertes System ökonomischer Subjekte, deren Beziehungen sowohl auf der Subordination als auch auf der Koordinierung aufbauen.

Das Wesentliche bei der Untersuchung des Problems des Verhältnisses zwischen objektiven und subjektiven Faktoren bei der Leitung der Wirtschaft besteht unserer Meinung nach vor allem darin, herauszufinden, wie, auf welche Art und Weise einerseits eine größtmögliche Übereinstimmung zwischen dem Entwicklungsstand der gesellschaftlichen Produktion und den objektiven Tendenzen und Erfordernissen ihrer Entwicklung und andererseits dem Inhalt der Wirtschaftsleitung, ihrer Organisationsstruktur, ihren Formen und Methoden gewährleistet werden kann. Eine Art „Spiegelbild" der Untersuchung dieses Verhältnisses kann die Darstellung der Rückkopplung zwischen subjektiven und objektiven Faktoren sein, die sich in einer aktiven Einwirkung des gesamten Systems der Leitung auf die beschleunigte Entwicklung der materiell-technischen Basis der gesellschaftlichen Produktion, auf die Entwicklung der Produktivkräfte insgesamt sowie auf die Erhöhung der ökonomischen Reife der sozialistischen Produktionsverhältnisse zeigt.

Auf dieser Beratung sollen nur ganz kurz und schematisch vor allem zwei Fragen behandelt werden:

erstens jene Anforderungen, die die entwickelte sozialistische Wirtschaft an den Prozeß der planmäßigen Leitung stellt, sowie einige Wege zur Realisierung dieser Anforderungen;

zweitens jene wichtige und sich zunehmend verstärkende Rolle, die der ökonomischen Bildung und ökonomischen Erziehung der Werktätigen bei der Lösung der Aufgaben zur Erhöhung der Effektivität der Leitung zukommt. Dabei werden beide Fragen anhand von Materialien über die sowjetische Wirtschaft und das sowjetische System der ökonomischen Bildung und der ökonomischen Erziehung behandelt.

2. Anforderungen der entwickelten sozialistischen Wirtschaft an den Leitungsprozeß; einige Wege zu ihrer Realisierung

Für die in der UdSSR durch die selbstlose Arbeit des Sowjetvolkes unter Leitung der Kommunistischen Partei und des Sowjetstaates geschaffene reife sozialistische Wirtschaft sind hohe qualitative und quantitative Kennziffern der extensiven wie auch der intensiven Entwicklung charakteristisch. Sie zeichnet sich aus durch:

– ein hohes Niveau des erreichten Produktionsvolumens in allen Zweigen der Volkswirtschaft,

– eine starke Erweiterung und die Kompliziertheit der volkswirtschaftlichen Beziehungen,

– eine immer umfassendere und organische Verbindung der Errungenschaften der wissenschaftlich-technischen Revolution mit den Vorzügen des Sozialismus,

– die vielgestaltigen Integrationsprozesse in der Wirtschaft; die Synthese von Wissenschaft und Produktion, die Entwicklung zwischenzweiglicher Produktionen, die Annäherung von Industrie und Landwirtschaft sowie die wachsende Rolle internationaler ökonomischer Integrationsprozesse (ökonomische Integration im Rahmen des Rates für Gegenseitige Wirtschaftshilfe),

– die Vollbeschäftigung der Bevölkerung und die ständig wachsende Produktivität der gesellschaftlichen Arbeit,

– eine starke Wende der Wirtschaft in Richtung einer allseitigen Ausnutzung der intensiven Faktoren des Wirtschaftswachstums, der Erhöhung der Effektivität der Produktion, Verbesserung der Qualität der Arbeit und der Qualität der Erzeugnisse,

– die wachsenden Maßstäbe bei der Erschließung unterschiedlicher Naturreichtümer, so auch in schwer zugänglichen Gebieten des Nordens und des Ostens des Landes,

– eine immer aktivere Teilnahme der UdSSR an internationalen Wirtschaftsbeziehungen,

– die Umgestaltung der Wirtschaft der UdSSR in einen einheitlichen volkswirtschaftlichen Komplex, der planmäßig alle Einheiten der Produktion, der Verteilung und des Austausches umfaßt,

– eine ständige Hebung des Wohlstandes des Volkes und der Kultur, wodurch die immer vollkommenere und allseitige Entwicklung aller Mitglieder der Gesellschaft, ihre hohe Bildung und Bewußtheit gewährleistet werden.

Der einheitliche volkswirtschaftliche Komplex, den die Wirtschaft der UdSSR heute darstellt, verkörpert in sich die höchste Stufe der Vergesellschaftung der Produktion in staatlichem Maßstab. Gleichzeitig schließt er eine große Zahl volkswirtschaftlicher Komplexe von weniger hohem Niveau ein: die Republiks- und territorialen Produktionskomplexe sowie auch viele große Industriegebiete, leistungsstarke Schwerpunktbereiche der Industrie. Es entstanden auch Zweigkomplexe in der Industrie – so der

Komplex der Zweige der Energiewirtschaft, der Zweigkomplex der extraktiven Industrie, der Komplex der Chemie und Petrolchemie, des Maschinenbaus wie auch der Komplex der Bauzweige. Es entstand der Agrar-Industrie-Komplex des Landes, und es bildete sich ein einheitliches Transportsystem. Zur Hauptform des sozialistischen Betriebes wird unter den Bedingungen des reifen Sozialismus die Produktionsvereinigung. Das bezieht sich bisher noch überwiegend auf die Industrie, doch erfassen die vielfältigen Formen der Konzentration der Produktion zunehmend intensiv auch die Landwirtschaft, was in der Bildung tausender zwischenwirtschaftlicher Vereinigungen seinen Ausdruck findet. Der Integrationsprozeß von Industrie und Landwirtschaft zeigt sich im schnellen Entstehen verschiedenartiger Agrar-Industrie-Vereinigungen.

Gegen Ende des Jahres 1976 gab es in unserem Lande 3 312 Wissenschafts-Produktions-Vereinigungen und Produktionsvereinigungen mit 15 208 Produktionseinheiten und selbständigen Betrieben, davon 6 979 mit selbständiger Bilanz. Auf die Vereinigungen entfielen 40,6% der realisierten Industrieerzeugnisse.[1] All das stellt neue Anforderungen an den subjektiven Faktor der Leitung, an alle Organisationen, Organe, an die einzelnen Leiter und alle Werktätigen, die an der Leitung der Wirtschaft teilnehmen.

In diesem Zusammenhang muß unterstrichen werden, daß die Umgestaltung der Wirtschaft eines Landes in einen einheitlichen volkswirtschaftlichen Komplex nicht nur Festigung und Ausbau der verschiedenartigsten Wirtschaftsbeziehungen bedeutet, die sich „in der Horizontalen", zwischen den unterschiedlichen Zweigen, Betrieben, Gebieten usw. vollziehen, sondern auch die Festigung und den Ausbau der Wirtschaftsbeziehungen „in der Vertikalen", wie sie für die zunehmende Zentralisation der gesamten Volkswirtschaft auf der Grundlage der Entwicklung des gesellschaftlichen Charakters des Produktionsprozesses kennzeichnend sind und vor allem in der Form der Leitungsbeziehungen von oben nach unten zum Ausdruck kommen. Die genannten vertikalen wie auch horizontalen Beziehungen sind Erscheinungsformen, konkrete Formen der Funktionsweise und der Entwicklung sozialistischer Produktionsbeziehungen.

Die erwähnten Unterscheidungsmerkmale der entwickelten sozialistischen Wirtschaft (deren Ausdruck auch solche wichtigen gesetzmäßigen sozialen Prozesse sind wie die Erweiterung der Maßstäbe und die Bereicherung der Formen des sozialistischen Wettbewerbs, die Bewegung für eine kommunistische Einstellung zur Arbeit, die schrittweise Überwindung der wesentlichen Unterschiede zwischen Stadt und Land, zwischen geistiger und körperlicher Arbeit, die wachsende soziale Homogenität der Gesellschaft usw.) lassen neue Anforderungen an die planmäßige Leitung der Wirtschaft entstehen:

– Orientierung der gesamten Produktionstätigkeit, des gesamten Systems der planmäßigen Leitung auf die Erzielung hoher Endergebnisse,

– Verstärkung des perspektivischen Aspektes in der Planung, Erhöhung der Rolle der langfristigen Planung und im Zusammenhang damit auch der Prognostizierung, insbesondere der Prognostizierung des wissenschaftlich-technischen Fortschritts, seiner sozialökonomischen Folgen,

– Verstärkung des Komplexcharakters der Planung und Leitung, sowohl auf zweiglicher als auch auf territorialer Ebene,

– Vervollkommnung der Organisationsstruktur der Leitung, was sowohl die Entwicklung neuer Leitungsformen (zum Beispiel Republiks- und Allunions-Industrie-Vereinigungen) als auch deren Festigung einschließt, z. B. den Übergang vom Leitungssystem mit mehreren Ebenen zu einem Leitungssystem mit zwei Ebenen für ganze Industriezweige,

– Schaffung von Möglichkeiten für eine wachsende Selbständigkeit und Initiative der unteren Leitungsebenen zur Erfüllung der Aufgaben des einheitlichen gesamtstaatlichen Planes der ökonomischen und sozialen Entwicklung,

– planmäßige und zentralisierte Nutzung der Schnellrechentechnik und anderer Mittel zur Automatisierung der Leitung,

– ständige Erweiterung der gemeinsamen Planungstätigkeit mit den sozialistischen Bruderländern.

Ein Hauptweg zur Verwirklichung der genannten Anforderungen besteht in der richtigen Festlegung der Rechte und Pflichten jeder Ebene innerhalb des Leitungssystems, in einer optimalen Ausgewogenheit dieser Rechte und Pflichten.

In der Wirtschaftspraxis kommt es bisweilen noch vor, daß ein übergeordnetes Leitungsorgan mit umfassenden Rechten einen Teil seiner Pflichten und Verantwortung auf ihm unterstellte Ebenen der Leitung und Wirtschaftsführung überträgt. Das hat negative ökonomische, soziale und moralische Folgen. Auf dem XXV. Parteitag der KPdSU wurde mit allem Nachdruck die Aufgabe gestellt, daß jede Leitungsebene die ihm übertragene Verantwortung strikt einzuhalten hat, daß Pflichten und Rechte in einem richtigen Verhältnis zu stehen haben.

Ein wichtiger Weg zur Realisierung der höheren Anforderungen an die Leitung der Wirtschaft besteht darin, die Struktur der Leitungsorgane umsichtig zu vervollkommnen und, falls notwendig, auch neue Organe zu bilden. Heute ist z. B. die Notwendigkeit herangereift, ein einheitliches gesamtstaatliches Organ für die Planung und Leitung des Agrar-Industrie-Komplexes der UdSSR zu schaffen. Dieser Komplex hat sich, wie bereits erwähnt, ökonomisch schon herausgebildet, doch fehlt bisher noch die erforderliche organisatorisch-leitungsmäßige und rechtliche Gestaltung.

Die höheren Anforderungen an die Qualität und Effektivität der planmäßigen Leitung stellen der Wirtschaftswissenschaft ernstzunehmende neue Aufgaben. Zu den Aufgaben, die von großer theoretischer und praktischer Bedeutung sind, gehört die Vervollkommnung aller Planungs- und Berichtskennziffern Die Kennziffern müssen ein wichtiges Leitungsinstrument sein, um jeden Betrieb, jeden Werktätigen zur Erreichung hoher Endergebnisse zu stimulieren und die Interessen der einzelnen Wirtschaftsebenen mit den grundlegenden, bestimmenden Interessen, den gesamtstaatlichen Interessen optimal zu verbinden. Deshalb müssen die Kennziffern umfassend objektiv bedingt und wissenschaftlich begründet sein. Diese Aufgaben, so meinen wir, sind nur auf der Grundlage tiefgreifender politisch-ökonomischer Forschungen zu lösen, die mit einer umfassenden konkret-ökonomischen Analyse aussagekräftiger Materialien, mit einem gründlichen Studium der Praxis bei der Wirtschaftsführung und der Leitung zu verbinden sind. Gleichzeitig besteht kein Zweifel daran, daß eine Lösung dieser Aufgaben die Wissenschaft der politischen Ökonomie des Sozialismus auf eine höhere Stufe heben und die Möglichkeit bieten würde, die objektiven, im Sozialismus wirkenden ökonomischen Gesetze im Kennziffernsystem umfassender widerzuspiegeln und zu berücksichtigen und damit Disproportionen zwischen Objektivem und Subjektivem zu überwinden.

3. Die wachsende Rolle der ökonomischen Erziehung und Bildung bei der Steigerung der Leitungseffektivität

Werden Leitungsprobleme untersucht, so bezieht man sich häufig auf die Worte von K. Marx im „Kapital“: „Ein einzelner Geiger leitet sich selbst, das Orchester braucht einen Dirigenten ...“ In der Regel wird der Schwerpunkt auf den zweiten Teil dieser klassischen Formulierung gelegt („das Orchester braucht einen Dirigenten"). Wichtig ist jedoch, auch dem ersten Teil Aufmerksamkeit zu schenken, daß nämlich der einzelne Geiger *„sich selbst leitet"*. Ist es doch so, daß auch in einem Orchester jeder Spieler bis zu einem gewissen Grade „sich selbst leitet", daß er das entweder gut oder schlecht, entsprechend den Weisungen des Dirigenten oder entgegen diesen Weisungen macht. In der Arbeit „Die nächsten Aufgaben der Sowjetmacht" wandte sich W. I. Lenin speziell der Frage zu, daß die Wirksamkeit einer zentralisierten Leitung in vielem von der Diszipliniertheit und der Bewußtheit der Teilnehmer einer gemeinsamen Arbeit abhängt. Die Unterordnung unter einen einheitlichen Willen, durch den die gemeinsame Arbeit gesteuert wird, so betont W. I. Lenin, „... kann bei idealer Bewußtheit und Diszipliniertheit der an der gemeinsamen Arbeit Beteiligten mehr an die milde Leitung eines Dirigenten erinnern. Sie kann die scharfen Formen der Diktatorschaft annehmen, wenn keine ideale Diszipliniertheit und Bewußtheit vorhanden ist.[2]"

Auch in der sozialistischen Wirtschaft ist es so, daß jeder einzelne Werktätige, der in den einheitlichen Rhythmus der gesellschaftlichen Arbeit einbezogen ist, sich selbst, seine Produktionstätigkeit in gewissem Grad selbständig „leitet". Ganz offensichtlich kann es ohne solch eine Selbständigkeit keine Arbeitsinitiative, keine schöpferische Einstellung zur Arbeit u. a. geben. Gleichzeitig ist aber auch klar, daß die Effektivität des gesamten Leitungsprozesses letztlich davon abhängt, inwieweit Millionen Arbeiter sich effektiv, richtig und diszipliniert leiten, inwieweit dank dieser Tatsache allen übergeordneten Leitungsorganen die Möglichkeit zur Verwirklichung einer „milden Leitung eines Dirigenten" gegeben ist.

Unter den Bedingungen der entwickelten sozialistischen Wirtschaft wird deshalb die Herausbildung des subjektiven Faktors – das ökonomische Bildungsniveau aller Werktätigen, von den einfachen Arbeitern bis hin zu den höchsten Wirtschaftsleitern, das Niveau der ökonomischen Erziehung des ganzen Volkes und insbesondere natürlich der jungen Generation – zu einem ausnehmend wichtigen Faktor zur Steigerung der Effektivität der Wirtschaft. Im Ergebnis der ökonomischen Bildung und Erziehung wird die strikte Einhaltung der Normen einer rationellen Wirtschaftsführung jedem Werktätigen zur Gewohnheit und, als eine Folge dessen, wird jene ideale Bewußtheit und Diszipliniertheit der Teilnehmer an einer gemeinsamen Arbeit erreicht, von der W. I. Lenin sprach.

Die ökonomische Bildung und Erziehung ist ein Teil des Systems der kommunistischen Erziehung der Sowjetmenschen, ein notwendiges Kettenglied des komplexen Herangehens an die Formierung allseitig entwickelter Mitglieder der Gesellschaft. Es geht um die Erziehung eines Menschen, der qualifiziert, schöpferisch, voller Initiative arbeiten kann und arbeiten will, eines Menschen, der fähig ist, exakte ökonomische Berechnungen durchzuführen und ein begründetes Risiko einzugehen, der Sachlichkeit und Unternehmungsgeist bei der Verwirklichung der Planaufgaben zur wirtschaftlichen und sozialen Entwicklung zeigt.

In seiner Rede auf dem XVIII. Komsomolkongreß betonte L. I. Breshnew, daß der Kampf um Effektivität und Qualität keine zeitweilige Kampagne ist. „Das ist der Kurs der Partei, den wir ... mit allem Ernst und auf lange Zeit eingeschlagen haben. Das ist nicht nur die Schlüsselaufgabe des laufenden Fünfjahrplans, sondern auch der bestimmende Faktor unserer wirtschaftlichen und sozialen Entwicklung für viele Jahre. Und das ist, wenn Ihr so wollt, auch das Programm für die Erziehung einer ganzen Generation sowjetischer Menschen."[3]

In den vergangenen sieben Jahren haben über 70 Millionen Menschen Grundkenntnisse auf dem Gebiet der Wirtschaft und der Leitung erhalten. Im Lehrjahr 1977/78 erwarben sich 30 Millionen Werktätige dieses Wissen im Rahmen des Systems zur ökonomischen Bildung der Werktätigen. Diese Zahlen sind einem Bericht entnommen, gehalten auf der am 30. Mai in der Stadt Tscheljabinsk durchgeführten wissenschaftlich-praktischen Allunions-Konferenz zum Thema „Ökonomische Erziehung und Bildung der Jugend im entwickelten Sozialismus“.[4]

Die bedeutende Erweiterung des ökonomischen Wissens der Werktätigen geht einher mit einem Wachstum ihrer Arbeitsaktivität, einem Aufschwung des sozialistischen Wettbewerbs. Konkrete soziologische Untersuchungen, durchgeführt in einigen Gebieten der RSFSR, der Ukraine, Belorußlands und anderer Republiken, haben gezeigt, daß bei denjenigen Werktätigen, die ökonomische Zirkel und Seminare besuchen, die Arbeitsproduktivität bedeutend steigt, Verstöße gegen die Arbeitsdisziplin geringer werden und die Ausschußquote sinkt. Die ökonomische Bildung trägt zur Weiterentwicklung des Rationalisatoren- und Erfinderwesens sowie unterschiedlicher Formen der gesellschaftlichen ökonomischen Arbeit[5], zur breiten Teilnahme aller Werktätigen an der Leitung der Produktion bei.

Doch gibt es auf dem Gebiet der ökonomischen Erziehung und Bildung noch viele Reserven, die es zu erschließen gilt. Diese Arbeit muß vor allem breiter entfaltet werden, muß neue Gruppen von Jugendlichen und Werktätigen einbeziehen. Jeder Mensch muß sich ein richtiges ökonomisches Verhalten angewöhnen, muß sich ökonomisches Wissen aneignen – angefangen bei Familie und Schule und endend bei der Hochschule, bei jedem Arbeitskollektiv. Das wurde jedoch bisher noch nicht erreicht. Es sei nur darauf verwiesen, daß es insgesamt in den Zweigen der materiellen Produktion etwa 20 Millionen Menschen gibt, die noch nicht an Lehrgängen zum Erwerb ökonomischen Grundwissens teilnehmen.[6]

Natürlich gilt es, auch diese Gruppe von Werktätigen an ein ökonomisches Studium heranzuführen. Des weiteren steht die Forderung, die Qualität der ökonomischen Bildung zu verbessern und die Wirksamkeit der ökonomischen Erziehung zu erhöhen. Ökonomisches Wissen ist in Überzeugungen, in praktisches Handeln des Menschen umzusetzen. Allerdings trifft man auch ökonomisch gebildete Menschen, die, um es bildhaft auszudrücken, schlecht „auf den Dirigenten hören“: Sie geben sich mit einer Erzeugnisproduktion von minderer Qualität, mit einer ungenügenden Auslastung der Maschinen und Anlagen, Mehrkosten u. a. zufrieden. Die weitere Verbesserung der ökonomischen Bildung und Erziehung setzt voraus, daß jeder Werktätige seine Rechte und Pflichten als Herr des Landes, der gesellschaftlichen Produktion vollständiger wahrnimmt. Nur unter dieser Bedingung können alle Möglichkeiten und Vorzüge des entwickelten Sozialismus voll realisiert werden – und gerade das ist ja unsere Hauptaufgabe, das Pathos unserer Tage.

Die ökonomischen Möglichkeiten und Vorzüge des entwickelten Sozialismus sind bedingt durch seine objektiven ökonomischen Gesetze, die Entfaltung und Vertiefung des Wirkens dieser Gesetze. Die Nutzung dieser Möglichkeiten und Vorzüge mittels einer planmäßigen Leitung der Wirtschaft beruht auf dem Erkennen und der bewußten Anwendung der ökonomischen Gesetze. Wird die Einhaltung wissenschaftlich begründeter Normen, der Regeln des Wirtschaftsverhaltens überall zur Gewohnheit, von jedem Menschen genauso natürlich verwirklicht wie die Einhaltung vieler Lebensnormen, dann wird der Leitungsprozeß im höchsten Grade der „milden Leitung eines Dirigenten“

gleichen. Nur dann können im Leitungsprozeß dessen sozialökonomische Aspekte ihre vorrangige Rolle anderen Aspekten des Leitungsprozesses abtreten: den organisatorisch-technischen und technologischen. Die ständige Hebung des Niveaus ökonomischer Kenntnisse, der Wirksamkeit der ökonomischen Erziehung ist eine wichtige Voraussetzung zur raschen Verwirklichung dieser zutiefst wissenschaftlichen Vorausschau von K. Marx, einer Vorausschau, in der sich die Dialektik des Verhältnisses zwischen objektiven und subjektiven Faktoren in der Wirtschaft der sozialistischen und kommunistischen Gesellschaft zeigt.

Anmerkungen

1 Narodnoe chozjajstvo SSSR za 60 let, Jubilejnij statističeskij ežegodnik, Moskva 1977, S. 170.
2 W. I. Lenin, Die nächsten Aufgaben der Sowjetmacht, in: Werke, Bd. 7, Berlin 1960, S. 260.
3 Die Jugend ist ein aktiver Erbauer des Kommunismus, Rede von Leonid Breshnew auf dem XVIII. Kongreß des Leninschen Komsomol, in: Neues Deutschland vom 26. April 1978, S. 3.
4 Vgl. G. L. Smirnov, Sostavnaja čast' kommunističeskogo vospitanija, in: Ėkonomičeskaja gazeta, 26/1978, S. 17.
5 Vgl. ebenda.
6 Vgl. ebenda.

V. V. Sitnin

Die Entwicklung der nationalen Systeme der Planung und Leitung im Prozeß der sozialistischen ökonomischen Integration

Die Außenwirtschaftsbeziehungen der sozialistischen Länder werden gegenwärtig in immer stärkerem Maße zu einem aktiven Faktor der Beschleunigung des wissenschaftlich-technischen Fortschritts und der Erhöhung der Effektivität der gesellschaftlichen Produktion. Diesen Prozeß als eine der Besonderheiten unserer Zeit charakterisierend, stellte der Generalsekretär des ZK der KPdSU, Genosse L. I. Breshnew, auf dem XXV. Parteitag der KPdSU fest: „Wie andere Staaten auch, bemühen wir uns, die Vorzüge der Außenwirtschaftsbeziehungen zu nutzen, um zusätzliche Möglichkeiten für die Lösung wirtschaftlicher Aufgaben und für einen Zeitgewinn, für die Steigerung der Effektivität der Produktion und den beschleunigten Fortschritt von Wissenschaft und Technik zu erschließen."[1]

Unter den gegenwärtigen Bedingungen verändert sich die innere Struktur, der Charakter der Außenwirtschaftstätigkeit der RGW-Länder. Der Außenhandelsumsatz ist immer seltener nur ein einfacher Austausch von Ware gegen Ware, das abschließende Stadium des Reproduktionsprozesses, der im nationalen Rahmen durchgeführt wird. Sein Wachstum vollzieht sich in immer stärkerem Maße auf der Grundlage der Zusammenarbeit in der Produktion und in Wissenschaft und Technik, durch die gemeinsame Erschließung von Naturressourcen, den gemeinsamen Bau von großen Industriekomplexen, durch die Kooperation zwischen Betrieben und ganzen Industriezweigen.

Die Veränderung des Inhalts der Außenwirtschaftsbeziehungen und ihrer Rolle im Reproduktionsprozeß wirkt unmittelbar auf die nationalen Formen der Leitung der Außenwirtschaftstätigkeit ein und macht ihre Anpassung an die Gestaltung neuer Arten der ökonomischen Zusammenarbeit erforderlich.

Es ist theoretisch und praktisch erwiesen, daß die Integration der Volkswirtschaftskomplexe der sozialistischen Länder nicht den Verlust ihrer Selbständigkeit bei der Entscheidung über innerwirtschaftliche und auch außenwirtschaftliche Fragen nach sich zieht. Der auf jeder Etappe notwendige Grad an Einigkeit wird durch die internationalistische Politik der Kommunistischen Parteien der sozialistischen Länder erreicht, die auf die Festigung der Freundschaft zwischen unseren Völkern, auf die Zusammenarbeit und gegenseitige Hilfe bei voller Freiwilligkeit und Gleichberechtigung gerichtet ist.

Daher kann die sozialistische ökonomische Integration ohne die Nutzung der nationalen Instrumente der Planung und Leitung nicht verwirklicht werden. Die Aufrechterhaltung und Festigung der staatlichen Souveränität bedeutet, daß die Verteilung der nationalen Ressourcen entsprechend der verschiedenen Erfordernisse der Produktion, darunter zur Durchführung von Integrationsmaßnahmen, ein Vorrecht jedes einzelnen Landes bleibt und das Prinzip des gegenseitigen Vorteils von Integrationsmaßnahmen auch weiterhin seine volle Gültigkeit behält. Deshalb wird die Umgestaltung der Volkswirtschaftsstrukturen in Richtung auf ein verstärktes gegenseitiges Ergänzen der Wirtschaften der RGW-Länder mit Hilfe nationaler Leitungsinstrumente verwirklicht. Die Instrumente der internationalen ökonomischen Zusammenarbeit (Außenhandelspreise, Valutakurse, Kredite usw.), die die ökonomische Interessiertheit der Länder an der Wahl der ihren Interessen entsprechenden Variante der internationalen Produktionsspezialisierung, an der Verwirklichung gegenseitig vorteilhafter Strukturveränderungen in den nationalen Wirtschaften gewährleisten, wirken in jedem Falle über die nationalen Systeme der Leitung der Volkswirtschaft.

Wir können ferner feststellen, daß sich die Mehrzahl der Formen der ökonomischen Zusammenarbeit unmittelbar auf bestimmte Elemente der nationalen Wirtschaftsmechanismen stützt. Sie entstehen und entwickeln sich auf der Grundlage der entsprechenden Elemente der nationalen Systeme der Planung und Leitung. Zum Beispiel ist die gemeinsame Ausarbeitung verschiedener Arten von Prognosen durch die RGW-Länder nur auf der Grundlage der Entwicklung der Prognostizierung innerhalb der Länder möglich. Die Aufstellung der langfristigen Zielprogramme der Zusammenarbeit stützt sich auf die Erfahrungen der Nutzung der Ziel-Programm-Methode im nationalen Maßstabe.

Infolgedessen erhalten die Wirtschaftsmechanismen der Mitgliedsländer des RGW jetzt eine besondere Funktion – die Funktion der Sicherstellung von Integrationsmaßnahmen, deren Bedeutung ständig wächst. Die „Einstellung" der innerstaatlichen Systeme der Planung und Leitung auf die ökonomische Integration führt vor allem zur Veränderung der nationalen Formen der Leitung der Außenwirtschaftsbeziehungen in Richtung auf ihre Anpassung an die Verwirklichung der Integrationsmaßnahmen, insbesondere der Produktions- und der wissenschaftlich-technischen Zusammenarbeit.

Die nationalen Wirtschaftsmechanismen und vor allem ihre Bestandteile, die für die Leitung der Außenwirtschaftsbeziehungen „verantwortlich sind", sind jetzt dazu berufen, die Lösung von mindestens drei miteinander verbundenen Aufgaben zu gewährleisten.

Erstens müssen die innerstaatlichen Systeme der Planung und Leitung die Durchführung einer gegenseitig abgestimmten Strukturpolitik gewährleisten, vor allem die Erfüllung der Verpflichtungen, die von den Ländern im Rahmen langfristiger Zielprogramme der Zusammenarbeit übernommen wurden; d. h. sie müssen die Übereinstimmung und Kopplung der Volkswirtschaftsstrukturen auf makroökonomischer Ebene fördern.

Zweitens müssen die innerstaatlichen Systeme der Wirtschaftsleitung eine effektive Zusammenarbeit auf der Ebene der einzelnen Industriezweige, u. a. unmittelbar zwischen den Wirtschaftsorganisationen unserer Länder ermöglichen, um eine Abstimmung der Mikroproportionen der gesellschaftlichen Produktion zu erreichen.

Drittens müssen die innerstaatlichen Systeme der Wirtschaftsleitung die Bedingungen für ein effektives Funktionieren der internationalen Wirtschaftsorganisationen, für ihre sachliche Zusammenarbeit mit den nationalen Wirtschaftsorganisationen und Leitungsorganen schaffen.

All das macht eine ständige Vervollkommnung der Wirtschaftsmechanismen der sozialistischen Staaten insgesamt und ihrer außenwirtschaftlichen Bestandteile im einzelnen erforderlich, damit sie umfassender den Bedürfnissen der sozialistischen ökonomischen Integration entsprechen. Die vollkommensten Formen der internationalen ökonomischen Zusammenarbeit werden nicht nur nicht effektiv sein, sondern sie können überhaupt nicht funktionieren, wenn sie nicht durch die nationalen Instrumente der Planung und ökonomischen Stimulierung untermauert werden. Es zeigt sich, daß gegenwärtig Perspektiven und Tempi der Integration in vieler Hinsicht von den Fähigkeiten der nationalen Wirtschaftsmechanismen insgesamt abhängen, besonders aber von denen der Systeme der Leitung der Außenwirtschaftstätigkeit zur Sicherung der notwendigen Bedingungen für die „Kopplung“ der Volkswirtschaftskomplexe der sozialistischen Staaten.

Somit müssen die Wirtschaftsmechanismen der RGW-Länder nicht nur die effektivere Ausnutzung der inneren Ressourcen sichern, sondern auch die umfassendere Realisierung der Vorzüge der internationalen Arbeitsteilung. Die Fähigkeit der Leitungssysteme der Volkswirtschaft zur breiteren Ausnutzung der Möglichkeiten der internationalen Arbeitsteilung verwandelt sich jetzt in eine der wichtigsten Kennziffern ihrer Effektivität. Infolgedessen beginnt die Entwicklung der innerstaatlichen Leitungssysteme der Außenwirtschaftsbeziehungen sowohl unter dem Einfluß innerer als auch äußerer Faktoren.

Die enge Verbindung, die zwischen der Entwicklung der Integrationsprozesse und der Vervollkommnung der nationalen Wirtschaftsmechanismen besteht, illustrieren deutlich die Erfahrungen aus der Planung von Integrationsmaßnahmen. Die Entwicklung der ökonomischen Zusammenarbeit der RGW-Länder brachte die Notwendigkeit mit sich, das System der gemeinsamen Planungstätigkeit durch eine neue Form zu ergänzen, nämlich einen abgestimmten Plan mehrseitiger Integrationsmaßnahmen der Mitgliedsländer des RGW, dessen Hauptaufgabe darin besteht, die Durchführung mehrseitiger Integrationsmaßnahmen und insbesondere des gemeinsamen Baus neuer Industrieobjekte zu sichern.

Der erste Plan dieser Art wurde von den RGW-Ländern für die Jahre 1976 bis 1980 aufgestellt. Es ist verständlich, daß die Verpflichtungen, die von jedem Lande im Rahmen des abgestimmten Planes übernommen werden, ihre adäquate Widerspiegelung im nationalen Volkswirtschaftsplan finden müssen, ohne die sie nicht erfüllt werden können. Deshalb wurde seit 1974 in die Jahres- und Fünfjahrpläne der Entwicklung der Volkswirtschaft der UdSSR wie auch der Mehrzahl der anderen RGW-Länder ein neuer Planteil eingeführt, der die Aufgaben für die Integrationsmaßnahmen enthält.

Im Integrationsteil des Planes für die Entwicklung der Volkswirtschaft der UdSSR werden direkt adressierte direktive Planaufgaben festgelegt und der Umfang der materiellen, Arbeitskräfte- und Finanzressourcen ausgewiesen, die für ihre Erfüllung bereitgestellt werden.

So sind im Unterabschnitt über das Bauwesen folgende Kennziffern enthalten: Aufstellung der Objekte, die auf der Basis der Zusammenarbeit ausgerüstet werden, Umfang der Investitionen und der Bau- und Montagearbeiten, Inbetriebnahme von Produktionskapazitäten und nichtproduktiven Fonds, Umfang wichtiger materieller Ressourcen, Anzahl der Arbeiter und Angestellten, Produktionsvolumina, die in den Integrationsobjekten hergestellt werden, Export-Import-Lieferungen, die mit dem Bau dieser Objekte verbunden sind. Alle diese Kennziffern werden für jedes einzelne Objekt der Zusammenarbeit aufgeschlüsselt. Die Entwicklung der Spezialisierung und Kooperation der Produktion der wichtigsten Erzeugnisarten findet in diesem Planteil im Abschnitt über die größten Abkommen ihren Ausdruck. Auf diese Weise ist für den Planteil, der die Maßnahmen zur Entwicklung der sozialistischen ökonomischen Integration enthält, eine streng zielgerichtete Bereitstellung von Ressourcen charakteristisch, wodurch die Verantwortung für ihre rationelle Ausnutzung erhöht wird.

Die Einbeziehung eines speziellen Planteils in den Volkswirtschaftsplan, der die Beteiligung der UdSSR an Integrationsmaßnahmen regelt, gestattete es, im Staatsplan konkret die Verantwortlichen für die Erfüllung der Verpflichtungen zu nennen, die durch unser Land in Abkommen mit anderen RGW-Ländern übernommen wurden, die Ressourcen auf sie zu verteilen und eine ständige Kontrolle über den Verlauf der Erfüllung der Integrationsmaßnahmen einzurichten.

Die weitere Entwicklung der Integrationsprozesse erfordert offensichtlich die Einführung einiger anderer Veränderungen in die Wirtschaftsmechanismen der RGW-Länder. Insbesondere werden solche Veränderungen im Zusammenhang mit der Ausarbeitung der langfristigen Zielprogramme der Zusammenarbeit erforderlich sein, deren erfolgreiche Realisierung in vieler Hinsicht dadurch bestimmt wird, inwieweit die nationalen Systeme der Leitung und Planung der Volkswirtschaft auf die volle und exakte Erfüllung der Verpflichtungen orientiert sind, die von jedem an diesen Programmen beteiligten Lande übernommen wurden.

Somit kann man gegenwärtig in den Systemen zur Leitung der Außenwirtschaftsbeziehungen der RGW-Länder eine ganze Reihe von Elementen finden, deren Gestaltung und Entwicklung unmittelbar mit der sozialistischen ökonomischen Integration verbunden ist. Jedoch ist der Einfluß des Integrationsprozesses auf die nationalen Systeme der Planung und Leitung der Außenwirtschaftsbeziehungen nach unserer Auffassung nicht nur auf diese Elemente beschränkt. Die Erfahrungen der UdSSR zeigen, daß die Entwicklung aller Einheiten des Systems zur Leitung der Außenwirtschaftsbeziehungen unter der unmittelbaren Einwirkung der Integrationsprozesse erfolgt, obgleich sich ihr Einfluß zweifellos mit dem Wirken anderer Faktoren verbindet.

Zum Beispiel gehört zu den wichtigsten Richtungen der weiteren Vervollkommnung des Systems der Planung, Leitung und Organisation der Außenwirtschaftsbeziehungen der UdSSR im zehnten Fünfjahrplan die Erweiterung der Rechte und der Verantwortung der Zweigministerien bei der Leitung der ökonomischen Zusammenarbeit. Die Zweigministerien und Ämter der UdSSR werden jetzt als das grundlegende Organ betrachtet, in dem die Fragen der zweiglichen Produktions- und wissenschaftlich-technischen Zusammenarbeit mit den RGW-Ländern konzentriert, untersucht und praktisch gelöst werden. Ihnen wird die Verantwortung für die Realisierung der entsprechenden Perspektiv- und laufenden Pläne sowie der Abschnitte des Komplexprogramms der sozialistischen ökonomischen Integration übertragen.

Die Zweigministerien arbeiten mit den entsprechenden Organisationen der sozialistischen Länder zu einem immer breiteren Kreis von Fragen zusammen, vor allem zu Fragen, die mit dem Ingangbringen der Spezialisierung und Kooperation der Produktion verbunden sind. Sie beginnen damit, Abkommen zu Fragen der Produktionszusammenarbeit abzuschließen und Fragen zu lösen, die mit dem Austausch der Produktion verbunden sind (zum Beispiel durch den Export von überplanmäßiger Produktion und den Import von benötigten Waren für die erlösten Valuten).

Im zehnten Fünfjahrplan werden die Zweigministerien, die Vereinigungen und Betriebe in immer größerem Maße in die Lösung grundlegender Fragen der Außenwirtschaftstätigkeit, wie Erfüllung der Fünfjahr- und laufenden Pläne, Nutzung der Konjunktur der Warenmärkte, Erweiterung der Nomenklatur und des Volumens der Exportlieferungen, Erhöhung der Qualität und Konkurrenzfähigkeit der Exportwaren sowie der Effektivität der Außenhandelsoperationen einbezogen.

Dabei bleibt die Funktion des Ministeriums für Außenhandel der UdSSR, das Staatliche Außenhandelsmonopol zu realisieren, erhalten. Die Außenhandelsorganisationen sind an der Festlegung der Außenhandelspreise und der Abstimmung der kommerziellen Lieferbedingungen beteiligt; sie schließen Verträge über Warenlieferungen usw. ab.

Wie die Erfahrungen zeigen, entstehen unter den gegenwärtigen Bedingungen in den Systemen der Planung und Leitung der RGW-Länder immer mehr Elemente der Gemeinsamkeit. Das erlaubt – unserer Meinung nach – die Schlußfolgerung zu ziehen, daß der Prozeß der Vervollkommnung der nationalen Formen der Planung und Leitung zu ihrer allmählichen Annäherung führt und dementsprechend einen Bestandteil des allgemeinen Prozesses der Annäherung der Länder des Sozialismus darstellt, der, wie auf dem XXV. Parteitag der KPdSU festgestellt wurde, „mit aller Deutlichkeit als gesetzmäßige Erscheinung zutage tritt“[2].

Der Prozeß der allmählichen Annäherung der sozialistischen Länder ist eine äußerst komplizierte, vielfältige Erscheinung. Wir sind der Auffassung, daß man in bezug auf die Entwicklung der nationalen Wirtschaftsmechanismen der sozialistischen Länder in diesem Prozeß mindestens zwei Aspekte feststellen kann. Erstens wird der Prozeß der allmählichen Annäherung der Wirtschaftsmechanismen durch die Gleichartigkeit der Veränderungen in der materiell-technischen und sozialökonomischen Struktur unserer Länder, durch die wachsende Annäherung ihres sozialen und ökonomischen Entwicklungsniveaus bedingt.

Die Angleichung des ökonomischen Entwicklungsniveaus, der sozialen Klassenstruktur der Gesellschaft, des Konzentrationsgrades der gesellschaftlichen Produktion, die Annäherung der unmittelbaren Ziele der sozialökonomischen Entwicklung (die immer stärkere Orientierung unserer Wirtschaften auf die Erhöhung des Wohlstandes der Werktätigen, auf die Verbesserung der Arbeits- und Lebensbedingungen) und der Mittel zur Erreichung dieser Ziele (die Notwendigkeit einer tiefgreifenden Intensivierung des gesamten Reproduktionsprozesses auf der Grundlage der Verbindung des wissenschaftlich-technischen Fortschritts mit den Vorzügen des Sozialismus) führen objektiv zum Wachsen der Gemeinsamkeiten der Systeme der Planung und Leitung der Volkswirtschaft.

Eine solche Gemeinsamkeit zeigt sich sowohl bei einem Teil der Aufgaben, die in den Volkswirtschaftsplänen formuliert sind, als auch bei der Festlegung der konkreten Formen und Methoden zur Realisierung der Planziele. Im Zusammenhang damit kann darauf verwiesen werden, daß gegenwärtig für die Systeme der Planung und Leitung der Volkswirtschaft der Mitgliedsländer des RGW eine Erweiterung der Planungshorizonte, eine größere Berücksichtigung der sozialen Faktoren bei der Ausarbeitung und der Verwirklichung der Wirtschaftspolitik, die Entwicklung einer komplexen Ziel-Programm-Planung, die breite Ausnutzung ökonomisch-mathematischer Methoden und der elektronischen Rechentechnik bei den Planberechnungen, die Schaffung großer, auf der Basis der wirtschaftlichen Rechnungsführung arbeitender Vereinigungen in der Industrie und in anderen Zweigen der Volkswirtschaft, die breite Nutzung ökonomischer Hebel und Stimuli usw. charakteristisch sind. Diesen Prozeß kann man als Annäherung der nationalen Wirtschaftsmechanismen im weitesten Sinne des Wortes bezeichnen.

Zweitens ist die Annäherung der nationalen Systeme der Planung und Leitung unmittelbar mit der Entwicklung der sozialistischen ökonomischen Integration verbunden, die ein direkter Ausdruck der Tendenz der allmählichen Annäherung der sozialistischen Länder und gleichzeitig die wichtigste materielle Grundlage für diese Annäherung ist. In diesem Falle verläuft die Annäherung der innerstaatlichen Systeme der Planung und Leitung der Wirtschaft der RGW-Länder objektiv bereits in einem engeren und konkreteren Rahmen. Hier handelt es sich um die Entwicklung solcher Elemente in den nationalen Wirtschaftsmechanismen, die direkt auf die Sicherung zwischen den RGW-Ländern abgestimmter Integrationsmaßnahmen, auf die allseitige Koordinierung der ökonomischen Entwicklung der RGW-Länder gerichtet sind.

Natürlich sind die beiden genannten Aspekte der Systeme der Planung und Leitung der Volkswirtschaft der RGW-Länder wechselseitig miteinander verbunden. Jedoch bestehen zwischen ihnen auch offensichtliche Unterschiede. Wenn es sich im ersten Falle um das Anwachsen von Elementen der Gemeinsamkeit in allen Teilen der nationalen Wirtschaftsmechanismen handelt, so gehen im zweiten Falle diese Veränderungen in dem Teil vor sich, der unmittelbar mit der Leitung der Außenwirtschaftsbeziehungen verbunden ist.

Weiterhin sichert das Anwachsen von Elementen der Gemeinsamkeit in den Systemen der Wirtschaftsleitung der RGW-Länder, das von uns als Annäherung im weitesten Sinne des Wortes definiert wurde, an sich noch nicht die Entwicklung der sozialistischen ökonomischen Integration. Der Integrationsprozeß erfordert nicht nur in den Strukturen, den Methoden der Planung und Stimulierung usw. einheitliche nationale Wirtschaftsmechanismen, sondern auch solche Formen der Leitung, die die Durchführung der Integrationsmaßnahmen aktiv fördern.

Schließlich bedarf die Annäherung der Systeme der Planung und Leitung der Außenwirtschaftsbeziehungen unserer Meinung nach einer größeren Abstimmung, einer größeren Koordinierung der Handlungen der einzelnen sozialistischen Länder als der Prozeß der Annäherung der nationalen Wirtschaftsmechanismen insgesamt.

Die oben erwähnte Souveränität der Rechte jedes dem RGW angehörigen Staates hinsichtlich der Organisation der Leitung seiner Außenwirtschaftsbeziehungen verschließt zweifellos nicht die Wege zu einer Koordinierung ihrer Politik auf diesem Gebiet. Im Gegenteil, im Komplexprogramm der sozialistischen ökonomischen Integration ist bekanntlich ein systematischer Erfahrungsaustausch zu den Fragen der Vervollkommnung der Systeme der Planung und Leitung der Volkswirtschaft, insbesondere auf dem Gebiet der Außenwirtschaftsbeziehungen, vorgesehen. In ihm ist auch festgelegt, daß Inhalt der gegenseitigen Konsultationen der Mitgliedsländer des RGW Fragen der Vervollkommnung der Systeme der Planung und Leitung der Volkswirtschaft sind, wobei zu berücksichtigen ist, daß die Bedingungen für eine breitere Entwicklung ihrer gegenseitigen Wirtschaftsbeziehungen gesichert werden müssen. Mit anderen Worten, die RGW-Länder haben die notwendigen Möglichkeiten und das Bedürfnis, die Systeme der Planung und Leitung der Außenwirtschaftsbeziehungen zum Zwecke der Entwicklung des Integrationsprozesses zu koordinieren.

Ausgehend von einer solchen Auffassung der Annäherung der Systeme der Planung und Leitung der Außenwirtschaftsbeziehungen der RGW-Länder, erscheint es als zweckmäßig, einige in Frage kommende, konkrete Teile dieser Systeme herauszuarbeiten, deren Annäherung eine verstärkte Wechselwirkung und gegenseitige Ergänzung unserer Wirtschaften gewährleistet.

Unter Berücksichtigung der führenden Rolle der zentralen Planung in der Leitung der Außenwirtschaftstätigkeit der sozialistischen Länder erscheint uns die Annäherung ihrer Methoden gegenwärtig als äußerst aktuelle Aufgabe. In erster Linie wäre es unserer Meinung nach zweckmäßig, die Anstrengungen der interessierten Länder auf die Abstimmung der eigentlichen „Technologie“ der Aufstellung der Pläne für die Außenwirtschaftstätigkeit zu konzentrieren, d. h. auf die in breitem Maßstabe erfolgende Annäherung der Normativbasis für die Planung der außenwirtschaftlichen Abschnitte der Volkswirtschaftspläne sowie auf die Methodologie der Abrechnung und Statistik des Außenhandels und anderer Formen der ökonomischen Zusammenarbeit.

Das Herangehen an die Abstimmung der Planungs- und Abrechnungs-„technologie" muß unserer Auffassung nach ausreichend breit sein und die Möglichkeit einer realen und einheitlichen Bewertung des ökonomischen Effekts aus der Beteiligung an verschiedenen Maßnahmen der ökonomischen Zusammenarbeit gewährleisten. Aber das bedeutet nicht nur eine Abstimmung der eigentlichen Ordnung, der „Technik" zur Berechnung der ökonomischen Effektivität selbst, was an sich natürlich auch große Bedeutung hat, sondern auch die Erarbeitung eines einheitlichen Herangehens an die Bewertung der Aufwendungen und der Ergebnisse bei der Durchführung von Integrationsmaßnahmen. Im Zusammenhang damit ist offenbar eine abgestimmte Lösung einer Reihe miteinander verknüpfter Fragen erforderlich, die zum Beispiel mit der Ermittlung und Ausnutzung der Valutakoeffizienten (zum Vergleich von Kosten und Ergebnissen in transferablen Rubeln und in nationalen Valuten) zusammenhängen.

Die aufgeführten Fragen erschöpfen zweifellos nicht den ganzen Inhalt einer solchen komplizierten Erscheinung, wie es die Annäherung der nationalen Systeme der Planung und Leitung, darunter ihrer Außenwirtschaftsteile, ist. Sie illustrieren nur ein bestimmtes methodisches Herangehen an die Aufdeckung des Inhalts dieses Prozesses. Wir möchten jedoch unterstreichen, daß die Annäherung der Systeme der Planung und Leitung der Außenwirtschaftsbeziehungen, die auf Grund der prinzipiellen Einheit der Grundlagen der Wirtschaftsmechanismen der sozialistischen Länder keinerlei sozialpolitische „Begrenzungen" hat, in einem Maße zweckmäßig ist, wie sie die Entwicklung der sozialistischen ökonomischen Integration beschleunigt. Deshalb ist die abgestimmte Einführung von Veränderungen in den nationalen Systemen der Planung und Leitung ein Instrument zur Lösung der konkreten Aufgaben, die im Verlaufe der sozialistischen ökonomischen Integration entstehen, und kein selbständiges Ziel.

Anmerkungen

1 XXV. Parteitag der KPdSU, Rechenschaftsbericht des Zentralkomitees der KPdSU und die nächsten Aufgaben der Partei in der Innen- und Außenpolitik, Berichterstatter: L. I. Breshnew, Berlin 1976, S. 69.

2 Ebenda, S. 9.

Ju. V. Jakovec

Ökonomische Hebel der Leitung

Die Leitung der sozialistischen Ökonomik beruht auf der Verbindung zwischen zentralisierter planmäßiger Leitung der Entwicklung der Volkswirtschaft und der Nutzung eines Systems ökonomischer Hebel und Stimuli, die die Gewähr dafür bieten, kollektive sowie persönliche Interessen mit den gesamtgesellschaftlichen Interessen zu verbinden, wobei letzteren das Primat zukommt.

Es wäre falsch, die zentralisierte planmäßige Leitung und die ökonomischen Hebel und Stimuli (zu denen die wirtschaftliche Rechnungsführung, der Planpreis, der Gewinn, das System der ökonomischen Stimulierung von Produktionskollektiven, Löhne und Prämien gezählt werden können) einander entgegenzustellen. Diese beiden Seiten der Leitung ergänzen einander, sind auf jeder Leitungsebene (gesamte Volkswirtschaft, administrativ-territoriale Einheiten, Zweige, Vereinigungen, Betriebe) und in jedem Leitungsbereich (bei der Leitung der Produktion, der Zirkulation, des wissenschaftlich-technischen Fortschritts u. a.) miteinander verflochten. Nur dann, wenn zwischen ihnen eine optimale Verbindung besteht, kann die höchste Effektivität der gesellschaftlichen Produktion gesichert, kann das ökonomische Grundgesetz des Sozialismus, das Gesetz der Ökonomie der Zeit, umfassend wirksam und planmäßig genutzt werden. Höchstes Kriterium für die Effektivität der Leitung der sozialistischen Ökonomik ist es, ein Minimum an lebendigem und vergegenständlichtem Arbeitsaufwand je Einheit Endprodukt und folglich ein Maximum hinsichtlich der Befriedigung der Endbedürfnisse angesichts der jeweiligen begrenzten Ressourcen zu sichern.

Die Formen der Verbindung von zentralisierter planmäßiger Leitung und ökonomischen Hebeln und Stimuli können bei der Leitung unterschiedlicher Bereiche und Prozesse verschieden sein. So werden, ausgehend von den Hauptaufgaben der Wirtschafts- und Sozialpolitik der Kommunistischen Partei und des sozialistischen Staates, die grundlegenden Proportionen und das Entwicklungstempo der Produktion, der Verteilung des gesellschaftlichen Gesamtprodukts und des Nationaleinkommens zentral festgelegt und bilden die Grundlage der perspektivischen und der laufenden Pläne zur Entwicklung der Volkswirtschaft. Gleichzeitig erfolgen Konkretisierung und Realisierung dieser Planauflagen und Proportionen auf der Ebene der nach der wirtschaftlichen Rechnungsführung arbeitenden Vereinigungen und Betriebe, auf der Basis von Wirtschaftsverträgen und unter breiter Nutzung ökonomischer Hebel und Stimuli.

Nimmt man solche Prozesse wie die Gestaltung der Struktur der Nachfrage bei Konsumgütern und Dienstleistungen, die Arbeitskräfteverteilung zwischen Betrieben und Berufen sowie die Entwicklung individueller (persönlicher) Haus- und Nebenwirtschaften, so treten gerade hier ökonomische Hebel und Stimuli (in Verbindung mit sozial-psychologischen Leitungsmethoden) in den Vordergrund. Da jedoch alle Prozesse untrennbarer Bestandteil des einheitlichen Prozesses der sozialistischen erweiterten

Reproduktion sind, so werden sie letztlich von der zentralisierten planmäßigen Leitung beeinflußt.

In der Ökonomik des reifen Sozialismus muß eine optimale Verbindung und eine wechselseitige Verflechtung von zentralisierter planmäßiger Leitung und ökonomischen Hebeln gefunden werden – unter Berücksichtigung der Spezifik jedes Bereiches und bei konsequenter Orientierung des Leitungsmechanismus auf volkswirtschaftliche Endergebnisse.

Es wäre falsch, wollte man die Meinung vertreten, die zentralisierte planmäßige Leitung sei Ausdruck des Gesetzes der planmäßigen, proportionalen Entwicklung, während die ökonomischen Hebel und Stimuli eine Erscheinungsform des Wertgesetzes darstellten und man folglich die Ökonomik in Sektoren einteilen könne, wobei in dem einen Sektor der Plan, in einem anderen dagegen das Wertgesetz die führende Rolle spiele. Nichts wäre der Wahrheit ferner als ein Versuch, die einheitliche sozialistische Ökonomik in voneinander isolierte Sektoren mit angeblich einander fremden ökonomischen Gesetzen und Leitungsmechanismen gliedern zu wollen. Das gesamte System der ökonomischen Gesetze wird in jeder Sphäre und auf jeder Leitungsebene wirksam und von der Gesellschaft planmäßig genutzt. Die zentralisierte planmäßige Leitung der Volkswirtschaft stützt sich sowohl auf das Erkennen und die umsichtige Ausnutzung sowohl des ökonomischen Grundgesetzes des Sozialismus und des Gesetzes der planmäßigen, proportionalen Entwicklung, als auch des Gesetzes der Verteilung nach der geleisteten Arbeit, des Wertgesetzes und der Wertkategorien (zur Bestimmung zusammenfassender Plankennziffern, der Proportionen der Konsumtion und Akkumulation, des Lohnfonds, des Warenumlaufs, der Einnahmen und Ausgaben des Staatshaushaltes, der Wahl der effektiven Formen der ökonomischen Stimulierung und des materiellen Anreizes usw.). Die ökonomischen Hebel und Stimuli – wirtschaftliche Rechnungsführung, Preis, Gewinn, Prämien, Lohn – sind Instrumente zur Realisierung der Planproportionen und -auflagen, zur breiten Einbeziehung der Massen in die Leitung der Produktion und die Kontrolle ihrer Effektivität, zur Steigerung der Realeinkünfte der Werktätigen, abhängig vom Wachstum ihrer Arbeitsproduktivität.

Es geht darum, das gesamte System ökonomischer Gesetze und Kategorien des Sozialismus umsichtig zu nutzen und richtig zu koordinieren, um seine Vorzüge in vollem Maße für die Erreichung eines hohen und stabilen Wachstumstempos der Effektivität der gesellschaftlichen Produktion, der Arbeitsproduktivität, zur Hebung des technischen Niveaus und der Erzeugnisqualität sowie zur Hebung des Wohlstandes des Volkes zu nutzen.

Das ist die Grundlage für die Gestaltung eines dem entwickelten Sozialismus adäquaten Mechanismus der ökonomischen Leitung, der konsequent auf volkswirtschaftliche Endergebnisse orientiert ist. Dieser Mechanismus baut auf, erstens auf der Hebung des Niveaus der planmäßigen Leitung der Entwicklung ökonomischer Prozesse, der Proportionen der Produktion und der Reproduktion, der Verbesserung der Qualität und auf einer Erweiterung des Zeithorizontes der Perspektivplanung. Das erfordern das erreichte Niveau der Vergesellschaftung der Arbeit, die großen Maßstäbe der Produktion, die komplizierter gewordenen Beziehungen zwischen ihren einzelnen Einheiten sowie das wachsende Tempo des wissenschaftlich-technischen Fortschritts. Die optimalen Proportionen und das Entwicklungstempo der einzelnen Zweige und Produktionen sind rechtzeitig, fünf bis zehn und mehr Jahre im voraus festzulegen, wobei einerseits den sich rasch verändernden Erfordernissen der wissenschaftlich-technischen Revolution und den Bedürfnissen der Bevölkerung und andererseits der immer spürbareren Begrenztheit der Ressourcen (besonders der primären – Arbeitskräftepotential und natürliche Ressourcen) sowie der zunehmenden Trägheit der Produktion (der Bau moderner Industriegiganten wird immer teurer und erfordert immer mehr Zeit; starker Bruch der Proportionen bzw. wesentliche Reorganisation ökonomischer Beziehungen) Rechnung zu tragen ist. Auch ist planmäßig aktiver auf solche komplizierten Prozesse einzuwirken wie die Gestaltung und Bewegung der Preise, die Realisierung von Waren und Dienstleistungen, die Struktur des Endverbrauchs u. a.

Zweitens setzt ein effektiver Leitungsmechanismus voraus, daß das System der ökonomischen Hebel und Stimuli umsichtiger und komplex genutzt wird. Die wirtschaftliche Rechnungsführung erfährt eine Weiterentwicklung; sie erfaßt neue Sphären (angewandte Wissenschaft, Reproduktion der natürlichen Ressourcen, obere Ebenen der Zweigleitung), sie ermöglicht einen genaueren Vergleich von Aufwand und Ergebnissen und orientiert die Arbeitskollektive aktiver auf eine Steigerung der Effektivität der Produktion und einen sparsamen Umgang mit Ressourcen. Die wirtschaftliche Rechnungsführung wird enger mit der Preisbildung, der Gewinnverteilung, dem System der ökonomischen Stimulierung und der materiellen Entlohnung der Werktätigen verbunden. Die Überwindung einer Nichtübereinstimmung einzelner ökonomischer Hebel, die Sicherung ihrer Einheit und Wechselwirkung zur Erreichung der Gesamtziele ermöglichen es, die Kraft jedes Kollektivs, jedes Werktätigen in höherem Maße für die Erzielung bester Endergebnisse zu mobilisieren.

Drittens ist es für den entwickelten Sozialismus charakteristisch, daß zentralisierte Leitungsinstrumente mit ökonomischen Hebeln und Stimuli wie auch mit einer immer breiteren Nutzung sozialpsychologischer Leitungsmethoden sowie des sozialistischen Wettbewerbs und der moralischen Stimulierung zunehmend sachkundig verbunden werden und organisch zusammenwirken. Das sichert eine höhere Effektivität der Leitung und stellt an sie gleichzeitig qualitativ neue Anforderungen. Es wachsen die ökonomischen Folgen von Fehlern und das Ausmaß an Verlusten, deren Ursache ein einseitiges, ressortmäßiges oder betriebsegoistisches Herangehen an die Lösung von Leitungsaufgaben ist. Gleichzeitig ist die komplexe Anwendung des gesamten Systems an Leitungsinstrumenten und -hebeln eine gewaltige Reserve zur Steigerung der Effektivität im Ergebnis einer vollen Ausnutzung der Vorzüge der sozialistischen Produktion, der gesellschaftlichen Arbeitsteilung, der planmäßigen Wirtschaftsführung und der persönlichen materiellen Interessiertheit der Werktätigen.

Wenden wir uns einigen Problemen bei der Vervollkommnung der ökonomischen Hebel der Leitung in der Ökonomik des entwickelten Sozialismus zu.

1. In der Entwicklung der *wirtschaftlichen Rechnungsführung* als eines Hebels zur Leitung der Tätigkeit von Arbeitskollektiven zeigen sich neue Momente.

a) Der Mechanismus der wirtschaftlichen Rechnungsführung dehnt sich allmählich auf die Sphäre der Leitung der Reproduktion[1] und des Einsatzes natürlicher Ressourcen aus. Früher war in der UdSSR die Reproduktion von Mineral-, Wald-, Wasser- und Bodenressourcen praktisch von den auf der wirtschaftlichen Rechnungsführung basierenden Beziehungen ausgeschlossen. Aufwendungen für geologische Aufschlußarbeiten, für die Wald- und Wasserwirtschaft, die Melioration und Rekultivierung der Böden wurden nahezu völlig aus dem Staatshaushalt finanziert, die Verbraucher dieser Ressourcen erstatteten nicht die gesellschaftlich notwendigen Aufwendungen für die Reproduktion der natürlichen Ressourcen, betrachteten sie als eine äußere, unentgeltliche Produktionsbedingung. Das hatte Einfluß auf das Treffen von Leitungsentscheidungen auf der Ebene der Betriebe. Die Planauflagen zur besseren Nutzung und Ökonomie von Ressourcen wurden nicht durch ökonomische Hebel und Stimuli untermauert. Heute wandelt sich diese Situation. So wurden für die Hauptarten an Bodenschätzen Sätze für die Aufwandserstattung bei Aufschlußarbeiten festgelegt. Für normüberschreitende Verluste bei der Förderung wurden erhöhte (Straf-)Zahlungen eingeführt, die vom Gewinn abzuführen sind. Verringern sich die Verluste gegenüber dem Normativ (im weiteren dann bei der Gewinnung bzw. beim Aufschluß außerhalb der Bilanz stehender Vorräte, Halden usw.), so werden die Sätze für eine Aufwandserstattung bei Aufschlußarbeiten für zusätzlich gewonnenen mineralischen Rohstoff nicht angewandt. All diese Maßnahmen verstärken nicht nur das Interesse der Kollektive von Montanbetrieben an einer Verringerung der Verluste bei der Förderung, sondern bieten auch die Möglichkeit, bei der Planung von Maßnahmen zur rationellen Nutzung mineralischer Ressourcen die damit verbundenen zusätzlichen Aufwendungen mit den erzielten Ergebnissen zu vergleichen, und zwar im Ergebnis einer Verringerung der Zahlungssummen bei Verlusten an Bodenschätzen.

Um den Bedarf der Gesellschaft an erkundeten mineralischen Rohstoffvorräten mit dem geringsten Aufwand zu decken, wurde die wirtschaftliche Rechnungsführung im Prospektierungsdienst verstärkt, erfolgt eine Bewertung der Arbeitsergebnisse von Schürforganisationen nicht nur nach dem Grad der Inanspruchnahme bereitgestellter Haushaltsmittel, sondern anhand der erzielten Ergebnisse – der erschlossenen, und für eine Förderung vorbereiteten Vorkommen, wobei die Aufwendungen je Einheit erkundeter Vorräte und deren Qualität berücksichtigt werden.

Analoge Hebel werden auch hinsichtlich anderer Arten natürlicher Ressourcen erarbeitet und schrittweise eingeführt (Stammpreise, Sätze für eine Aufwandserstattung bei der Rekultivierung von Böden, Zahlungen für Wasser und die Ableitung ungereinigter Abwässer, Entwicklung der wirtschaftlichen Rechnungsführung mit einer Bewertung der Endergebnisse der Arbeit von Betrieben der Wald- und Wasserwirtschaft u. a.). Das heißt jedoch nicht, daß die natürlichen Ressourcen selbst zu einer Ware, einem Objekt des Kaufs bzw. Verkaufs, der Pacht oder ähnlichem werden. Sie sind nach wie vor Volksvermögen. Doch es wächst die ökonomische Verantwortung der nach der wirtschaftlichen Rechnungsführung arbeitenden Betriebe für ihre rationelle Nutzung und Reproduktion, was den Prinzipien des Sozialismus entspricht. Vervollkommnet werden auch die Planungsmethoden der Leitung einer rationellen Ausnutzung der natürlichen Ressourcen. Fünfjahr- und Jahrespläne enthalten einen speziellen Planteil, in dem die konkreten Aufgaben für eine noch vollständigere Gewinnung von Bodenschätzen, die komplexe Verarbeitung mineralischer und forstwirtschaftlicher Rohstoffe, die Rekultivierung der Böden und den Schutz des Wasser- und Luftbassins definiert sind. Es wäre sicher eine lohnende Aufgabe, perspektivische Planbilanzen aufzustellen, die die Sicherung der wichtigsten Arten natürlicher Ressourcen für die Volkswirtschaft zum Inhalt haben.

Es verstärkt sich die Einflußnahme der wirtschaftlichen Rechnungsführung auch auf die ökonomische Nutzung anderer Ressourcen – des Arbeitskräftepotentials, der materiellen Ressourcen, der Produktionsgrundfonds. Die Methoden der wirtschaftlichen Rechnungsführung erstrecken sich auch auf den Bereich des Einsatzes des wissenschaftlichen Potentials – auf das Gebiet der angewandten Wissenschaft. In einigen Industriezweigen der UdSSR wurden Forschungs-, Projektierungs- und Konstruktionsorganisationen auf die wirtschaftliche Rechnungsführung umgestellt, und es werden Fonds für ökonomische Stimulierung auf Kosten eines Anteils jenes Extragewinns gebildet, der durch die Überleitung wissenschaftlicher und Projektentwicklungen in die Produktion real erzielt wurde. Der Preis für eine wissenschaftliche Entwicklung findet Verbreitung.

Somit erfassen die auf der wirtschaftlichen Rechnungsführung basierenden Leitungsmethoden den gesamten Bereich der materiellen Produktion, setzen sich mehr und mehr auf dem Gebiet der Dienstleistungen gegen Entgelt durch und werden immer enger mit den Methoden der zentralisierten Planung verbunden. Das ermöglicht es, die Effektivität der Leitung zu erhöhen, indem Aufwand und Ergebnisse verglichen und die ökonomischen Interessen der Arbeitskollektive mit den gesamtgesellschaftlichen Interessen in Übereinstimmung gebracht werden.

b) Die Methoden der wirtschaftlichen Rechnungsführung werden entwickelt und machen auf den verschiedenen Leitungsebenen bestimmte Veränderungen durch. Der Schwerpunkt bei der Realisierung der vollen wirtschaftlichen Rechnungsführung verlagert sich von den Betrieben auf die Produktionsvereinigungen[2] – sie werden zu einem Hauptkettenglied, das nach der wirtschaftlichen Rechnungsführung arbeitet, zu sozialistischen Warenproduzenten (im Rahmen des gesamtgesellschaftlichen Eigentums und der planmäßigen Führung der Wirtschaft). Eine große Zahl kleiner und mittlerer Betriebe verlieren mit ihrem Eintritt in Vereinigungen die auf der wirtschaftlichen Rechnungsführung basierende Selbständigkeit im Hinblick auf die Rechte ihrer Einheiten. Die Methoden der wirtschaftlichen Rechnungsführung erstrecken sich auch auf die höhere Leitungsebene; mit den Rechten und der Verantwortung, die sich aus der wirtschaftlichen Rechnungsführung ergeben, werden Unions- und Republiksvereinigungen gebildet, die für die Entwicklung einer gesamten Industriegruppe bzw. eines großen Teils dieser Gruppe verantwortlich sind. Elemente der wirtschaftlichen Rechnungsführung zeigen sich auch in der Tätigkeit einzelner Ministerien (z. B. des Ministeriums für Gerätebau, Automatisierungsmittel und Leitungssysteme).

Die Ausdehnung des Rahmens der wirtschaftlichen Rechnungsführung nicht nur in der Horizontalen, sondern auch der Vertikalen erfordert es, auf jeder Leitungsebene Aufwand und Ergebnisse zu vergleichen sowie Reserven zur Steigerung der Effektivität zu erschließen, und es wird die Verantwortung der Kader für Qualität und gute Ergebnisse der getroffenen Entscheidungen erhöht. Gleichzeitig jedoch ist negativen Tendenzen vorzubeugen, die auf diesem Wege auftreten können.

Eine Tendenz besteht darin, daß eine Verstärkung der Elemente der wirtschaftlichen Rechnungsführung auf der Ebene der Ministerien zu einer nachteiligen Entwicklung der wirtschaftlichen Rechnungsführung von Produktionsvereinigungen, zu einer Einschränkung ihrer Rechte und ihrer Verantwortung für die Ergebnisse ihrer Tätigkeit führen kann. Das Ministerium ist ein staatliches Leitungsorgan, nicht aber ein verselbständigter Warenproduzent. Es ist verantwortlich für die Entwicklung der Produktion, die technische und die Wirtschaftspolitik im Rahmen eines bestimmten Zweiges, unabhängig von der administrativen Unterstellung der Betriebe und Vereinigungen, die Erzeugnisse im Bereich dieses Zweiges herstellen. Eine Überbewertung der nach der wirtschaftlichen Rechnungsführung von den Ministerien ausgeübten Funktionen sowie der Selbständigkeit der Ministerien kann sowohl die zentralisierte planmäßige Leitung zur Entwicklung der gesamten einen einheitlichen Komplex darstellenden Wirtschaft schwächen, als auch das Interesse und die Verantwortung der Produktionskollektive für die wirtschaftliche Rechnungsführung mindern. Eine weitere negative Tendenz ist die nachlassende Aufmerksamkeit gegenüber der Entwicklung der wirtschaftlichen Rechnungsführung innerhalb einer Vereinigung. Die ihr angehörenden Betriebe verlieren ihre selbständigen Wirtschaftsbeziehungen zur Außenwelt – zu den Verbrauchern, zur Bank, zu den Finanzorganen. Das kann zu einem Nachlassen der ökonomischen Kontrolle hinsichtlich der Endergebnisse ihrer Arbeit, des Standes der Produktionskosten, der Erzeugnisqualität u. a. führen. Deshalb ist es wichtig, den Mechanismus der wirtschaftlichen Rechnungsführung innerhalb der Vereinigungen zu entwickeln und auch hier ökonomische Hebel (in ihren spezifischen Formen) anzuwenden wie Verrechnungspreise, Stimulierung zur Verbesserung der Qualität und Sanktionen bei einer Verschlechterung der Erzeugnisqualität u. a.

c) Mit einer Erweiterung des Rahmens der wirtschaftlichen Rechnungsführung wird der Inhalt dieser ökonomischen Kategorie bereichert, werden die auf der wirtschaftlichen Rechnungsführung basierenden Leitungsmethoden differenziert. Die Notwendigkeit, der Spezifik jedes Bereiches und jeder Leitungsebene Rechnung zu tragen, zwingt dazu, nach vielfältigen und beweglichen Formen für Kennziffern und Bewertungen zu suchen, denen die wirtschaftliche Rechnungsführung zugrunde liegt. Dabei ist eine Bewertung der Arbeitsergebnisse (um sie mit dem Aufwand vergleichen und einschätzen zu können, inwieweit sie gesellschaftlich notwendig sind) für Betriebe und Vereinigungen besonders kompliziert, die sich mit Erkundungs- und Aufschlußarbeiten von Bodenschätzen, der Reproduktion forstwirtschaftlicher Ressourcen, der Bodenmelioration, mit Forschungs-, Projektierungs- und Konstruktionsarbeiten beschäftigen. Große Bedeutung hat in diesen Bereichen der Zeitfaktor (zwischen dem Aufschluß von Vorkommen und deren Förderung, d. h. wenn die Qualität von Prospektierungsarbeiten endgültig bewertet wird, können Jahrzehnte liegen; ein großer zeitlicher Zwischenraum liegt auch zwischen dem Abschluß einer wissenschaftlichen Entwicklung und Überleitung in die Massenfertigung); Risikograd und Unbestimmtheit der Ergebnisse sind bedeutend. All diese Erscheinungen sind von Wissenschaftlern und Ökonomen eingehend zu untersuchen und auszuwerten.

2. In der entwickelten sozialistischen Gesellschaft verstärkt sich die Rolle des *Planpreises* als eines überaus wichtigen Hebels der ökonomischen Leitung.

Das zeigt sich erstens darin, daß die Preise als ein notwendiges Element der perspektivischen und der laufenden Planung, von Plan-, Projekt- und Optimierungsberechnungen auftreten. Sie büßen dabei nicht ihren selbständigen Inhalt ein, werden nicht einfach nur zu einer Spielart von Planbewertungen, die sich mit jeder neuen Planvariante wandeln, werden nicht durch „Schattenpreise" ersetzt. Da sie den Stand, das Verhältnis, die Dynamik des gesellschaftlich notwendigen Arbeitsaufwandes widerspiegeln, sind die Preise ein Kriterium für die Effektivität der zu treffenden Planentscheidungen, deren Ziel eine Minimierung des Aufwandes an lebendiger und vergegenständlichter Arbeit bei der Deckung des Gesamtbedarfs der Gesellschaft ist. Gleichzeitig werden die Preisdynamik, die Prozesse der Preisbildung zunehmend selbst zu einem Objekt der Perspektivplanung. Das bietet die Möglichkeit, Natural- und Wertkennziffern von Fünfjahres- und langfristigen Plänen enger zu koordinieren sowie Aufwandsveränderungen bei der Festlegung optimaler Proportionen in der Perspektive zu berücksichtigen. Allerdings ist die Methodologie für eine Perspektivplanung der Preise, ihre Verbindung mit der Material- und Finanzplanung noch ungenügend erarbeitet.

Zweitens ist der Preis ein unabdingbares Element bei der Gestaltung zusammenfassender Plankennziffern, die die Dynamik des Produktionsvolumens (Waren-, realisierte und Nettoproduktion), der Arbeitsproduktivität, der Gewinnmasse, des Rentabilitätsniveaus usw. kennzeichnen. Von der Motiviertheit dieser Kennziffern hängen in vielem die Endergebnisse der Tätigkeit von Betrieben, Vereinigungen und Ministerien ab, was wiederum die Preisdynamik beeinflußt. Zum Beispiel verstärkt eine Überbewertung der Rolle der Volumenkennziffern (Brutto-, Waren- und realisierte Produktion) bei der Einschätzung der Arbeitsergebnisse und bei der ökonomischen Stimulierung von Vereinigungen und Betrieben deren Interesse an einem Ausstoß (und Verbrauch) teurerer Erzeugnisse, behindert eine Senkung ihrer Materialintensität, eine Senkung der Produktionskosten und der Industrieabgabepreise. Die stärkere Verwendung der Kennziffer Nettoproduktion bei der Planung orientiert auf die Lösung dieses Widerspruchs; dabei steigen jedoch die Anforderungen an die Qualität des Preises, an die Motiviertheit der Rentabilitätsnormative (ist doch der spezifische Anteil des Gewinns an der Nettoproduktion um ein mehrfaches höher als an der Warenproduktion).

Drittens verstärkt sich die Rolle der Preise bei der Lenkung des konkreten Erzeugnissortiments. Es ist nicht möglich, im Plan das Produktionsvolumen vieler Millionen Waren und Leistungen vorzusehen. Das Sortiment der herzustellenden Erzeugnisse wird in den Wirtschaftsverträgen, die Betriebe und Vereinigungen untereinander abschließen, detailliert und konkretisiert. Unter den Bedingungen eines starken und unbegründet unterschiedlichen Rentabilitätsniveaus der Erzeugnisse sind die Hersteller daran interessiert, den Ausstoß vor allem jener Erzeugnisse zu steigern, die die ökonomischen Kennziffern verbessern, den Gewinn erhöhen und die Rentabilität steigern. Deshalb ist ein unbegründet unterschiedliches Rentabilitätsniveau der Erzeugnisse zu beseitigen; mit diesem Ziel werden insbesondere normativ-parametrische Methoden der Preisbildung angewandt, die in den sozialistischen Ländern zunehmend Verbreitung finden.

(Dabei wird das Preisniveau hinsichtlich der Erzeugnisgruppen anhand von begründeten Arbeitsaufwandsnormen, Werkstoffen, Energie, indirekten Kosten und Normativen des Nettoeinkommens bestimmt, während dagegen das Verhältnis der Preise konkreter Erzeugnisse unter Berücksichtigung der Effektivität ihres Verbrauchs, der Hauptparameter der Konsumtion bestimmt wird).

Es wäre jedoch falsch, auf ein *begründetes* unterschiedliches Rentabilitätsniveau als wirksames Leitungsinstrument zu verzichten. Für effektive Erzeugnisse, denen das staatliche Gütezeichen zuerkannt wurde, werden Preiszuschläge festgesetzt, wobei der Mehrgewinn im wesentlichen beim Hersteller verbleibt, um ihn zu stimulieren, die Erzeugnisproduktion zu erweitern. Für neue Konsumgüter mit verbesserter Qualität, nach denen eine erhöhte Nachfrage besteht, können zeitweilige Großhandels- und Einzelhandelspreise festgelegt werden, um eine Erweiterung des Ausstoßes dieser Waren zu stimulieren und die Nachfrage der Bevölkerung nach modischen, hochqualitativen Erzeugnissen vollständiger zu befriedigen. Gleichzeitig werden die Preise für veraltete Erzeugnisse und Erzeugnisse von minderer Qualität gesenkt, werden Preisabschläge angewandt, um die Produktion solcher Erzeugnisse unvorteilhaft werden zu lassen.

Viertens sind die Industrieabgabepreise ein *Normativ der Arbeitseffektivität* von Betrieben und Vereinigungen, die nach der wirtschaftlichen Rechnungsführung arbeiten. Sie bringen das gesellschaftlich notwendige Aufwandsniveau für die Produktion konkreter Erzeugnisarten zum Ausdruck. Anhand der Größe des *Differentialwertes* (der Differenz zwischen dem gesellschaftlichen und dem individuellen Wert) kann die Arbeitseffektivität eines Produktionskollektivs beurteilt werden. An der Oberfläche des Wirtschaftslebens der Gesellschaft zeigt sich der Differentialwert in Form eines zusätzlichen Gewinns oder Verlusts, der die Abweichungen des individuellen Aufwands vom gesellschaftlich notwendigen kennzeichnet. An eine Bewertung dieses Ergebnisses muß differenziert herangegangen werden: Es kann durch das Wirken objektiver Faktoren (z. B. unterschiedliche natürliche Arbeitsbedingungen, unterschiedlicher Standort der Betriebe) bedingt sein, es kann aber auch die Qualität der Arbeit eines Kollektivs widerspiegeln.

Die Verwendung der Preise als Effektivitätsnormativ kompliziert sich unter den Bedingungen einer hochentwickelten Spezialisierung (z. B. im Maschinenbau), wenn konkrete Arten, Typen, Modelle von Maschinen lediglich von einem Herstellerbetrieb produziert werden und seine individuellen Aufwendungen gleichzeitig Zweigdurchschnitt sind. Das stellt erhöhte Anforderungen an einen Vergleich der Verbrauchseffektivität vergleichbarer Erzeugnisarten (die gegeneinander austauschbar sind oder eine parametrische Reihe bilden), um anhand einer Analyse der Wechselbeziehung zwischen Gebrauchswert und Wert, Qualität und Preis einzuschätzen, inwieweit individuelle Aufwendungen als gesellschaftlich notwendige anerkannt werden können.

Es muß dem Bestreben der Wirtschaftsleiter entgegengewirkt werden, beliebige, faktisch realisierte Aufwendungen durch den Preis zu kompensieren. Natürlich muß der Preis die Kosten decken und normal arbeitenden Betrieben einen Gewinn sichern, nur können das nur solche Warenproduzenten sein, die sich in das gesellschaftliche Aufwandsnormativ einfügen. Der Anspannungsgrad des Preises als Effektivitätsnormativ muß wesentlich erhöht werden. Das schließt natürlich die Anwendung spezieller Methoden nicht aus, geht es um Faktoren, die nicht vom Kollektiv abhängig oder vorübergehend unvermeidbar sind (z. B. die Anwendung von Verrechnungspreisen oder festen Abführungen beim Abbau natürlicher Ressourcen unterschiedlicher Qualität; die Deckung zeitweilig erhöhter Aufwendungen zur Inbetriebnahme der neuen Technik auf Kosten spezialisierter Zweigfonds u. a.). Doch ist in diesen Fällen der Einfluß des objektiven Faktors genau zu bewerten und von der Einwirkung anderer Faktoren auf die Arbeitsergebnisse einer nach der wirtschaftlichen Rechnungsführung arbeitenden Einheit exakt abzugrenzen.

Um die nach der wirtschaftlichen Rechnungsführung arbeitenden Betriebe und Vereinigungen verstärkt an einer Einsparung von Ressourcen und einer Erschließung aller Reserven zur Senkung der Selbstkosten und zur Verbesserung der Erzeugnisqualität zu interessieren, ist eine höhere Stabilität der Industrieabgabepreise sowie die rechtzeitige Planung einer Veränderung dieser Preise von wichtiger Bedeutung. So wäre es z. B. nicht richtig, den zusätzlichen Gewinn, den ein Betrieb durch die Senkung der Materialintensität der Erzeugnisse (wobei deren Gebrauchseigenschaften erhalten bzw. verbessert wurden) erzielt hat, sofort durch eine Preissenkung aufzuheben und damit die Arbeitskennziffern und die Bedingungen der ökonomischen Stimulierung des Kollektivs zu verschlechtern. In der UdSSR werden Maßnahmen eingeleitet, daß dieser Gewinn im Rahmen einer Garantiefrist beim Betrieb verbleibt. Dabei muß gleichzeitig bei den periodisch erfolgenden allgemeinen Kontrollen der Industrieabgabepreise und der Festlegung der Preise für die neue Technik eine relative Preisherabsetzung, eine Preissenkung, umgerechnet je Einheit Nutzeffekt, gesichert sein. Die Einbeziehung der Aufgabe in die Perspektivpläne, Selbstkosten und Industrieabgabepreise zu senken, würde dazu beitragen, die Verantwortung für eine Verringerung der Kosten zu erhöhen.

3. Der *Gewinn* ist in der sozialistischen Wirtschaft nicht Selbstzweck, doch darf auch seine Bedeutung im System der Hebel der ökonomischen Leitung nicht unterbewertet

werden. Gewinnmasse und Gewinnrate kennzeichnen die Effektivität der Produktion, die ökonomische Nutzung der einer Vereinigung (einem Betrieb) bereitgestellten Ressourcen. Der Gewinn ist die wichtigste Quelle der Akkumulation und der ökonomischen Stimulierung der Produktionskollektive.

Um den Gewinn als Leitungsinstrument besser zu nutzen, ist *differenziert* an die Bewertung der Quellen und der Faktoren seines Wachstums heranzugehen. Der im Ergebnis einer qualitätsgerechten Arbeit des Kollektivs erzielte Gewinn (Senkung der Selbstkosten, Produktion von Erzeugnissen höherer Qualität, Einsparung von Ressourcen u. a.) ist von jenem Teil des Gewinns abzugrenzen, der Ergebnis äußerer, vom Kollektiv unabhängiger Faktoren ist (Preisänderungen, Veränderung der natürlichen Produktionsbedingungen u. a.) wie auch von einem ungesetzlichen Gewinn, der infolge eines Verstoßes gegen die staatliche Preisdisziplin, das geplante Sortiment oder einer Verschlechterung der Erzeugnisqualität erzielt wurde. Während der erste Teil des Gewinns im wesentlichen in den Betrieben zu verbleiben hat, der zweite zum überwiegenden Teil für zentrale Belange bereitzustellen ist, muß der dritte dem Haushalt zugeführt werden – in Form von Wirtschaftssanktionen und einer Bestrafung jener Personen, die gegen die sozialistischen Prinzipien der Wirtschaftsführung verstoßen haben.

Besondere Aufmerksamkeit verdienen die Methoden zur Bewertung und Aufteilung des *Mehrgewinns,* der im Ergebnis einer sehr guten Arbeit des Kollektivs, im Ergebnis der Einführung der neuen Technik, einer ökonomischen Technologie, rationellen Arbeitsorganisation und der Senkung des individuellen Aufwands im Vergleich zum gesellschaftlich notwendigen Aufwand erzielt wurde. Der Mehrgewinn muß garantierte Quelle einer zusätzlichen Stimulierung effektiv tätiger sozialistischer Arbeitskollektive, wichtigster Stimulus zur Verbilligung der hergestellten Erzeugnisse sein. Es wäre falsch, ihn dem sogenannten freien Restgewinn zuzurechnen und den nach der wirtschaftlichen Rechnungsführung arbeitenden Kollektiven ganz zu entziehen. Die Verfahrensweise bei der Gewinnverteilung muß vervollkommnet und ihre stimulierende Rolle verstärkt werden. Eine Voraussetzung dafür ist die Sicherung der Stabilität von Plankennziffern und Normativen zur Bildung ökonomischer Stimulierungsfonds.

4. Das *System der ökonomischen Stimulierung* ist jene „Brücke", die es ermöglicht, die kollektiven Interessen der auf der Basis der wirtschaftlichen Rechnungsführung arbeitenden Betriebe, Vereinigungen und Organisationen mit den gesamtstaatlichen Interessen zu verbinden, ist ein wichtiges Kettenglied bei der praktischen Realisierung der auf allen Leitungsebenen der Volkswirtschaft zu treffenden Entscheidungen.

Die Höhe der ökonomischen Stimulierungsfonds, ihr Anteil an der Gesamtmasse des Gewinns sind im Ergebnis der Wirtschaftsreform bedeutend gestiegen. So erhöhte sich der spezifische Anteil der Abführungen an die Fonds für ökonomische Stimulierung am Gewinn, den die Industrie der UdSSR erzielte, von 6% im Jahre 1965 auf 16% im Jahre 1976. Der Fonds für materielle Stimulierung in der Industrie belief sich 1976 auf 5881 Mio Rubel (je Beschäftigten – 169 Rubel, was einem Monatslohn gleichkommt); der Fonds für soziale und kulturelle Maßnahmen sowie den Wohnungsbau betrug 1894 Mio Rubel.[3]

Das bot die Möglichkeit, die materielle Interessiertheit der Werktätigen von Betrieben und Vereinigungen an einer Verbesserung der Endkennziffern ihrer Arbeit zu verstärken, einen Teil des Gewinns dafür zu verwenden, die sozialen Bedürfnisse der Kollektive zu befriedigen (Bau von Wohnhäusern, Kindereinrichtungen, Polikliniken, Kulturobjekten u. a.).

Eine höhere Wirksamkeit des Systems der ökonomischen Stimulierung als eines Leitungshebels hängt erstens von der den Kollektiven garantierten Möglichkeit ab, die den Stimulierungsfonds zugeführten Mittel zu verwenden. Die Abführung eines Teils dieser Mittel an den Haushalt bzw. ihre Bereitstellung für einen Bedarf, der nicht unmittelbar mit den Interessen des Kollektivs im Zusammenhang steht, beeinträchtigt – genauso wie das Bestreben, die Höhe der ökonomischen Stimulierungsfonds ohne Berücksichtigung der wesentlichen Unterschiede in der Qualität und den Arbeitsergebnissen der Kollektive zu nivellieren – die Wirksamkeit der Stimulierungshebel, reduziert die materielle Stimulierung auf einen einfachen Lohnzuschlag. Zweitens müssen Bildung und Verteilung der Stimulierungsfonds noch enger und unmittelbarer mit den konkreten Leistungen der Kollektive bei der Beschleunigung des wissenschaftlich-technischen Fortschritts, der Verbesserung der Erzeugnisqualität, der Einsparung von Arbeitskräfteressourcen, natürlichen und materiellen Ressourcen verbunden werden. An die Stimulierungsfonds ist der garantierte Anteil des im Ergebnis dieser Leistungen erzielten Mehrgewinns abzuführen; er ist vor allem für Prämiierungen der Beschäftigten für ihren konkreten Beitrag zur Steigerung der Produktionseffektivität zu verwenden.

Gleichzeitig ist eine zusätzliche Stimulierung mit realen und spürbaren ökonomischen Sanktionen bei schlechten Arbeitskennziffern zu verbinden – Ausstoß nicht qualitätsgerechter Produktion, Mehrverbrauch an Ressourcen, Schäden, die der Umwelt zugefügt wurden usw. Ein gewisser Anteil dieser Verluste sollte von den Fonds für ökonomische Stimulierung getragen und den unmittelbar Schuldigen auferlegt werden, um so ihre materielle Verantwortung für den der Gesellschaft zugefügten Schaden zu erhöhen.

5. Die *Entlohnung nach der geleisteten Arbeit* kann entsprechend ihrer Qualität und Quantität ebenfalls als ein Hebel der ökonomischen Leitung betrachtet werden. Sie ist der Hauptstimulus, der den unmittelbaren Produzenten dazu anregt, die Produktivität und Qualität seiner Arbeit ständig zu steigern und hohe Arbeitsergebnisse zu erreichen. Die persönliche materielle Interessiertheit der Werktätigen ist unter den Bedingungen des entwickelten Sozialismus nach wie vor die wichtigste Triebkraft zur Entwicklung der Produktion und zur Steigerung ihrer Effektivität. Deshalb ist es so wichtig, diesen Hebel umsichtig zu nutzen und Tendenzen einer Gleichmacherei in der Entlohnung, eines Festhaltens am Durchschnittslohn unabhängig von den Arbeitsergebnissen entgegenzuwirken, da sie dem Grundprinzip des Sozialismus widersprechen.

Auf dem XXV. Parteitag der KPdSU wurde die Aufgabe gestellt, die stimulierende Rolle der Entlohnung nach der geleisteten Arbeit, die Abhängigkeit der Einkommen jedes Werktätigen von seinem persönlichen Arbeitsbeitrag und dem Beitrag des Kollektivs zur Entwicklung der gesellschaftlichen Produktion und zur Steigerung ihrer Effektivität zu verstärken. Die Lösung dieser Aufgabe erfordert eine wesentliche Verbesserung der Arbeitsnormung und der Lohnorganisation mit dem Ziel, eine objektive Bewertung der Arbeitsergebnisse und der Arbeitsqualität jedes Beschäftigten zu geben und diese Bewertung enger mit seinem Einkommen zu verbinden. Von großer Wichtigkeit ist dabei das garantierte ständige Einkommen in begründeter Form mit diesem bedeutenden variablen Teil zu koordinieren, der direkt im Zusammenhang steht mit den konkreten Kennziffern zur Steigerung der Arbeitsproduktivität, zur Einsparung von Ressourcen und einer Verbesserung der Erzeugnisqualität.

Die Realisierung des Grundprinzips des Sozialismus „Jeder nach seinen Fähigkeiten – jedem nach seiner Leistung" setzt voraus, daß eine umsichtigere Nutzung des Prinzips der persönlichen materiellen Interessiertheit mit der Entwicklung des sozialistischen

Wettbewerbs (in dem die Qualitätskennziffern die führende Rolle spielen müssen), mit der Erziehung zur kommunistischen Einstellung zur Arbeit, mit einem stärkeren Kampf gegen Arbeitszeitverluste, Disziplinlosigkeit und Konsumpsychologie verbunden wird.

Die sachkundige, komplexe Nutzung des Systems ökonomischer Leitungshebel – in untrennbarem Zusammenhang mit einer zentralisierten planmäßigen Leitung der Entwicklung der Volkswirtschaft – ist somit eine große Reserve zur Steigerung der Effektivität der sozialistischen Leitung und der gesamten gesellschaftlichen Produktion.

Anmerkungen

1 Die Reproduktion ist hier im weitesten Sinne zu verstehen – als Ergebnis der Wirtschaftstätigkeit zur Deckung des Bedarfs der Gesellschaft an einzelnen Arten natürlicher Ressourcen (Erkundung und Erschließung von Bodenschätzen, Wald- und Wasserwirtschaft u. a.).

2 Die Zahl der Produktions- und Wissenschafts-Produktions-Vereinigungen in der Industrie der UdSSR stieg von 608 im Jahre 1970 auf 3312 im Jahre 1976; die Zahl der ihnen angehörenden Betriebe erhöhte sich von 2564 auf 15 208.
Vgl. Norodnoe chozjajstvo SSSR za 60 let, Jubilejnij statističeskij ežegodnik, Moskva 1977, S. 170).

3 Ebenda, S. 463, 636, 649.

E. F. Baronov, I. S. Matlin

Fragen des Aufbaus eines Modellsystems der Volkswirtschaftsplanung auf Zweig- und Regionalebene

Der XXV. Parteitag der KPdSU stellte neue Anforderungen an die Vervollkommnung der Planung der sozialistischen Wirtschaft. Der Generalsekretär des ZK der KPdSU L. I. Breshnew unterstrich die wichtigsten Aufgaben zur Erhöhung des Niveaus der Planungstätigkeit:

„Dazu gehören Konzentration der Kräfte und Ressourcen auf die Erfüllung der wichtigsten gesamtstaatlichen Programme, umsichtigere Verknüpfung der Entwicklung der einzelnen Produktionszweige mit der regionalen Entwicklung, der perspektivischen Probleme mit den laufenden Problemen und die Sicherung der Proportionalität der Wirtschaft ... Hier bietet sich ein weites Betätigungsfeld für die Wirtschaftswissenschaft, ein großer Spielraum für die Einführung moderner wissenschaftlicher, darunter wirtschaftsmathematischer Methoden sowie für den Einsatz automatisierter Systeme der Leitung."[1]

Die sowjetische Wirtschaftswissenschaft verfügt über ein großes Arsenal an Methoden und Modellen, die die Wahl effektiv bilanzierter Proportionen bei der Entwicklung aller Ebenen der Volkswirtschaft sichern. Dazu gehören zusammenfassende makroökonomische und zwischenzweigliche Modelle volkswirtschaftlicher und regionaler Ebene, Modelle für die Optimierung der Entwicklung und Standortverteilung der Produktion einzelner Zweige und aus mehreren Zweigen bestehender Komplexe, Modelle der Einnahmen und des Verbrauchs der Bevölkerung und viele andere. Sie weisen im Hinblick auf eine unmittelbare praktische Anwendung unterschiedliches Niveau auf, doch liegen bei jedem Modell schon große Erfahrungen in der experimentellen Ausarbeitung vor.

Ende der sechziger Jahre zeigte sich mehr und mehr die Begrenztheit einer isolierten Nutzung der Modelle. Zum Beispiel gerieten die Versuche, zwischenzweigliche Optimierungsmodelle zu erarbeiten, in einen eindeutigen Widerspruch zur „Nichtoptimalität" ihrer Strukturparameter – den Aufwandskoeffizienten, die in der Regel isoliert voneinander für die verschiedenen Produktionen gebildet werden und die die Notwendigkeit nicht berücksichtigen, die aus volkswirtschaftlicher Sicht effektivsten Projekt- und technologischen Lösungen zu wählen. Außerdem wurden in einer Vielzahl von Experimenten zur Optimierung der Entwicklung und Verteilung der Produktion vieler Erzeugnisarten bei weitem nicht immer die Begrenzungen für die zu verbrauchenden Ressourcen begründet festgelegt. Das bezieht sich in erster Linie auf die Investitionen. Deshalb ist es nicht ausgeschlossen, daß sich der Nutzen aus der Optimierung innerzweiglicher Proportionen geringer erweist als die Verluste, die durch eine falsche Verteilung der volkswirtschaftlichen Gesamtressourcen unter den Zweigen entstehen. Die isolierte Erarbeitung regionaler Modelle (d. h. jedes losgelöst von den Modellen für die zweigliche Optimierung) sichert nicht die Effektivität der zu bestimmenden territorialen Proportionen.

Deshalb besteht ein Charakterzug der modernen Entwicklungsetappe ökonomisch-mathematischer Forschungen in der UdSSR darin, verstärkt Arbeiten zur Entwicklung eines Systems von Modellen für die optimale Perspektivplanung auf volkswirtschaftlicher Ebene durchzuführen.[2].

In der Zukunft müssen auch diese Systeme organischer Bestandteil des automatisierten Systems der Planberechnungen sein, dessen erste Stufe vor kurzem erarbeitet wurde [1, 2]. Das Modellsystem für die Volkswirtschaftsplanung muß folgenden grundlegenden Erfordernissen entsprechen [3]:

1. Orientierung auf eine maximal mögliche Realisierung des Zielkomplexes des Volkswirtschaftsplanes [siehe: z. B. 4, S. 61–87].

2. Adäquater Ausdruck der komplizierten Hierarchie der Ziele und Interessen der sozialistischen Gesellschaft und ihrer Bestandteile. Das erfordert die Suche nach einer effektiven Beziehung zwischen dem Dekompositionsverfahren (die Ziele der unteren Ebene werden aus den Zielen der oberen Ebene abgeleitet) und dem synthetischen Verfahren(die Ziele der oberen Ebene sind Resultat der Abstimmung der Ziele und Interessen der unteren Ebenen) beim Aufbau des Systems.

3. Gewährleistung der Wahl der effektivsten Richtungen des wissenschaftlich-technischen Fortschritts.

4. Organische Verbindung zwischen der Planung der materiell-stofflichen und der finanziellen Proportionen.

5. Einbeziehung aller Arten des Volkswirtschaftsplanes – des langfristigen, des mittelfristigen (des Fünfjahrplanes), des Jahresplanes – unter Berücksichtigung ihrer Besonderheiten.

6. Sicherung der Möglichkeit seiner Funktionsweise in allen Stadien der Aufstellung des Volkswirtschaftsplanes (Prognose, Ausarbeitung der Konzeption, der Hauptrichtungen und des Planentwurfs [5, 6]).

7. Organische Abstimmung der optimalen Proportionen zur Entwicklung der Volkswirtschaft mit den Proportionen zur Entwicklung der aus mehreren Zweigen bestehenden Komplexe und der Regionen.

8. Vorhandensein von Methoden zur Aggregation und Desaggregation von Informationen, zum Beispiel mittels der Prinzipien einer mehrstufigen Approximation [7], oder der iterativen Aggregation [8].

9. Sicherung der Abstimmung aller funktionalen Planteile (Arbeit und Kader, Finanzen, Lebensniveau des Volkes, Außenwirtschaftsbeziehungen usw.) untereinander wie auch mit den Teilsystemen der Planung der Produktion und der Investitionen.

10. Berücksichtigung solcher sozialökonomischer Folgen bei der Planausarbeitung, die im Realisierungsprozeß des Plans durch die Einwirkung jener Faktoren entstehen können, wie sie sich aus den Plankennziffern ergeben (Veränderungen in der territorialen, Zweig- und Berufsstruktur des Beschäftigungsgrades, Veränderungen in der konsumtiven Nachfrage usw.).

11. Dem iterativen Prozeß der Planaufstellung.

12. Nutzung der vorhandenen wie auch solcher Informationen, deren Gewinnungsmethoden in vertretbaren Fristen ausgearbeitet werden können.

Die Modellsysteme, wie sie gegenwärtig in der UdSSR ausgearbeitet werden bzw. experimentell (vollständig oder teilweise) überprüft wurden, sowie die Standpunkte zu den dargelegten Prinzipien umfassen nur einige – wenn auch wichtige – Aspekte bei der Erarbeitung des Volkswirtschaftsplanes. In der Zukunft können sie Teile eines einheitlichen globalen Modellsystems für die Ausarbeitung des Volkswirtschaftsplanes werden, dessen Schema in der Abbildung 1 dargestellt ist.

Nachfolgend soll auf das Modellsystem für die Abstimmung von Zweig- und Regionalentscheidungen, wie es in [12] behandelt wird, eingegangen werden.

Die wichtigsten Besonderheiten dieses Systems bestehen in folgendem. In den Zweig- und Regionalmodellen erfolgt eine Bewertung der Effektivität möglicher Varianten der Standortverteilung der Produktion unter verschiedenen Gesichtspunkten. Die Zweige orientieren sich auf die Wahl von Varianten, die aus der Sicht einer Messung des Aufwands und der Ergebnisse der Zweige am effektivsten sind. Die Regionen bewerten diese Varianten, ausgehend von der besten Nutzung der örtlichen Ressourcen – Arbeitskräfte und natürliche Ressourcen –, zur Erreichung eines maximalen Wohlstandes der in ihren Territorien lebenden Bevölkerung. Eine Korrektur der Varianten für die Standortverteilung der Produktion erfolgt im Prozeß des gegenseitigen Austauschs von Informationen zwischen den Modellen der Zweige, der Regionen und des zentralen Koordinierungsmodells bis zu dem Zeitpunkt, an dem ein für alle Regionen und Zweige gleiches Schema für die Standortverteilung der Produktion vorliegt, das den Zielsetzungen des einheitlichen Volkswirtschaftsplanes entspricht. Der Algorithmus für die Suche des optimalen Plans läuft in diesem Fall nicht auf ein Dekompositionsschema einer bestimmten globalen Aufgabe hinaus, sondern wird als Synthese von Modellen aufgebaut.

Die Entwicklung der experimentellen Ausgangsvariante des Modellsystems ist zwangsläufig mit der Anwendung heuristischer Methoden bei der Abstimmung der Modelle sowie vereinfachter Methoden für die Aufgabenstellung hinsichtlich der Dynamik der Strukturparameter und der Beschreibung der zu untersuchenden Prozesse verbunden. Für die Anfangsetappe ist es wichtig, Informationen über das Verhalten des Systems insgesamt, über die Eigenschaften der Abstimmungsprozesse der Entscheidungen, über die diesen Prozeß beeinflussenden Faktoren zu sammeln. Ein Modellsystem beliebiger Kompliziertheit kann nicht die gesamte Vielfalt eines Untersuchungsobjektes erfassen. Das Modellsystem ist als ein Instrument zu sehen, das den schöpferischen Prozeß der Entscheidungsfindung unterstützt, nicht aber ersetzt.

Die experimentelle Variante des Modellsystems wird seit 1974 genutzt; die Berechnungen erfolgen im Hinblick auf 98 Erzeugnisarten, 16 Zweigkomplexe, 24 Regionen, 78 Warengruppen der Konsumgüterproduktion, 33 Berufsgruppen, 7 Arten natürlicher Ressourcen, für jedes Jahr des zehnten Planjahrfünfts.

Eine spezifische Besonderheit des Regionalmodells ist das Zweistufenschema für die Lösung einer entsprechenden Aufgabe. Auf der ersten Stufe befinden sich die Kennziffern für das Produktionsvolumen jeder Region, die das Niveau des Wohlstandes seiner Bevölkerung maximieren, und zwar unter Berücksichtigung der bestehenden Limits der natürlichen und der Arbeitskräfteressourcen sowie auch der Begrenzungen hinsichtlich des Produktionsvolumens, wie sie sich aus der Lösung der Aufgaben einer

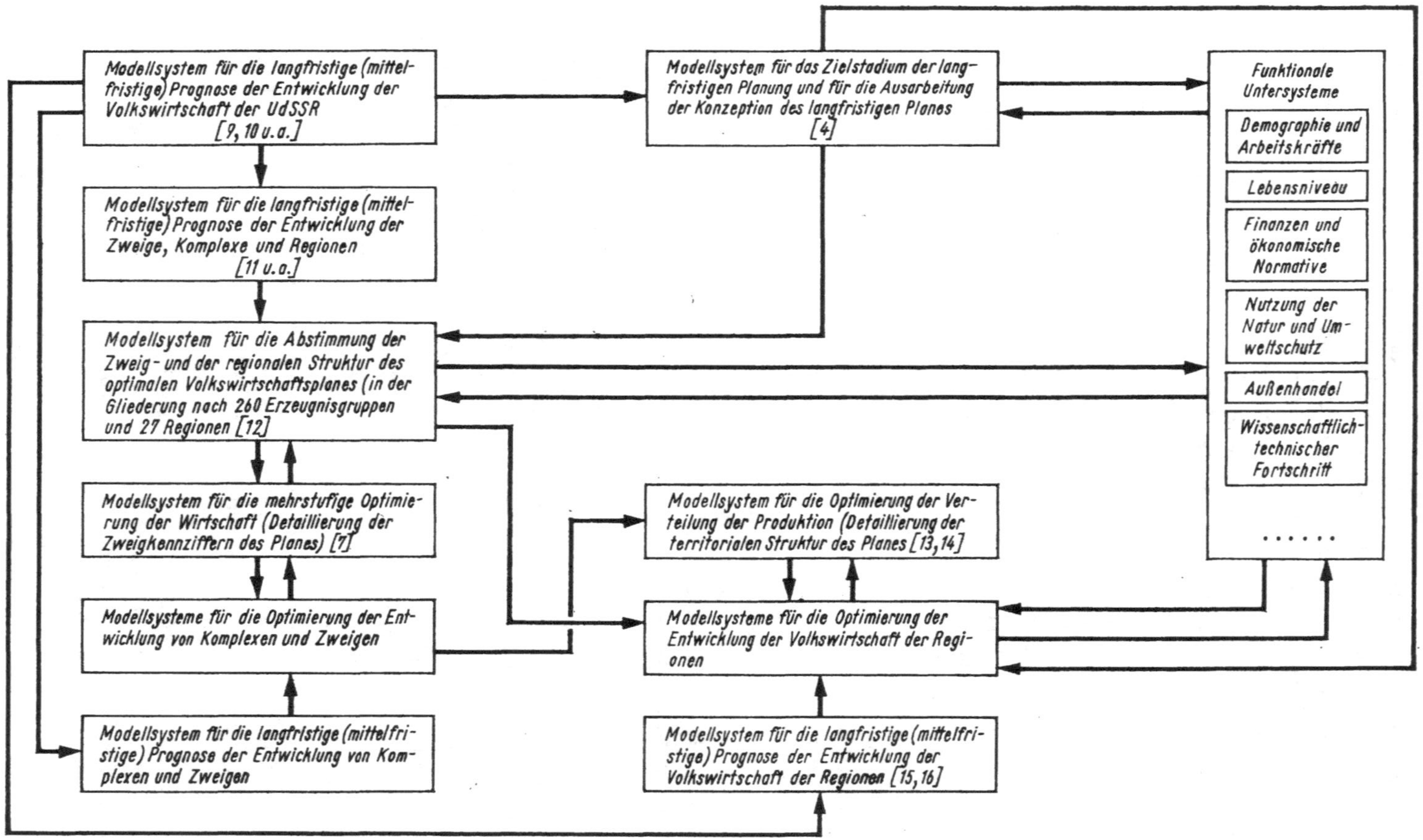

Abb. 1. Globales Modellsystem der Volkswirtschaftsplanung [3]

optimalen Verteilung der Erzeugnisproduktion der Zweigkomplexe nach Regionen (bei der ersten Iteration – ausgehend von der Prognose) ergeben.

Als Optimalitätskriterium wird die Maximierung der integralen Einkommen der Werktätigen einer Region genommen, die sie innerhalb der Planperiode in der materiellen Produktion erzielen (Einkommen aus der Nichtproduktionssphäre wie auch aus anderen Bereichen dieser Sphäre – Renten, Unterstützungen, Stipendien – werden bei der experimentellen Variante exogen vorgegeben).

Im Ergebnis der Lösung der Aufgabe der ersten Stufe werden das Produktionsvolumen der Erzeugnisse der jeweiligen Region und ihre produktive Konsumtion bestimmt und Bewertungen der natürlichen und der Arbeitskräfteressourcen vorgenommen. Nach Lösung aller regionalen Aufgaben wird ein Entscheidungsfonds gebildet, der Produktions- und Konsumtionsvolumen aller Erzeugnisarten in bezug auf alle Regionen einbezieht. Die in diesem Fonds enthaltenen Kennziffern werden in 16 zusammenfassende Zweigvektoren aggregiert, die in das Modell des Zentrums eingehen.

Ausgehend von der Lösung regionaler Aufgaben der ersten Stufe werden die Einkommen der Stadt- und der Landbevölkerung bestimmt, und auf dieser Grundlage wird die Gesamtsumme des Warenumsatzes nach den einzelnen Jahren der Planperiode errechnet. Die Kennziffern der Konsumtion, bezogen auf die einzelnen Warengruppen, werden als Funktionen des Gesamtwarenumsatzes errechnet. Die Wahl der Form der Abhängigkeiten und Berechnungen der Parameter der Regressionsgleichungen erfolgt mittels Bearbeitung der Angaben für den betreffenden Berichtszeitraum. Die Übertragung der Konsumtionskennziffern der verschiedenen Warengruppen auf die Erzeugnisnomenklatur des Systems erfolgt mit Hilfe einer speziellen Übergangsmatrix. Die Vektoren des individuellen Verbrauchs werden hinsichtlich aller Regionen zusammengefaßt, und der Ergebnisvektor wird in den ersten Teil des Modells des Zentrums eingetragen.

Das im Ergebnis der Lösung regionaler Modelle erhaltene Produktions- und Konsumtionsvolumen geht in den Block für die Umrechnung der Produktion und Konsumtion in Kennziffern der Ausfuhr und Einfuhr von Erzeugnissen ein, die in das Transportmodell übertragen werden.

Das *Transportmodell* enthält 12 Transportaufgaben, mit deren Hilfe eine optimale Verbindung der Lieferregionen und der Verbraucherregionen hergestellt wird. Mit Hilfe dieser Aufgaben werden etwa 90% des Warenumschlags der größten Transportart, des Eisenbahntransports, berücksichtigt.

Was die übrigen Erzeugnisarten betrifft, für deren Verteilung der Transportfaktor nicht wesentlich ist, so wird das Schema ihrer Transporte, das sich aus einer Analyse der bei der Aufstellung der Berichtsverflechtungsbilanzen der Unionsrepubliken und der Wirtschaftsgebiete ausgearbeiteten Daten über die Verflechtungsbeziehungen ergibt, im Transportnetz als „Zuschlag" berücksichtigt.

Die Gesamtheit der Lösung aller 12 Transportaufgaben sowie der Aufgabe zur Optimierung der Leertransporte dient als Basis für die Bestimmung der Transportbewertungen, die bei der Lösung der Aufgaben zur Optimierung der Zweigkomplexe genutzt werden. In der experimentellen Variante des Modellsystems wird das Transportnetz unter Berücksichtigung seiner Entwicklungsperspektiven exogen durch Experteneinschätzungen vorgegeben. Im weiteren ist vorgesehen, die Aufgabe einer Optimierung der Entwicklung des Transportnetzes in das System einzubeziehen.

Das *Zentralmodell* ist für die allgemeinen Entwicklungsproportionen der Volkswirtschaft „verantwortlich". Es wird als Aufgabe der linearen Programmierung formuliert.

Optimalitätskriterium ist die Maximierung des integralen Effekts der Planungsperiode, der sich aus der Einbeziehung der natürlichen und der Arbeitskräfteressourcen in die Produktion ergibt. Seine Werte werden in den Bewertungen der natürlichen und der Arbeitskräfteressourcen errechnet, die sich aus den regionalen Modellen ergeben. Die gesuchten Größen sind die Kennziffern für den Grad der Übereinstimmung der Planprojekte der Zweigkomplexe mit dem Optimalitätskriterium des Zentralmodells. Jeder Unbekannten im Modell entspricht ein zusammengefaßter Zweigvektor, der die Aufwendungen und den Produktionsausstoß des jeweiligen Zweiges in der Nomenklatur des Systems (einschließlich des Lohnes der Beschäftigten des Zweiges und des Bedarfs an Investitionen) nach Jahren der Planungsperiode charakterisiert.

Eine Übereinstimmung des Plans des Zentralmodells mit den Lösungen der anderen Modelle des Systems ist dann gegeben, wenn alle Unbekannten gleich Eins sind. Wenn der Wert der Unbekannten größer als Eins ist, so beweist das, daß der entsprechende Zweigplan zu niedrig angesetzt ist; wenn sie kleiner als Eins ist, so ist er zu hoch. Die rechten Teile des Zentralmodells sind die Summe aus drei Vektoren. Der Vektor der individuellen Konsumtion wird anhand der Lösungen der regionalen Modelle gebildet, der Vektor des Transportbedarfs ergibt sich aus den Lösungen des Transportmodells. Der Vektor sonstigen Endverbrauchs wird exogen vorgegeben. Exogen werden auch die allgemeinen Limits für Investitionen, aufgeschlüsselt nach den Jahren der Planperiode, vorgegeben.

Im Modell werden Bilanzbegrenzungen hinsichtlich aller Erzeugnisarten sowie Investitionen, aber auch Bedingungen für eine Beibehaltung der Einkommen der Werktätigen verwendet.

Die im Ergebnis der Lösung des Zentralmodells vorliegenden volkswirtschaftlichen Bewertungen der Erzeugnisse gehen in die Zweigmodelle ein. Die Kennziffern für die Intensität der Nutzung der Entwürfe der Zweigpläne gehen in den Block für die Bildung der Begrenzungen für die Zweigmodelle ein.

In diesem Block wird die Liste der defizitären Erzeugnisse für die entsprechende Iteration bestimmt, für die den entsprechenden produzierenden Zweigen Aufgaben vorgegeben werden. Außerdem werden Verbrauchsbegrenzungen für die diese Produkte verbrauchenden Zweige vorgegeben. In diesem Block werden auch die Investitionsbegrenzungen für die Zweigmodelle formuliert, die die Verträglichkeit ihrer Lösungen sichern.

Die *Zweigmodelle* werden als Aufgaben einer quadratischen Programmierung mit dem Kriterium für den in der Planperiode erreichbaren maximalen Gewinn (abzüglich des Investitionsaufwandes) entwickelt. Beim Optimalitätskriterium des Zweigmodells werden die produzierten und verbrauchten Erzeugnisse in volkswirtschaftlichen Bewertungen der Produkte eingeschätzt, die Aufwendungen für den Transport – in Transportbewertungen, die Aufwendungen für die Arbeit und die natürlichen Ressourcen – in den entsprechenden regionalen Bewertungen.

Beim Optimalitätskriterium werden die Funktionen der Abhängigkeit der Bewertungen vom Produktions- und Ressourcenaufwand verwendet, die so aufgebaut sind, daß eine Vergrößerung der Aufwendungen die Bewertung der zu verbrauchenden Ressourcen vergrößert, während eine Erweiterung der Produktion die entsprechende Bewertung verkleinert.

Im Ergebnis der Lösung der Zweigmodelle werden das Produktionsvolumen und der Umfang der Inbetriebnahme von Produktionsgrundfonds für die durch den entsprechenden Zweig erzeugten Produkte auf Regionalebene und nach den Jahren der Planperiode bestimmt. Neben den Aufgaben für die Produktion und den Verbrauch von Defiziterzeugnissen und Investitionen werden als Begrenzungen im Zweigmodell die Bilanzen der Produktionsgrundfonds verwendet.

Angesichts der großen Dimension und des nichtlinearen Charakters der Zweigmodelle wurde für ihre Lösung eine spezieller Iterationsalgorithmus ausgearbeitet. Das im Ergebnis der Lösung der Zweigmodelle erzielte Produktionsvolumen der Erzeugnisse geht in die Regionalmodelle ein, in denen es als obere Begrenzung für den Erzeugnisausstoß verwendet wird.

Modell für die Bevölkerungsmigration. Die Migration der Bevölkerung zwischen den Rayons wird hier als ein Prozeß gesehen, für den nur eine indirekte Lenkung über die Einwirkung auf jene Faktoren möglich ist, die Richtungen und Intensität der Migrationsströme bedingen. Das in der experimentellen Variante des Systems verwendete Modell, das auf einer Verknüpfung des Extrapolationsverfahrens und des Faktorverfahrens beruht, beschreibt die Dynamik jedes Migrationsprozesses mit Hilfe einer regressiven Abhängigkeit von der Zeit und die Reste der Regression mit Hilfe eines Mehrfaktoren-Korrelationsmodells. Die Werte für die Faktoren werden in das Modell für die Migrationsströme anhand der Lösungen regionaler Aufgaben eingegeben. Die Prognoseergebnisse anhand des Migrationsmodells dienen ihrerseits als Grundlage für die Bestimmung der Kennziffern des Migrationssaldos an Arbeitskraftressourcen im rechten Teil der entsprechenden Begrenzungen der regionalen Modelle. Somit bildet der Prozeß der Verbindung der regionalen Modelle mit den Modellen der Migrationsströme einen besonderen Zyklus der iterativen Abstimmung innerhalb des Systems. Diese Verbindung wird bei einer Stabilisierung der Werte für den Saldo der Migration der Arbeitskräfteressourcen erreicht.

Der Abstimmungsprozeß beginnt bei jedem Iterationszyklus mit den Modellen für die Regionen und dem Migrationsmodell. Für die Nulliteration werden die Werte für ein maximal mögliches Produktionsvolumen mittels Extrapolation der entstandenen Tendenzen vorgegeben. Anschließend werden die Transportmodelle, das Zentralmodell und die Zweigmodelle kontinuierlich gelöst.

Die optimalen Pläne der oberen Ebene und der Regionen gelten unter der Voraussetzung als abgestimmt, daß die Planentwürfe der Zweigkomplexe, die unter Berücksichtigung der Lösungen der regionalen Aufgaben korrigiert wurden, dem Optimalitätskriterium der oberen Ebene entsprechen.

Die Ergebnisse der experimentellen Berechnungen zeigten eine monotone Konvergenz des Prozesses. Um die Lösungen abzustimmen, genügen vier bis sechs Iterationen.

Das Modellsystem wurde auf der EDVA BESM-6 realisiert. Der Programmkomplex sichert eine volle Automatisierung des Rechenprozesses für das System. Die Datenbank des Systems enthält einen Informationsfonds von ungefähr 1,5 Mio Kennziffern und einen Komplex von Bedienungsprogrammen.

Die Berechnungsergebnisse für die experimentelle Variante des Modellsystems ermöglichten es, gewisse Schlußfolgerungen über die weiteren Wege seiner Entwicklung zu ziehen und die grundlegenden Züge der Arbeitsvariante des Systems festzulegen, die bei der Entwicklung der nachfolgenden Etappen des ASPR genutzt werden kann.

Vorrangige Aufgaben bei der weiteren Entwicklung des Modellsystems sind: 1. Gewährleistung der notwendigen vollständigen Beschreibung der sozialökonomischen Prozesse auf der oberen und der regionalen Ebene durch die Entwicklung der oben genannten Modelle zu integrierten Modellkomplexen. Das ist vor allem aktuell im Hinblick auf eine Berechnung der zahlenmäßigen Stärke der Bevölkerung und der Arbeitskräfteressourcen, wobei letztere auf der gegenwärtigen Etappe der Entwicklung die am stärksten limitierten Faktoren sind; 2. Einbeziehung des Programm-Ziel-Aspekts neben den regionalen und Zweigaspekten der Planung in das System; 3. Sicherung der Möglichkeit des Funktionierens des Modellsystems im Imitationsregime; 4. eine in höherem Grade adäquate Widerspiegelung der Faktoren des wissenschaftlich-technischen Fortschritts im System; 5. Aufnahme der Modelle für die innerregionale Standortverteilung der Produktion in das System mit dem Ziel, den Effekt der Agglomeration zu berücksichtigen und die Güterbewegung für ein differenziertes Transportnetz präziser zu beschreiben; 6. Aufnahme des ökologischen Blocks in das System; 7. allmählicher Ersatz der vereinfachten und vereinheitlichten Modelle für die Zweigkomplexe durch Modelle und Systeme, die die realen Prozesse adäquater zum Ausdruck bringen und sich bei praktischen Berechnungen der perspektivischen Entwicklung der Zweige bewährt haben; 8. Vervollkommnung des Abstimmungsverfahrens der Modelle im System; 9. Übergang zu einer umfassenden Nomenklatur der Erzeugnisse und Ressourcen, wie sie zum Beispiel bei der Ausarbeitung von Natural- und Wertbilanzen für die Perspektive verwendet wird (ungefähr 300 Positionen); 10. Überführung der Programmabsicherung des Systems auf EDVA der Serie ES; 11. Überführung der Informationsbank des Systems auf EDVA der Serie ES und ihre Umbildung in eine automatisierte Datenbank, die direkt an die Datenbank des Hauptrechenzentrums des Staatlichen Plankomitees der UdSSR angeschlossen ist. Alle dargelegten Aufgaben können natürlich nur in Etappen gelöst werden.

Gegenwärtig wird die erste Stufe der Arbeitsvariante des Modellsystems ausgearbeitet. Die Nomenklatur der Arbeitsvariante umfaßt ungefähr 300 Erzeugnisarten im Naturalausdruck, die in 18 Zweigkomplexen zusammengefaßt werden. In das System werden außer dem Modellkomplex, wie er in der experimentellen Variante vorhanden ist, zusätzliche Modelle für die Kaderausbildung, ein demographisches Modell und ein Modell für die innerregionale Standortverteilung der Produktion einbezogen, wobei einzelne Modelle des Systems in der Arbeitsvariante bedeutend verändert wurden.

Das Zentralmodell wird in der neuen Variante des Systems als Aufgabe zur Optimierung des Erfüllungsgrades jener Zielstellungen der sozialistischen Gesellschaft formuliert, die in erster Linie die Hebung des Lebensniveaus des Volkes kennzeichnen. Die Werte für die Kennziffern, die die Zielstellungen konkretisieren, können sich im Arbeitsprozeß mit dem Modell im Imitationsregime verändern.

Die Zweigmodelle werden in der Arbeitsvariante des Systems in zwei Klassen gegliedert. Die „Standardzweigmodelle" behalten in allgemeinen Zügen jene Struktur bei, die für die experimentelle Variante des Systems ausgearbeitet wurde. Die „Nichtstandardmodelle" berücksichtigen vollständiger die Spezifik der zu modellierenden Zweige, die innerzweiglichen Beziehungen und die verschiedenen Technologien bei der Erzeugnisproduktion. Modelle dieses Typs sollen in der ersten Stufe der Arbeitsvariante des Systems für den metallurgischen, den Bau- und den Agrar-Industrie-Komplex ausgearbeitet werden. In der zweiten Stufe der Arbeitsvariante des Modell-Komplex-Systems werden Modelle für den Brennstoff-Energie-Komplex und für den chemischen Komplex einbezogen.

In der ersten Stufe der Arbeitsvariante des Systems ist eine Ergänzung des Modells der Migrationsprozesse durch einen Block für die Berechnung der Zu- und Abgänge in den Regionen nach Altersgruppen vorgesehen. Dadurch wird es möglich sein, die Prognoseblöcke des demographischen Modells und der Migrationsmodelle zu vereinigen und bei der Berechnung der Bevölkerungszahl der Regionen nach Altersgruppen (mit der Methode der Altersfortschreibung) die Charakteristika sowohl der natürlichen als auch der mechanischen Bevölkerungsbewegung zu berücksichtigen.

Anmerkungen

1 XXV. Parteitag der KPdSU, Rechenschaftsbericht des Zentralkomitees der KPdSU und die nächsten Aufgaben der Partei in der Innen- und Außenpolitik, Berichterstatter: L. I. Breshnew, Berlin 1976, S. 72.

2 Die Literaturangaben im Text und in Abb. 1 verweisen auf Publikationen, in denen die entsprechenden Verfahrensweisen im Modellsystem beschrieben werden.

Literaturverzeichnis

[1] Pervaja očered' ASPR, in: Planovoe chozjajstvo, 5/1977, S. 3–7.

[2] N. Lebedinskij, ASPR – važnyj instrument planirovanija, in: Planovoe chozjajstvo, 5/1977, S. 8–17.

[3] N. P. Fedorenko, O razvitii sistem modelej narodnochozjajstvennogo planirovanija, in: Ėkonomika i matematičeskie metody, 5/1977, S. 923–938.

[4] Kompleksnoe narodnochozjajstvennoe planirovanija (Postanovka problemy i podchod k ee rešeniju), hg. von N. P. Fedorenko, Moskva 1974.

[5] B. V. Labrenc, Ju. R. Lejbkind, B. L. Rudnik, Technologičeskaja schema razrabotki narodnochozjaistvennych planov i sisteme kompleksnogo planirovanija, in: Ėkonomika i matematičeskie metody, 5/1977, S. 939–955.

[6] D. A. Maceev, B. A. Rajzberg, V. F. Soskov, Ja. M. Urinson, Funkcional'no-strukturnye schemy razrabotki pjatiletnogo plana, in: Ėkonomika i matematičeskie metody, 2/1977.

[7] Sistema modelej optimal'nogo planirovanija, hg. von N. P. Fedorenko, Moskva 1975.

[8] L. M. Dudkin, Sistema rasčetov optimal'nogo narodnochozjajstvennogo plana, Moskva 1972.

[9] A. I. Ančiškin, Prognozirovanie rosta socialističeskoj ėkonomiki, Moskva 1973.

[10] Ju. V. Jaremenko, É. B. Eršov, A. S. Smyšlaev, Model' mežotraslevych vzaimodejstvij, in: Ėkonomika i matematičeskie metody, 3/1975, S. 421–438.

[11] A. G. Aganbegjan, K. A. Bagrinovskij, A. G. Granberg, Sistema modelej narodnochozjajstvennogo planirovanija, Moskva 1972.

[12] É. F. Baranov, I. S. Matlin, Ob eksperimental'noj realizacii sistemy modeley optimal'nogo perspektivnogo planirovanija, in: Ėkonomika i matematičeskie metody, 4/1976, S. 627–648.

[13] N. N. Nekrasov, Regional'naja ėkonomika, Moskva 1975.

[14] M. M. Albegov, Problemy optimalizacii territorial'nogo planirovanija, in: Ėkonomika i matematičeskie metody, 1/1975.

[15] R. L. Rajackas, Sistema modelej planirovanija i prognozirovanija, Moskva 1976.

[16] I. G. Adirin, Ja. A. Janov, Sistema modelej regional'nogo prognozirovanija, Moskva 1977.

2. Beiträge des DDR-Teiles der Gemeinsamen Kommission

G. Schulz

Zur leistungsorientierten Lohnpolitik bei der Entfaltung schöpferischer Initiative der Werktätigen[1]

Die leistungsorientierte Lohnpolitik ist auf die wirksamere Ausnutzung des Gesetzes der Verteilung nach der Arbeitsleistung entsprechend der untrennbaren Einheit von Wirtschafts- und Sozialpolitik gerichtet. Sie ist im Interesse der Arbeiterklasse zur Sicherung eines hohen Leistungsanstiegs in der Volkswirtschaft sowie der Verbesserung der Arbeits- und Lebensbedingungen der Werktätigen durchzusetzen. Die leistungsorientierte Lohnpolitik dient der Verwirklichung des bewährten Grundsatzes, den Anteil der Arbeiterklasse an der Verteilung des Nationaleinkommens entsprechend ihrer wachsenden Leistung, Rolle und Verantwortung bei der Gestaltung der entwickelten sozialistischen Gesellschaft weiter zu erhöhen.

Ausgehend von der Rolle der sozialistischen Intensivierung als dem Hauptweg der weiteren kontinuierlichen und dynamischen Entwicklung der Volkswirtschaft besteht das *Grundanliegen leistungsorientierter Lohnpolitik* darin, hohe Leistungen der Werktätigen bei der sozialistischen Intensivierung wirksam zu stimulieren, d. h. die Initiative der Werktätigen auf eine hohe Steigerung der Arbeitsproduktivität *durch sozialistische Rationalisierung* zu lenken.

Durch die leistungsbezogene Gestaltung und Entwicklung des Lohnes werden die Werktätigen stärker daran interessiert, sich zu qualifizieren und eine höhere Verantwortung zu übernehmen. Gleichzeitig sollen in enger Verbindung mit der moralischen Stimulierung die sozialistische Einstellung zur Arbeit vertieft, fleißige Arbeit, hohe Arbeitsmoral und -disziplin gefördert und die schöpferische Aktivität der Werktätigen erhöht werden.

In Abhängigkeit von der Leistungsentwicklung der DDR konnte im Zeitraum 1971 bis 1975 mit 135 Mark der höchste absolute Zuwachs des monatlichen durchschnittlichen Bruttoarbeitseinkommens der Arbeiter und Angestellten der sozialistischen Wirtschaft realisiert werden (vgl. Tab. 1).

Tabelle 1
Durchschnittliches monatliches Arbeitseinkommen der vollbeschäftigten Arbeiter und Angestellten in volkseigenen Betrieben nach Wirtschaftsbereichen (in Mark)

Wirtschaftsbereich	1965	1970	1974	1975	1976
Volkswirtschaft insgesamt	640	762	867	897	927
Industrie	656	770	865	895	926
Bauindustrie	686	833	922	946	978
Land- und Forstwirtschaft	573	710	859	886	917
Verkehr	672	806	954	990	1011
Post- und Fernmeldewesen	574	653	801	818	841
Handel	536	668	767	949	978

Quelle: Statistisches Jahrbuch der DDR 1977, Berlin 1977, S. 108.

In Verwirklichung des sozialpolitischen Programms des VIII. Parteitages der SED wurden im gleichen Zeitraum für über 4 Millionen Werktätige lohnpolitische Maßnahmen wirksam, das heißt für mehr als die Hälfte der Berufstätigen in der DDR. Auf der Grundlage der Leistungssteigerungen in der Produktion, im Handel, im Verkehrswesen, im Post- und Fernmeldewesen sowie in der Landwirtschaft erhielten die Werktätigen in allen produzierenden Bereichen unserer Volkswirtschaft darüber hinaus jährlich höhere Einkommen.

Die Mindestlöhne wurden von 300 auf 350 Mark erhöht und die Löhne zwischen 350 und 435 Mark differenziert angehoben. Die Erhöhung des Mindestlohnes und der unteren Einkommen erwies sich als ein bewährter Weg der Verbindung des sozialistischen Leistungsprinzips mit sozialen Aspekten. Vorgenommen wurden Lohnerhöhungen für Werktätige mit schwierigen Arbeitsbedingungen in volkswirtschaftlichen Schwerpunktbereichen, wie beispielsweise für die Werktätigen in Gießereien, die Bergarbeiter der Kohleindustrie und Werktätige der Energiewirtschaft.

Lohnpolitische Maßnahmen wurden auch für solche wichtigen Beschäftigtengruppen wirksam, die durch die Erhöhung ihrer Leistungen maßgeblich zur Verwirklichung des sozialpolitischen Programms beitragen, wie beispielsweise das mittlere medizinische Personal, Lehrer, Erzieher und Kindergärtnerinnen, Fahrer von Straßen-, U-Bahnen und Omnibussen im städtischen Nahverkehr und volkseigenen Kraftverkehrsbetrieben.

Beträchtlich stiegen im Zeitraum 1971 bis 1975 auch die Prämienfonds und die Jahresendprämie. Sie übertreffen inzwischen in der Mehrzahl der Betriebe die Höhe eines durchschnittlichen Monatseinkommens.

„Nimmt man alles zusammen", stellte Erich Honecker im Bericht des Zentralkomitees an den IX. Parteitag der SED fest, „so wurden die Einkommen der Arbeiterklasse vorrangig verbessert, hohe Arbeitsleistungen materiell stimuliert und zugleich soziale Unterschiede verringert".[2]

Dieser grundlegenden Orientierung entspricht der Gemeinsame Beschluß des Zentralkomitees der SED, des Bundesvorstandes des FDGB und des Ministerrates der DDR über die weitere planmäßige Verbesserung der Arbeits- und Lebensbedingungen der Werktätigen im Zeitraum 1976 bis 1980 vom 27. Mai 1976, mit dem weitere umfangreiche Einkommenserhöhungen in Kraft treten. Sie betreffen u. a.

– Lohnerhöhungen für 1 Mio Werktätige infolge der weiteren Erhöhung der Mindestbruttolöhne auf mindestens 400 Mark monatlich und differenzierte Erhöhung der monatlichen Bruttolöhne bis zu 500 Mark. Entsprechend der „Verordnung über die Erhöhung des monatlichen Mindestbruttolohnes von 350 M auf 400 M und die differenzierte Erhöhung der monatlichen Bruttolöhne bis zu 500 M vom 29. Juli 1976" erfolgte

Monatlicher Bruttolohn (Lohnstufen)	Rahmenrichtsätze für die Erhöhungsbeträge (brutto)
350 M bis unter 375 M	50 bis 40 M (Erhöhung auf mind. 400 M)
375 M bis unter 400 M	45 bis 35 M
400 M bis unter 425 M	40 bis 30 M
425 M bis unter 450 M	35 bis 25 M
450 M bis unter 475 M	30 bis 20 M
475 M bis einschl. 500 M	25 bis 15 M

die Erhöhung für vollbeschäftigte Arbeiter und Angestellte ab 1. Oktober 1976 auf der Grundlage nachstehender Rahmenrichtsätze[3]:

- Einführung einer jährlichen zusätzlichen Vergütung für die 420 000 Beschäftigten der Volksbildung in den polytechnischen Oberschulen, Vorschul- und außerschulischen Einrichtungen, Musikschulen, Volkshochschulen, Einrichtungen der Jugendhilfe, kommunalen Berufsschulen und für die pädagogischen Kräfte an den Betriebsberufsschulen, die nach den tariflichen Regelungen der Volksbildung entlohnt werden;
- weitere Erhöhung der Renten und Verbesserung der freiwilligen Zusatzrentenversicherung für 3,4 Mio Rentenempfänger, wobei die Mindestrente in Abhängigkeit von den Arbeitsjahren ab 1. 12. 1976 230 bis 300 Mark beträgt.

Die planmäßige Erhöhung der Mindestlöhne, wie sie auch in anderen sozialistischen Ländern durchgeführt wird[4], ist von großer sozialer Bedeutung, weil sie zur Anhebung des Lebensniveaus dieser Einkommensgruppen führt und damit eine höhere Ausgangsbasis für die leistungsorientierte Lohnpolitik schafft.

Die Verringerung der Unterschiede in der Arbeit durch Veränderung der weniger qualifizierten Arbeiten auf der Grundlage des wissenschaftlich-technischen Fortschritts ist die materielle Grundlage dafür, daß *leistungsgerechte Differenzierung* nicht die Vergrößerung der Unterschiede zwischen unteren und oberen Einkommen bedeutet, sondern im Gegenteil sich bei voller Anwendung des Leistungsprinzips die *Schere zwischen den niederen und höheren Einkommen weiter schließt.*[5] Leistungsorientierte Lohnpolitik bedeutet, die Beziehungen zwischen Leistung und Lohn auf der Grundlage einer rationellen Arbeitsorganisation fester miteinander zu verbinden. Dabei soll die höhere Verantwortung der Arbeiter als gesellschaftliche Eigentümer der Produktionsmittel für die Effektivität des Wirtschaftens durch die stärkere Bindung ihres Arbeitslohnes an die *vom einzelnen Arbeitsplatz aus zu beeinflussenden Intensivierungsfaktoren* erreicht werden, wie beispielsweise die volle Ausnutzung der Arbeitszeit und die Senkung der Ausfallzeiten, die Sicherung einer hohen Qualität der Arbeitsausführung und der Erzeugnisse oder der sparsame Umgang mit Material und Hilfsstoffen, also durch direkte Abhängigkeit der Lohnhöhe von den Ergebnissen seiner Arbeit.

Im Arbeitsgesetzbuch ist bekanntlich festgelegt, daß die Werktätigen den Lohn entsprechend den Anforderungen ihrer Arbeitsaufgabe an die Qualifikation und Verantwortung, der tatsächlichen Arbeitszeit, den erzielten Arbeitsergebnissen nach Menge und Qualität sowie den Bedingungen ihrer Arbeit erhalten.[6]

Für jene Arbeiten, bei denen die Werktätigen die Möglichkeit haben, Menge und Qualität des Arbeitsergebnisses zu beeinflussen, erfolgt die Bewertung der individuellen Arbeitsleistung mit Hilfe von Arbeitsnormen und anderen Kennzahlen der Arbeitsleistung, wie z. B. Kapazitätsauslastung, Materialverbrauch, Qualitätsstufen u. a.

Dabei gewinnen mit der Durchsetzung des wissenschaftlich-technischen Fortschritts vor allem jene Faktoren an Bedeutung, in denen sich widerspiegelt, wie die Qualifikation für die rationelle Nutzung der vorhandenen Arbeitsmittel und Arbeitsgegenstände wirksam wurde. Die Einstellung der Werktätigen zur Arbeit, ihre Arbeitsfreude und Bereitschaft zur Erfüllung der Planaufgaben wird wesentlich davon bestimmt, wie auf der Grundlage rationell gestalteter Arbeitsprozesse in Verbindung mit der wissenschaftlichen Arbeitsorganisation die Bedingungen für reale Leistungssteigerungen der Werktätigen geschaffen werden. Leistungsorientierte Lohnpolitik und wissenschaftliche Arbeitsorganisation (WAO) bilden eine untrennbare Einheit.

Erstens werden durch die systematische Anwendung der WAO die Voraussetzungen für reale Leistungssteigerungen der Werktätigen bei gleichzeitiger Verbesserung der Arbeitsbedingungen geschaffen (Neu- und Umgestaltung der Arbeitsplätze, Erhöhung der Kontinuität der Produktion, Verbesserung der technologischen Disziplin).

Zweitens unterstützt die wissenschaftliche Arbeitsorganisation eine für jeden Werktätigen vorteilhafte Verwirklichung des Grundsatzes „Neue Technik – neue Normen", weil die Veränderung der Normen auf Veränderungen der Technologie, der Produktionsorganisation und der Verbesserung der Arbeitsbedingungen beruht, was nachhaltig das Vertrauen der Werktätigen zu technisch begründeten Arbeitsnormen (TAN) fördert.

Durch einen kontinuierlichen Produktionsablauf, hohe technologische Disziplin und zweckmäßige Arbeitsbedingungen ist die Einheit von wissenschaftlicher Begründung und Erfüllbarkeit der Arbeitsnormen zu sichern.

Das Arbeitsgesetzbuch verpflichtet in diesem Zusammenhang den Betrieb, Vorschläge der Werktätigen zur Senkung des Zeitaufwandes, die zur Verbesserung von Arbeitsnormen oder anderen Kennzahlen der Arbeitsleistung führen, entsprechend den arbeitsrechtlichen Bestimmungen materiell anzuerkennen.[7]

Drittens dient die Anwendung der wissenschaftlichen Arbeitsorganisation der Verbesserung des Niveaus der Arbeitsklassifizierung, wodurch zusammen mit technisch begründeten Arbeitsnormen und zweckmäßigen Lohnformen wichtige Voraussetzungen zur wirksameren Anwendung des sozialistischen Leistungsprinzips geschaffen werden. Die Arbeitsklassifizierung stützt sich auf Ergebnisse des Arbeitsstudiums und der Arbeitsgestaltung, um die Anforderungen an die Qualifikation sowie an die körperliche und geistige Beanspruchung der Werktätigen als Grundlage für die Einstufung in bestimmte Lohn- bzw. Gehaltsgruppen zu ermitteln.

So schafft sie zugleich Voraussetzungen, um die Werktätigen an hoher Qualifikation bzw. komplizierter Arbeit materiell zu interessieren. Die richtige Einstufung der Werktätigen in die entsprechende Lohn- und Gehaltsgruppe wird von ihnen zugleich als moralische Wertung ihrer Tätigkeit durch die Gesellschaft verstanden. Sie ist zugleich von großer Bedeutung für eine exakte Lohnfondsplanung und -verwendung. „Die Praxis zeigt, daß durch eine gute Arbeit auf dem Gebiet der wissenschaftlichen Arbeitsorganisation bis hin zur Arbeitsklassifizierung und Normenarbeit ein hoher Produktivitätszuwachs erreicht und das Leistungsprinzip durchgesetzt wird. Deshalb wollen wir eine breite Mitwirkung der Werktätigen in den WAO-Kollektiven, Ständigen Produktionsberatungen, Neuererkollektiven und sozialistischen Arbeitsgemeinschaften für die Erarbeitung technisch begründeter Arbeitsnormen und anderer Leistungskennziffern, die ein echtes Maß der Arbeit und des Lohnes darstellen."[8]

Dabei kann durch die verstärkte zentrale staatliche Einflußnahme auf den Einsatz des Lohnfonds und die Lohngestaltung ein möglichst hoher Teil des volkswirtschaftlichen Lohnzuwachses konzentriert in jenen Bereichen, Zweigen und Betrieben eingesetzt werden,

– die einen maßgeblichen Einfluß auf die Vertiefung der sozialistischen Intensivierung ausüben und bei denen es zur Erreichung überdurchschnittlicher Steigerungsraten der Arbeitsproduktivität besonders vordringlich ist, die inneren Reserven zu erschließen;

– in Betrieben mit einem hohen Anteil Schichtarbeiter beziehungsweise verstärktem Übergang zur Schichtarbeit, in volkswirtschaftlich wichtigen Zulieferbetrieben und in wichtigen Exportbetrieben sowie

– in Bereichen, die im Verhältnis zum Leistungsniveau ein niedrigeres Lohnniveau haben.

Bei der Organisation einer leistungsorientierten Lohnpolitik haben sich folgende Prinzipien bewährt:

1. Die den Lohnformen zugrunde liegenden Leistungskennziffern müssen durch den Arbeiter beeinflußbar sein (Prinzip der *Beeinflußbarkeit*).

2. Die der Lohnform zugrunde liegenden Leistungskennziffern müssen für einen Arbeiter mit normaler Berufserfahrung und bei voller Auslastung der gesetzlichen Arbeitszeit erfüllbar sein (Prinzip der *Erfüllbarkeit*).

3. Die Berechnung des Lohnes muß für jeden Arbeiter überschaubar sein (Prinzip der *Überschaubarkeit*).

4. Die Leistungskennziffern müssen mit einem vertretbaren Aufwand exakt abrechenbar sein (Prinzip der *Abrechenbarkeit*).

Eine große Rolle bei der Durchsetzung einer leistungsorientierten Lohnpolitik spielt dabei die Auswahl der zweckmäßigsten Lohnformen. So haben z. B. der Prämienstücklohn wie auch der Prämienzeitlohn gegenüber dem einfachen Stück- und Zeitlohn den wesentlichen Vorteil, daß durch die Anwendung qualitativer Kennziffern für die Mehrlohnprämie das materielle Interesse des Arbeiters gleichzeitig auf die Erfüllung und Überbietung der Qualitätsvorgaben, auf die Verminderung von Ausschuß und Nacharbeit, aber auch auf solche Intensivierungsfaktoren wie Senkung des Materialverbrauchs, Ausnutzung der Grundfonds, sortimentsgerechte Planerfüllung, Verringerung der Hilfs- und Ausfallzeiten u. a. gelenkt werden kann.

Eine wichtige Aufgabe bei der Verwirklichung der leistungsorientierten Lohnpolitik nimmt, wie auf dem IX. Parteitag der SED hervorgehoben wurde, die *schrittweise Einführung von Grundlöhnen* für 1,5 Millionen Produktionsarbeiter in Industrie, Bauwesen und anderen Bereichen[9] bis 1980 in enger Verbindung mit der wissenschaftlichen Arbeitsorganisation ein.

Die schrittweise planmäßige Einführung dieser neuen Form einer leistungsgerechten Entlohnung in Verbindung mit der wissenschaftlichen Arbeitsorganisation erweist sich als ein erfolgreicher Weg zur Erhöhung des materiellen Interesses der Arbeiter an wachsenden Leistungen. Das Ziel der Einführung von Grundlöhnen besteht darin, daß sich für die Arbeiter bei höherer Leistung auch der Lohn erhöht (vgl. Abb. 1).

Die neuen Grundlöhne werden anhand zentral vorgegebener Tabellen durch die Zusammenfassung des geltenden Tariflohnes mit einem Teil des Mehrlohnes, zum Beispiel dem sogenannten Mark-Betrag (leistungsunabhängiger Zuschlag zum Tariflohn) und anderen Lohnbestandteilen gebildet. Der Grundlohn selbst stellt noch keine Lohnerhöhung dar. Bei gleicher Leistung ist der bisherige Effektivlohn auf jeden Fall garantiert. Aber wegen der höheren Bezugsbasis für die Berechnung des Mehrleistungslohnes bei Übererfüllung der technisch begründeten Arbeitsnorm steigt der Effektivlohn schneller als bei Übererfüllung der Arbeitsnorm vor Einführung der neuen Grundlöhne. Beträgt zum Beispiel der tarifliche Stundenlohn eines Arbeiters 1,50 Mark, der Grundlohn dagegen durch die Einbeziehung von Teilen des Mehrlohnes 3 Mark, so ist bei Übererfüllung der Norm die Vergütung hierfür doppelt so hoch wie bisher. Eine Übererfüllung der Norm um 10% führt in diesem Fall zu einem Mehrverdienst von 50 bis 60 Mark im Monat.

Die Arbeit nach den neuen Grundlöhnen ist also für die Arbeiter vorteilhaft. Wie die Erfahrungen aus den Betrieben zeigen, wo die Einführung der neuen Grundlöhne

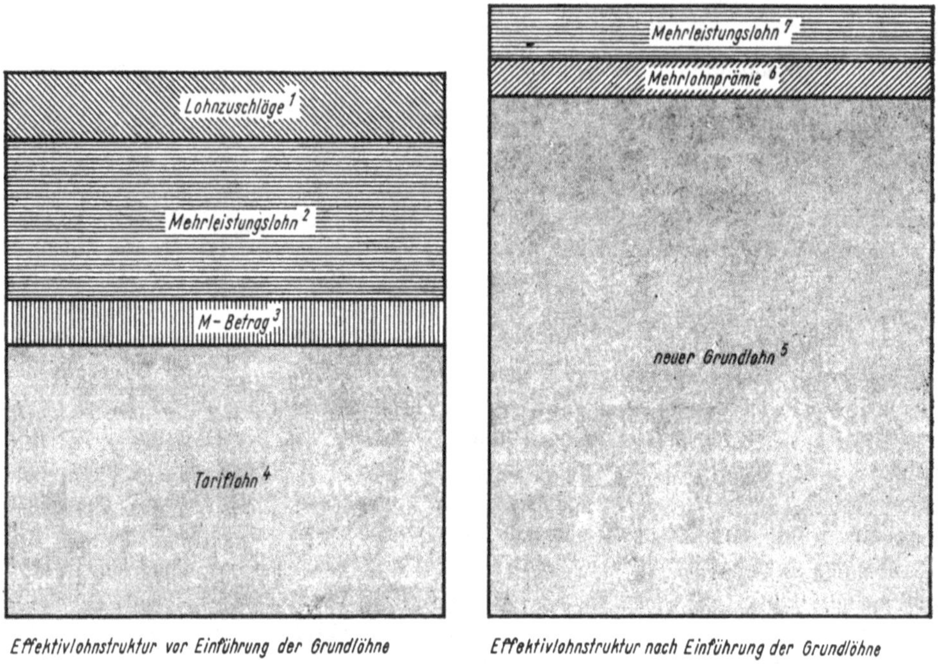

Abb. 1. Veränderung der Lohnstruktur durch Einführung der Grundlöhne für Produktionsarbeiter

1. Lohnzuschläge für die Abschaffung der Lebensmittelkarten, für die Verkürzung der Arbeitszeit sowie aus der Erhöhung des Mindestlohnes und der unteren Einkommen. Sie werden in den Grundlohn für Produktionsarbeiter einbezogen. Das betrifft nicht die Lohnzuschläge für Arbeit unter erschwerten Arbeitsbedingungen (Erschwerniszuschläge).
2. Teil des Arbeitslohnes, der bei Arbeiten nach Arbeitsnormen über den Tariflohn hinaus für die Übererfüllung der Arbeitsnormen gezahlt wird.
3. Auf Grund exakter Normzeitvorgaben (Herauslösung von Zeitreserven aus der Norm) zum Tariflohn zugeschlagener Lohnbestandteil, um den Werktätigen den erreichten Durchschnittslohn zu garantieren. Mit der Anwendung ökonomisch zweckmäßiger Lohnformen wurde der M-Betrag (als Z-Zuschlag bezeichnet) teilweise an qualitative Kennziffern gebunden beziehungsweise in eine Mehrlohnprämie umgewandelt.
4. Tariflohn: Tarifgrundlohn ist der in den Tariftabellen staatlich verbindlich festgelegte Geldbetrag für eine bestimmte Lohngruppe. Grundlage der Entlohnung in allen ihren Formen. Differenzierungskriterien des Tariflohnes sind Qualifikation, Verantwortung und die volkswirtschaftliche Bedeutung des Zweiges.
5. In verbindlichen Tabellen vorgegebener Geldbetrag für eine bestimmte Lohngruppe, gebildet aus dem bisherigen Tariflohn, Teilen des Mehrlohnes (M-Betrag) und Lohnzuschlägen.
6. Lohnbestandteil, der in einigen Betrieben wie z. B. der Energiewirtschaft und der chemischen Industrie, wo technologisch bedingt kollektive Lohnformen überwiegen, bei Einhaltung vorgegebener Leistungskennziffern (Qualität, Materialeinsatz, Ausnutzung der Arbeitszeit) zusätzlich zum Tarif- bzw. Grundlohn gewährt wird, 100%ige Normerfüllung vorausgesetzt. Mit der Normübererfüllung wächst er nicht an.
7. Möglicher Mehrleistungslohn bei Übererfüllung der neuen Norm.

gründlich vorbereitet wurde, konnte eine spürbare Übereinstimmung zwischen gesellschaftlichen, betrieblichen und persönlichen Interessen hergestellt werden. Dank einer beachtlichen Steigerung der Arbeitsproduktivität wurden die Planaufgaben bei steigenden Arbeitseinkommen und sinkenden Kosten besser erfüllt. Zugleich ist vorgesehen, in den Betrieben, die Grundlöhne einführen, die Gehälter der Meister sowie der Hoch- und Fachschulkader leistungsabhängig zu erhöhen, wobei in Zukunft eine stärkere Differenzierung entsprechend den konkreten und terminlich vorgegebenen Arbeitsaufgaben an Bedeutung gewinnt.

Der Grundlohn ist noch kein neuer Tariflohn. So wird auch der über den Tariflohn hinausgehende Betrag des Grundlohnes nur mit 5% wie der Mehrleistungslohn versteuert. Aber die schrittweise Einführung der neuen Grundlöhne bildet einen wichtigen Teil der Neuordnung des Tarifsystems. So beträgt der Anteil des Grundlohnes am Gesamtlohn der Arbeiter 70–90% gegenüber einem Anteil des bisherigen Tariflohnes am Gesamtlohn von 40–70%.

Die Einführung neuer Grundlöhne für Produktionsarbeiter setzt einen hohen Stand der Arbeits- und Produktionsorganisation voraus. Es geht darum, den Einfluß der Verteilung nach der Arbeitsleistung auf die Vertiefung der Intensivierungsfaktoren nachhaltig zu fördern, indem die konsequente Durchsetzung der wissenschaftlichen Arbeitsorganisation mit der zielgerichteten materiellen Stimulierung der Werktätigen verbunden wird. Dabei ist jeder einzelne Schritt gemeinsam mit den Werktätigen zu verwirklichen. Die Erhöhung des Anteils der produktiven Zeit an der gesetzlichen Arbeitszeit wird beispielsweise durch die ständige Analyse der Ursachen der Ausfallzeiten auf der Grundlage von „Notizen zum Plan“ erreicht. Unvereinbar mit der Einführung neuer Grundlöhne sind formale Umrechnungen der Normen beziehungsweise administrative Festlegungen über Normenveränderungen. Das heißt, eine hohe Qualität der Normenarbeit, deren integraler Bestandteil die aktive Mitwirkung der Werktätigen ist, stellt höhere Anforderungen auch an die gesamte Leitungstätigkeit. Die Aufdeckung und Erschließung von Zeitreserven kostet den einzelnen Arbeiter natürlich Überwindung, weil solche Reserven bei Störungen im Produktionsablauf infolge nicht rechtzeitiger Materialbereitstellung usw. notwendig sind, um keine Lohneinbußen zu erleiden.

Daraus ergibt sich die große Bedeutung einer rationellen Gestaltung der Produktions- und Arbeitsprozesse im Betrieb bei Gewährleistung einer hohen Absatz- und Liefersicherheit, damit jeder Kollege weiß, daß er die eingesparte Zeit auch voll zur Produktionssteigerung nutzen kann. Andererseits machen Ausfallzeiten zur Erfüllung des Planes immer wieder Überstunden notwendig, die neben der Belastung der Freizeit der Werktätigen zu einem außerplanmäßigen Wachstum der Geldeinkünfte der Bevölkerung führen, was wiederum zusätzliche Anstrengungen für die Gewährleistung der Proportionalität im Reproduktionsprozeß, insbesondere zwischen Kauf- und Warenfonds erfordert.

Die durch die leistungsorientierte Lohnpolitik bewirkte Verstärkung der Interessiertheit der Werktätigen an der Intensivierung der gesellschaftlichen Produktion wird durch die zielgerichtete Anwendung der Prämienfonds für die Stimulierung hoher Leistungen unterstützt. Besonders die aufgabenbezogene Prämierung hervorragender Leistungen, vor allem im sozialistischen Wettbewerb, im Neuererwesen und bei der Tätigkeit sozialistischer Arbeitsgemeinschaften in der Produktion und in den produktionsvorbereitenden Bereichen sowie bei der Bearbeitung von Investitions- und Rationalisierungsvorhaben ist dabei eine geeignete Prämienform, weil sie die Initiative der Arbeitskollektive auf die Beschleunigung des wissenschaftlich-technischen Fortschritts lenkt.

Anmerkungen

1 Dem vorliegenden Beitrag liegt das Projekt „Höheres Lebensniveau durch steigende Leistungskraft der sozialistischen Wirtschaft" zugrunde, welches unter Leitung von Hans Luft angefertigt wurde.

2 Bericht des Zentralkomitees der Sozialistischen Einheitspartei Deutschlands an den IX. Parteitag der SED, Berichterstatter: Genosse Erich Honecker, Berlin 1976, S. 34.

3 Vgl. Verordnung über die Erhöhung des monatlichen Mindestbruttolohnes von 350 M auf 400 M und die differenzierte Erhöhung der monatlichen Bruttolöhne bis zu 500 M vom 29. 7. 1976 (Gesetzblatt der DDR, Teil I, S. 377). Monatliche Bruttolöhne über 500 M bis einschließlich 540 M können zur besseren Einordnung der Lohnerhöhungen in die bestehenden Lohnrelationen neu festgelegt werden. Dabei können Lohnveränderungen um 10 M bis 15 M brutto – bis auf höchstens 550 M – vorgenommen werden. Grundlage für die Erhöhungsbeträge ist der monatliche Bruttolohn. Dabei werden nicht berücksichtigt:
- Zuschläge für betriebsbedingte Arbeitserschwernisse,
- Schichtprämien gemäß Verordnung über die Gewährung von Schichtprämien vom 12. September 1974 (Gesetzblatt der DDR, Teil I, S. 477) und rahmenkollektivvertragliche Regelungen,
- Leistungszulagen für vorübergehend übertragene Tätigkeit einer höheren Gehaltsgruppe,
- Lohnzuschläge, die für bestimmte Beschäftigtengruppen entsprechend arbeitsrechtlichen Bestimmungen gezahlt werden, und
- andere Zuschläge nach Zustimmung durch den Staatssekretär für Arbeit und Löhne.

4 In der Sowjetunion wurde beispielsweise seit 1955 der Mindestlohn in jedem Planjahrfünft angehoben. Er beträgt jetzt mehr als das 3fache gegenüber 1955.

5 Vgl. 2. Tagung des ZK, Zu aktuellen Fragen der Innen- und Außenpolitik nach dem IX. Parteitag. Aus dem Schlußwort des Genossen Erich Honecker, Berlin 1976, S. 16.

6 Vgl. Arbeitsgesetzbuch der Deutschen Demokratischen Republik vom 16. Juni 1977 (Gesetzblatt der DDR, Teil I, S. 185, § 95, 2).

7 Vgl. ebenda, § 75, 2.

8 Bericht des Bundesvorstandes des FDGB an den 9. FDGB-Kongreß, Berichterstatter: Harry Tisch, in: Dokumente 9. FDGB-Kongreß, Berlin 1977, S. 33.

9 Für die Einführung von Grundlöhnen werden vor allem Betriebe mit einem hohen Anteil von Mehrschichtarbeit und erschwerten Arbeitsbedingungen vorgesehen, die zugleich für die Erhöhung der Leistungskraft der Volkswirtschaft und zur Verwirklichung des sozialpolitischen Programms des IX. Parteitages der SED im Interesse des ganzen Volkes von hervorragender Bedeutung sind.

W. Kunz

Zur Vervollkommnung der Leitung und Planung von Maßnahmen der sozialistischen internationalen Arbeitsteilung

Die Entwicklung der sozialistischen ökonomischen Integration zwischen den RGW-Ländern ist verbunden mit dem Entstehen ständig neuer Anforderungen an die planmäßige Beherrschung der damit verbundenen Prozesse. Daraus ergibt sich die Notwendigkeit, die Leitung und Planung der internationalen wissenschaftlich-technischen und Produktionszusammenarbeit mit dem Ziel zu vervollkommnen, Arbeitsproduktivität und Effektivität der Volkswirtschaften der RGW-Länder durch die Nutzung der Vorzüge der sozialistischen internationalen Arbeitsteilung weiter zu erhöhen.

Im Programm der SED heißt es: „Die Sozialistische Einheitspartei Deutschlands setzt sich ein für die volle Nutzung der Vorzüge der internationalen sozialistischen Arbeitsteilung und Kooperation, die eine grundlegende Voraussetzung für die Erhöhung der Effektivität der Wirtschaftstätigkeit, für die Vervollkommnung der Produktionsstruktur ist ... Die aufeinander abgestimmten Spezialisierungs- und Kooperationsmaßnahmen werden auf die Produktion von Erzeugnissen mit hohem wissenschaftlich-technischem Niveau und niedrigen Kosten gerichtet."[1]

Zunehmendes Gewicht für die Effektivität von Integrationsprozessen in den RGW-Ländern selbst und in der Zusammenarbeit zwischen ihnen erlangen *Komplexität* und *langfristige Stabilität* im Herangehen an die gemeinsame Lösung wichtiger Vorhaben der sozialistischen internationalen Arbeitsteilung. Höhere Komplexität und langfristige Stabilität (zum Beispiel mittels der Zielprogramme des RGW oder des langfristigen Programms der Spezialisierung und Kooperation der Volkswirtschaften der DDR und der UdSSR bis 1990) stellen zugleich höhere Anforderungen an die Leitung und Planung der Volkswirtschaften in den Ländern.

Selbstverständlich hängen das Niveau der Planungszusammenarbeit zwischen den RGW-Ländern oder die Möglichkeiten, Formen und Methoden der Zusammenarbeit in Wissenschaft, Technik, Produktion und Außenhandel in hohem Maße vom Reifegrad, von den Möglichkeiten, Formen und Methoden der Leitung und Planung innerhalb der einzelnen RGW-Länder ab. Die Leitung und Planung innerhalb der RGW-Länder muß dabei natürlich auf die größeren Dimensionen eingestellt werden, die sich aus der zunehmenden Ergänzung und Verflechtung der Volkswirtschaften der RGW-Länder ergeben, sie bedarf folglich auch einer ständigen Vervollkommnung.

So kann zum Beispiel die immer wieder geforderte größere planmäßige Stabilität in der internationalen Spezialisierung und Kooperation nur erreicht werden, wenn auch die inneren Ressourcen und Verflechtungsbeziehungen in den Ländern diese Stabilität aufweisen und weitestgehend bilanziert sind, wenn die wichtigsten internationalen Verpflichtungen der Länder im Innern auf den verschiedenen Stufen des demokratischen Zentralismus der Wirtschaft klar in die Pläne eingeordnet werden (einschließlich der entsprechenden Kooperationsbeziehungen), wie das mit Hilfe des Planteils „Sozialistische ökonomische Integration" begonnen wurde. Umgekehrt wirken unter solchen

Bedingungen die Effekte aus der internationalen Spezialisierung und Kooperation positiv auf die innere Stabilität und Proportionalität in den Ländern ein, besonders auf die Erhöhung ihrer Exportkraft und die stabile Versorgung der Volkswirtschaft mit Rohstoffen und zunehmend mit moderner Technik. Hier findet also ein Wechselspiel statt, und die Frage nach dem Verhältnis von staatlicher Leitung und Planung und der internationalen Planungszusammenarbeit darf nicht vereinfacht betrachtet bzw. beantwortet werden.

Von Bedeutung für die Vervollkommnung der Leitung und Planung von Maßnahmen der sozialistischen internationalen Arbeitsteilung in den RGW-Ländern ist weiterhin, daß ihre Zusammenarbeit auf dem Gebiet der Planungstätigkeit durch einen hohen und ständig steigenden Verflechtungsgrad ihrer Wissenschafts- und Produktionspotentiale geprägt wird. Daraus ergibt sich zwangsläufig, daß für wichtige Volkswirtschaftskomplexe gemeinsame Programme der internationalen Spezialisierung und Kooperation in Wissenschaft, Technik und Produktion erarbeitet werden und die Zusammenarbeit auf dem Gebiet der Planung immer neue Bereiche der Volkswirtschaften der RGW-Länder erfaßt.

Die gemeinsamen langfristigen Programme der internationalen Spezialisierung und Kooperation sind von großer Bedeutung für die Intensivierung, die Steigerung der Produktivität und der Effektivität des Reproduktionsprozesses in den einzelnen Ländern, wobei die Abhängigkeit staatlicher Strukturpolitik von gleichgerichteten oder koordinierten Maßnahmen der Partnerstaaten zunimmt. Diese langfristigen Programme spielen eine zunehmend entscheidende Rolle für das Fortschreiten der wissenschaftlich-technischen und ökonomischen Integration der Mitgliedsländer des RGW überhaupt.

Die größere Komplexität, auf die weiter vorn verwiesen wurde, gebietet es, daß bei den langfristigen bilateralen und multilateralen, auf die Volkswirtschaft bzw. auf einzelne Zweige bezogenen Programmen ständig die inneren Reproduktionszusammenhänge hergestellt werden, um hierbei weitere Produktivitätsreserven zu erschließen und damit das ökonomische Wachstum zu beschleunigen.

Im Zusammenhang mit den langfristigen Programmen hat der Generalsekretär des ZK der SED Genosse Erich Honecker darauf hingewiesen, daß gegenwärtig intensiv an einem Programm der Spezialisierung und Kooperation der Volkswirtschaften der DDR und der Sowjetunion für den Zeitraum 1980–1990 gearbeitet wird, dessen Vorbereitung im Sommer 1977 auf der Krim vereinbart wurde. Genosse Erich Honecker charakterisierte die Bedeutung dieses Programms auf dem 8. Plenum des ZK der SED folgendermaßen:

„Wir werden mit diesem Programm unsere ökonomische und wissenschaftlich-technische Zusammenarbeit auf eine höhere Stufe heben. Es wird die langfristigen Hauptlinien der weiteren Annäherung unserer Volkswirtschaften enthalten ... Es geht dabei um gemeinsame Vorhaben der Forschungs- und Produktionskooperation, vor allem für effektive Technologien, neue Ausrüstungen und Materialien. Es geht darum, die Produktionsspezialisierung zu vertiefen. Einen besonderen Rang werden wir dabei Finalerzeugnissen einräumen, wo wir den Bedarf gemeinsam noch besser decken, Importe aus kapitalistischen Ländern weiter einschränken und die eigenen Exporte kräftig steigern können.“[2]

Dieses langfristige Programm der Spezialisierung und Kooperation zwischen der DDR und der Sowjetunion wird sich organisch mit den langfristigen Zielprogrammen im Rat für Gegenseitige Wirtschaftshilfe verbinden.

In der wirtschaftswissenschaftlichen Diskussion in den RGW-Ländern gibt es zuweilen voneinander abweichende Auffassungen über die Einordnung langfristiger Programme in das System der Planungszusammenarbeit im RGW. Mir scheint die heutige Beratung ein günstiger Anlaß dafür zu sein, daß wir auch darüber unsere Meinungen austauschen sollten, was sich im Zusammenhang mit der Planung und der Planungszusammenarbeit auf dem Gebiet der sozialistischen ökonomischen Integration, vor allem in der internationalen Arbeitsteilung hier gegenwärtig vollzieht.

Nach meiner Auffassung sollte hervorgehoben werden, daß selbstverständlich die in den Normativdokumenten des RGW und dabei besonders im Komplexprogramm formulierte Zusammenarbeit auf dem Gebiet der Planungstätigkeit und besonders die Koordinierung der Volkswirtschaftspläne die von allen RGW-Ländern anerkannte Hauptmethode der Organisation der Zusammenarbeit und Vertiefung der sozialistischen internationalen Arbeitsteilung ist. Das ist so im Komplexprogramm formuliert und von allen Parteien in ihren Beschlüssen und offiziellen Dokumenten bestätigt.

Die Zielprogramme des RGW und das zweiseitige Programm der Spezialisierung und Kooperation der Volkswirtschaften der DDR und der Sowjetunion bzw. die analogen zweiseitigen Programme der Sowjetunion mit den anderen RGW-Ländern sind außerordentlich wichtige, auf konkrete Ziele und einen bestimmten Ressourceneinsatz und Zeitraum ausgerichtete spezielle Formen der Zusammenarbeit zwischen den RGW-Ländern (in Übereinstimmung mit ihrer Interessiertheit). Sie bilden nach einer bestimmten Rang- und Reihenfolge zugleich entscheidende Schwerpunkte für die Zusammenarbeit auf dem Gebiet der Planungstätigkeit als der erklärten Hauptmethode der Tätigkeit des RGW, für die Koordinierung der Volkswirtschaftspläne zwischen den RGW-Ländern.

Im Zusammenhang mit den langfristigen Zielprogrammen des RGW sind nunmehr drei konkrete Zielprogramme in den Vordergrund gerückt worden, deren Entwürfe gegenwärtig der XXXII. RGW-Tagung zur Beschlußfassung vorliegen und deren Realisierung bedeutende Auswirkungen auf die internationale Arbeitsteilung im RGW, auf die Spezialisierung und Kooperation in Wissenschaft, Technik und Produktion und deren konkrete Leitung und Planung in den RGW-Ländern haben wird.

Mit der Realisierung der langfristigen Zielprogramme sind einige komplizierte Probleme zu entscheiden und zu lösen. Wichtig ist, daß die Lösung so komplizierter Fragen wie die Roh- und Brennstoffversorgung bzw. die Versorgung der RGW-Länder mit Nahrungsmitteln für die 80er Jahre bereits heute konzeptionell vorbereitet wird, daß dabei schließlich auch Alternativlösungen in das jeweilige Zielprogramm Eingang finden, woraus sich wichtige Schlußfolgerungen für die langfristige Strukturentwicklung und Einordnung der Länder in die internationale Arbeitsteilung ergeben.

In diesem Zusammenhang ist das Zielprogramm der Entwicklung des Maschinenbaus zur materiellen Untersetzung des Energie-, Brennstoff- und Rohstoffprogramms bzw. des Programms für die Entwicklung der Landwirtschaft und der Produktion von Nahrungsmitteln, das die Bedarfsanforderungen und die Verpflichtungen zur arbeitsteiligen Produktion und Lieferung von Maschinen und Anlagen in eine übersichtliche und zugleich realisierbare Form bringen muß, gegenwärtig eine der kompliziertesten Aufgaben im RGW überhaupt. Dieses Programm wird in hohem Maße eine wichtige Grundlage für die weitere vertraglich abgesicherte Forschungskooperation sowie die Spezialisierung und Kooperation der Produktion zwischen den RGW-Ländern bilden müssen.

Dafür ein Beispiel: Der Bedarf an Erdöl in den RGW-Ländern wird weiter anwachsen. Das ergibt sich vor allem aus der zunehmenden Motorisierung und aus der Chemisierung der Volkswirtschaften. Um den wachsenden Bedarf der Länder an Erdöl zu decken, müssen sie gemeinsam nach neuen Lösungen suchen. Dabei bieten sich zwei Möglichkeiten oder eine Kombination zwischen beiden an. Eine Möglichkeit besteht in der noch tieferen Spaltung des Erdöls. Die Mehrzahl der RGW-Länder wird den Anteil der hellen Produkte, die aus dem Rohöl gewonnen werden, weiter steigern, nach bisherigen Vorstellungen von 50% gegenwärtig auf mehr als 60% im Jahre 1990. Dazu sind beträchtliche Investitionen erforderlich; es werden völlig neue Verfahren und Anlagen gebraucht. Die Erdölchemie benötigt vor allem moderne Krackanlagen und vieles andere mehr, auf deren Produktion die RGW-Länder arbeitsteilig noch nicht voll (entsprechend ihrem wachsenden Bedarf) eingestellt sind.

Vor dem Chemieanlagenbau der RGW-Länder stehen somit neue große Aufgaben, die er auf der Grundlage der internationalen Spezialisierung und Kooperation für die gesamte Reproduktionskette bewältigen muß.

Eine weitere Möglichkeit besteht darin, daß die RGW-Länder ihren wachsenden Erdölbedarf in zunehmendem Maße durch Bezüge aus Entwicklungsländern decken. Dazu sind ebenfalls Erschließungs- und damit beträchtliche Vorschußleistungen erforderlich.

Das Hauptproblem besteht in beiden Fällen in der Bezahlung des Erdöls durch bedarfsgerechte Waren. Das sind vor allem Erzeugnisse des Maschinen- und Anlagenbaus, die dem spezifischen Bedarf der erdölproduzierenden Länder entsprechen und bei denen es sich gegenwärtig noch zum Teil um Defizitpositionen handelt. Hier ist eine langfristige Vorbereitung der Industrie der RGW-Länder auf der Grundlage des Zielprogramms Maschinenbau und entsprechender zwei- und mehrseitiger Verträge erforderlich, einschließlich gewisser und zum Teil einschneidender Strukturveränderungen. Eine solche Entwicklung kann langfristig nur bewältigt werden, wenn die Leitung und Planung der Prozesse der internationalen Arbeitsteilung in den Ländern des RGW auf diese Richtungen eingestellt werden und eine enge und tiefgreifende Abstimmung und Kooperation zwischen ihnen erfolgt.

Auch andere, nachfolgende Zielprogramme werden in hohem Maße auf die Leitung und Planung der internationalen Arbeitsteilung in den einzelnen RGW-Ländern und in der Zusammenarbeit zwischen ihnen einwirken. Hier soll nur an das Zielprogramm für das Transportwesen erinnert werden, das zwar auf der XXXII. Ratstagung des RGW noch nicht abgeschlossen sein wird, sich aber in Arbeit befindet. Dabei werden so bedeutende und komplexe Fragen gelöst werden müssen, wie die durchgehende Erhöhung der Leistungsfähigkeit der Hauptstrecken der Eisenbahn, der Ausbau des internationalen Straßennetzes zwischen den RGW-Ländern, komplexe Verkehrslösungen an den Brennpunkten des internationalen Verkehrs und ein breiter Übergang zum internationalen Containertransport mit allen Auswirkungen und Erfordernissen, die sich hieraus für die internationale Spezialisierung und Kooperation in Wissenschaft, Technik und Produktion ergeben.

Schon jetzt werden im Transportwesen der RGW-Länder weitreichende Maßnahmen durchgeführt. So wird es zum Beispiel erforderlich, den gemeinsamen Güterwagenpark von 300 000 Doppelachsen auf etwa 350 000 Doppelachsen zu vergrößern. Die DDR ist gegenwärtig mit rund 40 000 Doppelachsen am gemeinsamen Güterwagenpark beteiligt. Entsprechend den Aufgabenstellungen im Komplexprogramm soll neben dem Eisenbahnwesen auch die See- und Hafenwirtschaft der DDR verstärkt auf die Aufgaben und Erfordernisse der ökonomischen Integration eingestellt werden. Zwischen der DDR und dem sozialistischen Wirtschaftsgebiet werden jährlich über 100 Mio t Export- und Importgüter befördert, wobei der Anteil des Seeverkehrs von Jahr zu Jahr zunehmen wird. Sowohl der Ausbau der Eisenbahn als auch der Seeschiffahrt, der Häfen und Straßen stellen in allen Fällen große Anforderungen an den Maschinenbau, insbesondere an den Transportmaschinenbau und an den Schwermaschinen- und Anlagenbau.

In engem Zusammenhang mit der weiteren Vervollkommnung der Leitung und Planung von Maßnahmen der sozialistischen internationalen Arbeitsteilung muß ohne Zweifel die konkrete Ausarbeitung des bereits oben genannten Programms der langfristigen Spezialisierung und Kooperation zwischen der DDR und der Sowjetunion gesehen werden. Die konkrete Zielstellung dieses bilateralen Programms der Spezialisierung und Kooperation besteht offensichtlich zunächst vor allem darin, in engster Wechselwirkung mit den weiteren Fortschritten bei der praktischen Ausgestaltung der langfristigen Zielprogramme des RGW *erstens* strategische Hauptlinien der Spezialisierung und Kooperation zwischen unseren beiden Ländern auszuarbeiten, besonders für wichtige Finalerzeugnisse. Auf dieser Grundlage können sowohl die Eigenversorgung unserer Länder verbessert als auch weitere Möglichkeiten dafür erschlossen werden, den Export in Drittländer zu erhöhen;

zweitens kann das Programm die Grundlage dafür bieten, um die Zusammenarbeit für die Entwicklung neuer Erzeugnisse des Maschinenbaus, neuer Materialien und technologischer Prozesse gemeinsam festzulegen und dazu internationale Abkommen bzw. Vereinbarungen abzuschließen;

drittens können auf der Grundlage eines solchen Programms in höherem Maße Arbeiten zur Standardisierung, Unifizierung und Lizenzfähigkeit durchgeführt werden, um die sozialistische internationale Arbeitsteilung weiter voranzutreiben;

viertens kann mit Hilfe dieses Programms ein höheres Qualitätsniveau der Erzeugnisse und eine Reduzierung von Importen aus kapitalistischen Ländern, vor allem bei strategisch wichtigen Erzeugnissen, erreicht werden.

Für die Wirtschaftseinheiten der DDR (die Kombinate und Betriebe) hat eine qualifizierte Mitwirkung an den Entscheidungen über die Planaufgaben einschließlich der Integrationsaufgaben große Bedeutung. Dafür gibt es vor allem drei Gründe:

Erstens wird mit den Planaufgaben weitgehend darüber entschieden, wie die zukünftige Entwicklungsrichtung der Wirtschaftseinheiten sein wird, für welche konkreten Aufgaben die Potentiale von Forschung, Entwicklung und Produktion eingesetzt werden;

zweitens dient der Plan als wesentliches Instrument der Leistungsbewertung. Daraus ergibt sich die Verteilung der betrieblichen Fonds bis hin zu den Möglichkeiten der individuellen und kollektiven Stimulierung der Betriebskollektive;

drittens ist am Plan und seiner Erfüllung die Kontrolle der festgelegten Aufgaben vorzunehmen. Sind Maßnahmen internationaler Wirtschaftszusammenarbeit in den Plänen enthalten und auch bilanziert, so erhöht das in der Regel die Sicherheit der Erfüllung des Planes.

Die Verantwortung der Wirtschaftseinheiten und ihrer Zweigleitungsorgane für Maßnahmen der internationalen Arbeitsteilung kann sich deshalb nicht darauf beschränken, die von den übergeordneten Leitungen festgelegten Aufgaben exakt zu erfüllen, sondern schließt die Entscheidungsvorbereitung und -findung, die Planvorbereitung und -erarbeitung ein.

Dabei spielen die Kombinate als große leistungsfähige Wirtschaftseinheiten zunehmend eine entscheidende Rolle. Genosse Erich Honecker betonte auf dem 8. Plenum des ZK der SED: „Die Kombinate, die jetzt entstehen, verkörpern die gewachsenen Maßstäbe für die Produktion und den Absatz der Erzeugnisse. Sie ermöglichen es, die sozialistische Wirtschaftstätigkeit dort umfassend zu organisieren, wo sich der Reproduktionsprozeß vollzieht. Hier wird der modernen Leitung Raum gegeben, das enge Zusammenwirken von Forschung und Entwicklung mit der Produktion zu gewährleisten, die wichtigsten Zulieferungen, die zielstrebige Rationalisierung und den gut organsierten Absatz der Erzeugnisse im In- und Ausland zu sichern ... Die Entwicklung der vorhandenen und die Bildung neuer Kombinate, die mit großer Eigenverantwortung in unserer Volkswirtschaft ausgestattet sind, ist *gegenwärtig der wesentlichste Schritt zur Vervollkommnung der Leitung und Planung.*"[3] (Hervorhebung – W. K.)

Es gibt bereits viele positive Beispiele, daß Kombinate und Großbetriebe mit Erfolg und guten Resultaten unmittelbar an der internationalen Planungszusammenarbeit teilnehmen.

Von besonderer Bedeutung ist dabei, daß sie in hohem Maße an der Vorbereitung von Planentscheidungen über die internationale Spezialisierung und Kooperation durch eigene konzeptionelle Arbeiten beteiligt werden. Die praktischen Erfahrungen einiger großer Industriekombinate der DDR (Zeiss Jena, Fortschritt Neustadt, Umformtechnik Erfurt u. a.) besagen, daß eine langfristige konzeptionelle Planungsarbeit, als deren Bestandteil der Plan der sozialistischen ökonomischen Integration ausgearbeitet wird, eine wichtige Voraussetzung dafür ist, daß die Ziele und Aufgaben der sozialistischen ökonomischen Integration für den jeweiligen Zweig leitungsseitig beherrscht werden.

Immer öfter werden auch konzeptionelle Vorstellungen auf eigene Initiative der Wirtschaftseinheiten an die übergeordneten Leitungen übergeben. Das erfolgt in vielfältiger Form, in Gestalt von Begründungen für Investitionsentscheidungen, Nutzensnachweisen für Spezialisierungs- und Kooperationsvorhaben und in anderer Form.

Bei alledem erweist sich die Qualität der planvorbereitenden Arbeit einschließlich der Bedarfsermittlungen und des Nutzeffektsnachweises immer mehr als ein entscheidendes Kettenglied, um die Wachstums- und Produktivitätspotenzen, die mit der internationalen Spezialisierung und Kooperation erschlossen werden können, noch besser in den Dienst einer kontinuierlichen, stabilen Erhöhung der Leistungskraft der Wirtschaft zu stellen.

Gut arbeitende Kombinate und VVB sind aufgrund ihrer Erfahrungen zu der Auffassung gelangt, daß die konzeptionelle Arbeit zur Planvorbereitung im Zusammenhang mit der internationalen Arbeitsteilung eine Synthese darstellt zwischen vier Elementen:

1. der Analyse des vergangenen Zeitraumes und des erreichten Entwicklungsniveaus,
2. der Prognose wichtiger Entwicklungslinien in Wissenschaft, Technik und Produktion,
3. einer klaren Festlegung der Ziele und
4. der erforderlichen Maßnahmen zur Verwirklichung dieser Ziele.

Bestimmte Wirkungen auf die Vervollkommnung der Leitung und Planung von Maßnahmen der sozialistischen internationalen Arbeitsteilung können auch durch neue Formen der (internationalen) Wirtschaftsorganisation erreicht werden. Hierbei ist vor allem an die internationalen ökonomischen Organisationen gedacht. Die internationalen ökonomischen Organisationen leisten zum Teil bereits eine beachtliche Arbeit bei der Koordinierung von Maßnahmen der Länder zur internationalen Arbeitsteilung. Ohne Zweifel sind im Zusammenhang mit der Arbeit dieser Organisationen noch tiefgründigere Analysen darüber erforderlich, welche weiteren Bedingungen in den Organisationen selbst, aber vor allem auch innerhalb der beteiligten RGW-Länder geschaffen werden müssen, um die Koordinierungsarbeit und andere Tätigkeiten in diesen internationalen ökonomischen Organisationen effektiver zu gestalten.

Die weitere Vervollkommnung der Leitung und Planung von Maßnahmen der sozialistischen internationalen Arbeitsteilung zwischen den RGW-Ländern mit dem Ziel, weitere Produktivitäts- und Wachstumsreserven für die Länder zu erschließen und auf dieser Grundlage die Bedürfnisse der Menschen vollständiger zu befriedigen, ist ein Teil des Kampfes der fortschrittlichen Menschheit für eine sozialistische und kommunistische Zukunft.

Die ständige Vervollkommnung der Leitung und Planung von Maßnahmen der sozialistischen internationalen Arbeitsteilung wird verwirklicht in Form der gemeinsam erarbeiteten langfristigen multilateralen und bilateralen Konzeptionen als langfristige Zielprogramme bzw. langfristige zweiseitige Programme der Spezialisierung und Kooperation der Volkswirtschaften. Sie findet ferner ihren Niederschlag in der weiteren Qualifizierung des Planteils „Sozialistische ökonomische Integration" auf den verschiedenen Planungsebenen sowie in der Anwendung solcher Formen der modernen Leitung und Wirtschaftsorganisation in den großen leistungsfähigen Wirtschaftseinheiten innerhalb der RGW-Länder, die den gestiegenen Anforderungen an die Leistungskraft, Stabilität, Kontinuität und Effektivität des gesamten Reproduktionsprozesses (bei zunehmender internationaler Arbeitsteilung) immer besser gerecht werden.

Anmerkungen

1 Programm der Sozialistischen Einheitspartei Deutschlands, Berlin 1976, S. 33.

2 8. Tagung des ZK, Aus dem Bericht des Politbüros an das Zentralkomitee der SED, Berichterstatter: Genosse Erich Honecker, Berlin 1978, S. 30.

3 Ebenda, S. 19.

S. Tannhäuser

Betriebswirtschaftliche Anforderungen an das System der Leitung, Planung und Stimulierung

Ob ein System der Leitung, Planung und Stimulierung den gesellschaftlichen Anforderungen gerecht wird, zeigt sich in den produzierenden Einheiten der Volkswirtschaft, in den Betrieben und Kombinaten. Die in den Diskussionsbeiträgen wiedergegebenen Probleme werden bisher vorwiegend aus der Sicht der Volkswirtschaft und ihrer zentralen Leitung untersucht. Aber die Bedingungen der Tätigkeit der Betriebe haben sich in den letzten Jahren doch beträchtlich verändert. Das resultiert sowohl aus der Entwicklung der Produktivkräfte als auch der Produktionsverhältnisse.

Die markanteste Erscheinung ist ohne Zweifel der vor sich gegangene große Konzentrationsprozeß zu Kombinaten. Wir betrachten heute die Kombinate als den dem entwickelten Sozialismus entsprechenden Betriebstyp. Zu den mit der Kombinatsbildung und -entwicklung zusammenhängenden Fragen liegen Diskussionsbeiträge vor, so daß ich mich anderen betriebswirtschaftlichen Entwicklungsproblemen zuwenden kann, die erst zusammen mit dem Konzentrationsprozeß die betriebswirtschaftlichen Anforderungen an das System der Leitung, Planung und Stimulierung näher bestimmen. Dabei sind Entwicklungen vor sich gegangen, die von den Betrieben und Kombinaten ständig zunehmende Reaktionsfähigkeit verlangen.

Wenn wir den Betrieb als ein Kollektiv von Werktätigen verstehen, das unter Verfügung über Ressourcen Gebrauchswerte mit minimalem gesellschaftlichem Arbeitsaufwand hervorbringen soll, so kann dieses Betriebsziel nur erreicht werden, wenn das Kollektiv in die Lage versetzt wird, seinen Ressourceneinsatz den sich ständig verändernden, sich entwickelnden objektiven Bedingungen anzupassen.

Die Anpassungsfähigkeit des Betriebes an die sich verändernden objektiven Bedingungen ist zum ausschlaggebenden Kriterium für die Effektivität der Betriebe und für die Funktionsfähigkeit eines volkswirtschaftlich konzipierten Systems der Leitung, Planung und Stimulierung geworden. Die Adaptionsnotwendigkeiten verändern sich mit der Entwicklung der Produktivkräfte und der Produktionsverhältnisse.

Die Entwicklung der sachlichen Produktivkräfte hat zum Beispiel in den zurückliegenden zwei Jahrzehnten zu einer bedeutenden Verstärkung der Gebundenheit der Grundmittel, zur stärkeren Ausprägung des Anlagencharakters der Grundmittel geführt. Die ständig fortschreitende Spezialisierung der Arbeitsmittel, die einerseits zur enormen Leistungssteigerung führt, wird andererseits nur noch wirksam, indem die Einzelarbeitsmittel als System eingesetzt werden müssen. Dieser Trend zusammen mit der enorm gewachsenen Grundmittelmasse bringt eine größere Starrheit in die industriellen Produktionsprozesse. Ich glaube, es ist das, was Genosse Jakovec mit der Bezeichnung „zunehmende Trägheit der Produktion" ausgedrückt hat. Aber je größer und starrer das Arbeitsmittelsystem, um so größer die Verluste je Zeiteinheit bei Stillstand. Folglich zwingt die Starrheit zu schnellsten Reaktionen im Interesse der Vermeidung von Verlusten.

Der Starrheit stehen aber gleichzeitig progressiv zunehmende Erkenntnisfortschritte aus Wissenschaft und Technik gegenüber. Der wissenschaftlich-technische Fortschritt bringt eine ständig größere Zahl von Notwendigkeiten der Adaption der betrieblichen Ressourcen an die neuen Erkenntnisse, Ziele und Anforderungen mit sich.

Die sozialistischen Produktionsverhältnisse haben neben den sich ständig entwickelnden Kooperationsbeziehungen vor allem auf Grund des höheren Niveaus des sozialistischen Wettbewerbs und der weiterentwickelten Formen der Teilnahme der Werktätigen an der Leitung ständig höhere Zielsetzungen für die sozialistische Betriebswirtschaft zur Folge, die permanent neue Anforderungen an den Umfang, das Niveau, die Formen und Methoden des Ressourceneinsatzes stellen. In diesem Zusammenhang hat sich deutlich der Stellenwert aller betriebswirtschaftlichen Aufgaben erhöht, die auf Anreicherung der Arbeitsinhalte der Menschen, auf verbesserte Arbeits- und Lebensbedingungen und auch ökologische Bedingungen hinauslaufen.

Besonders vielfältige Adaptionsnotwendigkeiten werden, ausgehend von den sich rasch entwickelnden konsumtiven und produktiven Bedürfnissen, über den Absatz der Erzeugnisse wirksam. Neue und weiterentwickelte Erzeugnisse müssen in schnellerer Folge angeboten werden. Der Betrieb muß in der Lage sein, seine Ressourcen dementsprechend zu strukturieren und zu vergrößern. Wesentlich höhere Ansprüche stellen die Menschen an die sortiments- und zeitpunktgerechte Bereitstellung der Konsumgüter. Und bei hoher Exportabhängigkeit werden kurzfristige Dispositionen in Forschung und Entwicklung, in der Produktion und im Absatz zu einer unbedingten Notwendigkeit erfolgreicher betriebswirtschaftlicher Arbeit. Das gilt insbesondere für den Export in das NSW, wo die zwischen sozialistischen Ländern bestehende Planmäßigkeit der Beziehungen nicht existieren kann.

Auf Grund dieser Einflüsse ist der sozialistische Betrieb ständig gezwungen, seine Betriebswirtschaft an die sich wandelnden Bedingungen anzupassen, wobei es sich hier nicht nur um Langzeitprozesse, sondern in großem Umfange um kurzfristigste Reaktionen handelt.

Es wäre also eine völlige Fehleinschätzung, den Betrieb als eine fixierte, fest strukturierte Einheit, als einen starren Zustand, wie ihn etwa eine Photographie zu vermitteln vermag, zu verstehen. Tatsächlich ist er ein sozialer, technisch-ökonomischer Organismus, der sich in einer ununterbrochenen Dynamik befindet. Wenn wir ein System der Leitung, Planung und Stimulierung beurteilen, so nicht danach, wie es in den fixierten Zustand eines Betriebes paßt, sondern nur, wie es geeignet ist, der sozialistischen Betriebswirtschaft als einem ununterbrochenen Prozeß zu höherer Effektivität zu verhelfen.

Zusammenfassend und ergänzend zu den genannten Entwicklungsbedingungen können folgende (keineswegs vollständige) Ursachen für Adaptionen der sozialistischen Betriebswirtschaft stichpunktartig angeführt werden:

1. Innovationen

- neue und weiterentwickelte Erzeugnisse
- neue und weiterentwickelte Verfahren/Technologien
- neue Erkenntnisse zur Senkung des Ressourcenverbrauches
- neu entwickelte Arbeitsmittel
- Erkenntnisse zur Verarbeitung bisher ungenutzter Ressourcen

- Erschließung neuer Einsatzgebiete für bisher bereits genutzte Ressourcen
- neue Erkenntnisse der Organisationswissenschaften und der Informationsverarbeitung

2. Entwicklung der Produktionsverhältnisse

- Weiterführung des Konzentrationsprozesses und der daraus folgenden Veränderungen der Kooperation
- neue Formen der Wettbewerbsführung
- Weiterentwicklung des Leitungssystems
- Zielsetzungen aus der Gegenplanbewegung
- Einflüsse aus der gesellschaftlichen Kontrolle

3. soziale Ursachen

- Verbesserung der Arbeitsumwelt
- Anreicherung der Arbeitsinhalte
- Versorgung am Arbeitsplatz
- kulturelle und soziale Betreuung
- ökologische Erfordernisse

4. Absatzbedingungen

- Entstehung neuer Bedürfnisse
- Erhöhung der Nachfrage
- Veränderungen der Bedürfnisstruktur
- Modeeinflüsse
- Anforderungen aus der sozialistischen ökonomischen Integration
- Wechsel der Exportmärkte
- Veränderungen in den Transportbedingungen
- Berücksichtigung nationaler Verbrauchseigenschaften bei Export
- notwendige Lieferfristen
- Zahlungsbedingungen
- Verschärfung der Konkurrenz auf den kapitalistischen Märkten.

5. administrative Ursachen

Hier handelt es sich vor allem um Einflüsse, die nur aus dem Inneren des vorgesetzten Leitungsorgans oder aus verwaltungstechnischen Abläufen der Berichterstattung, Statistik, Abrechnung, aber auch aus subjektiven Eigenarten der Vorgesetzten erklärbar sind.

Betriebswirtschaftliche Adaptionen schnell und mit möglichst geringem Aufwand vollziehen zu können, ist in ihrer volkswirtschaftlichen Summierung die zentrale Frage für das Entwicklungstempo der Produktivkräfte, für die Bedarfsdeckung, für die Steigerung der Arbeitsproduktivität und auch für den gesellschaftlichen Fortschritt insgesamt.

Die objektiven Vorzüge zum schnellen Vollzug von Adaption in der sozialistischen Betriebswirtschaft liegen in folgendem:

- im Fehlen antagonistischer gesellschaftlicher Widersprüche,[1]

– im Wirken der ökonomischen Gesetze des Sozialismus und ihrer Nutzung, vor allem mit Hilfe der zentralen Planung,

– in der breiten Beteiligung der Werktätigen an Leitung und Planung, ihrer Identifikation mit den gesellschaftlichen Aufgaben und Zielen und der Masseninitiative der Werktätigen sowie

– im Fehlen privater Eigentumsgrenzen zwischen den Betrieben.

Tendenzen der Hemmung des Tempos von betriebswirtschaftlichen Adaptionen sind:

– die zunehmende Gebundenheit und Aufwendigkeit der Grundmittel,

– die Knappheit von Ressourcen, die sich einerseits als absolute Knappheit in Form der nicht reproduzierbaren Naturressourcen, andererseits aber auch als relative Knappheit auf Grund der Nichtübereinstimmung der finanziellen mit der materiellen Planung darstellt, wobei letztere die Adaptionsfähigkeit der Betriebe vor allem deshalb behindert, weil zu umfangreiche Kontingentierungsmaßnahmen notwendig werden;

– der Zeitablauf von Lernprozessen bei Menschen, da jede betriebswirtschaftliche Veränderung über den Menschen veranlaßt werden muß und er eine bestimmte Zeit benötigt, um sich auf neue Situationen einzustellen, also seine Denk- und Verhaltensweisen zu verändern.

Hemmend können sich auch übermäßige Zentralisierungen von Entscheidungen und zu detaillierte Vorschriften durch Planungen erweisen.

Für die Adaptionsfähigkeit der Betriebe erlangt in unserem System der Leitung, Planung und Stimulierung die wirtschaftliche Rechnungsführung eine zentrale Stellung. Sie ist natürlich einerseits subjektiv handhabbares Instrument. Aber gleichzeitig handelt es sich bei ihr um eine objektive Kategorie in dem Sinne, daß wir einem objektiven, gesetzmäßigen Zwang unterliegen, sie anzuwenden, wenn wir nicht Effektivitätseinbußen, Wachstumsschwierigkeiten oder unzureichende Bedürfnisbefriedigung in Kauf nehmen wollen.

Daraus folgt, daß man nicht solchen Meinungen zustimmen kann, die die wirtschaftliche Rechnungsführung bereits dann als realisiert ansehen, wenn überhaupt Geldkategorien angewendet und lediglich die Meßfunktion des Geldes ausgenutzt werden.

Geldkategorien, wie Preis, Gewinn, Selbstkosten, Steuern, Kredit u. a., wurden, wie ich das noch aus eigener praktischer Erfahrung kenne, bereits vor Einführung der wirtschaftlichen Rechnungsführung, also vor 1951, angewendet. Der Vergleich mit der späteren Handhabung läßt jedoch drei wichtige verallgemeinerungsfähige Erkenntnisse zu:

a) Die Geldkategorien, beispielsweise der Gewinn, waren praktisch symbolische Zeichen für die Qualität der Leitungsarbeit, und indem die Leiter danach gelobt oder getadelt wurden, mußten natürlich bestimmte Verhaltensweisen der Leiter ausgelöst und auf das von ihnen geleitete Kollektiv übertragen werden. Hier erfüllten die Geldkategorien nur die Meßfunktion.

b) Der Gewinn oder andere Geldkategorien können neben dieser symbolischen Wirkung auch so gehandhabt werden, daß den Arbeitsergebnissen entsprechend im Betrieb Geldmittel zur kollektiven und individuellen materiellen Interessierung verbleiben.

c) Schließlich kann ein Teil des Gewinns auch vom Betrieb in eigener Verantwortung und Entscheidungsgewalt zu notwendigen langfristigen (z. B. Investitionen) und auch kurzfristigen Anpassungen seiner Ressourcen nach Umfang und Struktur an die sich entwickelnden objektiven Bedingungen verwendet werden.

Alle drei Anwendungsarten sind geeignet, ökonomische Verhaltensweisen der Werktätigen auszulösen. Das trifft auch für die Gesamtheit des Kollektivs zum Punkt c) zu; denn die zunehmende Übereinstimmung der individuellen mit den betrieblichen und gesellschaftlichen Interessen hat zwangsläufig die ökonomische Interessierung der Menschen an den Entwicklungen erhöht, die das Betriebsganze betreffen. Ich vermag nicht den Meinungen zu folgen, die die Materialität der Interessen der Werktätigen nur auf das Interesse an möglichst hohem persönlichen Einkommen reduzieren. Auch wenn das Leistungsprinzip als wichtigste Triebkraft angesehen wird, kann man doch nicht an dem Bewußtseinsstand der Werktätigen und den Formen der Realisierung des sozialistischen Eigentums vorbeigehen. Die Sorgen, die sich die Brigaden um ihren Betrieb machen, die Initiativen, die sie entwickeln, ihr Streben nach Erfolgserlebnissen und Selbstverwirklichung durch Entwicklung ihres Betriebes sind Ausdruck von ökonomischen Interessen spezifischer sozialistischer Natur. Die Verfügbarkeit des Betriebes über Gewinnanteile für notwendige Adaptionen sind deshalb in hohem Grade geeignet, ökonomisch relevante Verhaltensweisen der Werktätigen, und zwar nicht nur der Leiter, auszulösen.

Erst wenn alle drei Arten der Anwendung von Geldkategorien bzw. der Verwendung des Gewinns verwirklicht werden, können wir beim heutigen Entwicklungsstand der Produktionsverhältnisse und der Produktivkräfte von voller Realisierung der wirtschaftlichen Rechnungsführung sprechen. Das bedeutet, ökonomisch relevante Verhaltensweisen nicht nur auf Grund moralischer Wertungen der Höhe von Geldbeträgen, sondern durch daran geknüpfte ökonomisch-materielle Konsequenzen auszulösen. Daraus ergeben sich drei Anforderungen an die Ausgestaltung der wirtschaftlichen Rechnungsführung:

1. Das wirtschaftliche Subjekt (Kombinat, Betrieb, Kollektiv) muß im Rahmen des Planes mit einer den volkswirtschaftlichen Interessen entsprechenden Eigenverantwortung und der daran geknüpften Verfügungsgewalt über materielle Ressourcen ausgestattet sein. Erhalten die Generaldirektoren zu detaillierte Planvorgaben oder oftmalige Planänderungen, dann bleibt auch von Eigenverantwortung nur noch wenig übrig. Es gilt, die gesetzmäßig notwendige Kongruenz zwischen Verantwortlichkeit und Rechten herzustellen. Die Einheit von Plan und wirtschaftlicher Rechnungsführung ist nicht nur eine Frage der Anpassung des Betriebes an die zentral bestimmten Instrumentarien und Methoden der Leitung und Planung, sondern enthält gleichermaßen die Berücksichtigung der Eigenverantwortung der Kombinate im Rahmen der wirtschaftlichen Rechnungsführung bei der Leitungs- und Planungstätigkeit der zentralen Leitungsorgane, deren Tätigkeit ja letztendlich dem Zwecke dient, bessere Bedingungen für die produzierenden Bereiche zu schaffen.

2. Die in Abhängigkeit vom wirtschaftlichen Erfolg zugestandene Verfügung über Geldmittel muß dadurch real wirksam werden, daß ein Teil des Gewinns nach der Entscheidung des Kombinates materiell realisiert werden kann. Voraussetzung dafür ist, daß nur so weit über das materielle Aufkommen der Volkswirtschaft zentral entschieden wird, wie es zur Gewährleistung der Strukturpolitik und der volkswirtschaftlichen Proportionalität notwendig ist. Gegenwärtig ist das zentral getroffene Entscheidungsvolumen so groß, daß für eine eigenverantwortliche Entscheidung der Kombinate über materielle Ressourcen m. E. zu wenig Raum bleibt. Es scheint aber auch das zentral zur Verfügung stehende Instrumentarium, das die Grenze für den zentralen Entscheidungsspielraum anzeigt, nicht weit genug entwickelt zu sein. Jahresbilanzen sind dafür sicher

wenig geeignet. Die jährliche Summe des zentralisierten Reineinkommens kann nur unter den Bedingungen der Einheit von finanzieller und materieller Planung als Richtschnur dienen.

3. Das ökonomische Verhalten des wirtschaftlichen Subjekts muß plandeterminiert, ökonomisch **risikobehaftet sein.**

Wenn jedes wirtschaftliche Subjekt a priori mittels Planpräzisierung oder sozialer Determination der Prämien, ja selbst des Lohnes in völliger Sicherheit lebt, daß materielle Anerkennung der Anstrengungen, also des Aufwandes erfolgt, so muß objektiv die Initiative gehemmt werden.

Für die Funktionsfähigkeit der wirtschaftlichen Rechnungsführung spielt der Preis eine wichtige Rolle. Wir gehen im allgemeinen davon aus, daß die Preishöhe ökonomische Anreize schafft, die Produktion zu erhöhen, die Qualität zu verbessern und neue Erzeugnisse zu entwickeln. Obwohl dieser Zusammenhang heute für weite Bereiche der Wirtschaft zutrifft, gilt das m. E. nicht für alle Fälle.

1. Wir sind ein kleines Land, das die Effektivität seiner Produktion nur auf der Basis konsequenter Arbeitsteilung und Spezialisierung, auch im internationalen Rahmen, gewährleisten kann. Um dem wissenschaftlich-technischen Stand der Produktionsinstrumente entsprechend große Produktionsmaßstäbe entwickeln und behaupten zu können, werden sehr viele Erzeugnisse nur noch von einem einzigen Betrieb hergestellt. Dabei nimmt die Zahl dieser Einzelproduzenten ständig weiter zu. Mit dieser Entwicklung nimmt die Abhängigkeit des Abnehmers vom Lieferer zu. Der Abnehmer hat keine Wahl mehr, seinen Vertrag mit einem anderen Hersteller abschließen zu können. Diese stärkere Abhängigkeit prägt sich besonders dann aus, wenn der Bedarf nicht mehr voll gedeckt werden kann. Zugeständnisse an die Preishöhe, an die Qualität und auch an die Lieferbedingungen werden im Interesse der materiellen Sicherung der Produktion bereits vertraglich vereinbart. In seiner völligen Sicherheit, die Produktion auf jeden Fall absetzen zu können, entsteht beim Lieferer auch über erhöhte Preise kein Anreiz und schon gar kein ökonomischer Zwang, die Erzeugnisse weiterzuentwickeln. Der leitungsmäßig-administrativ ausgeübte Druck mit Hilfe der moralischen Wertung von Geldkategorien hat letztlich einen großen Einfluß auf die Betriebswirtschaft. Mit der Zahl der Einzelproduzenten wächst tendenziell die Gefahr, daß nicht der Verbraucher, sondern der Hersteller die ökonomische Entwicklung bestimmt.

2. Nach meiner Auffassung liegt dieser Wirksamkeit des Preises vielfach ein Modell der Knappheit zugrunde. Abgesehen davon, daß dieses Modell nur dort aufgeht, wo keine Einzelproduzenten, sondern Mehrfachproduzenten existieren, bestätigt auch die wirtschaftliche Realität, daß diese Modellvorstellung nicht überall zutrifft. Zahlreiche Betriebe der Leicht- und Lebensmittelindustrie, selbst der metallverarbeitenden Industrie sind bekannt, die mehr produzieren könnten, als ihnen der Absatz gestattet. Damit müssen wir zwei unterschiedliche betriebswirtschaftliche Grundsituationen unterscheiden:

a) die Nachfragesituation

b) die Angebotssituation

Mit Nachfragesituation kennzeichnet man den Zustand, daß der Betrieb mit seiner Produktion den Bedarf nicht decken kann, mit Angebotssituation das Übersteigen der Produktionsfähigkeit des Betriebes gegenüber der Nachfrage.

In der Nachfragesituation, die gegenwärtig für einen großen Teil der Betriebe zutrifft, bildet sich z. T. die Bereitschaft heraus, Kunden abzuwehren, der Betrieb sucht nach Möglichkeiten, seine Preise zu erhöhen und unterliegt keinem objektiven ökonomischen

Zwang, seine Erzeugnisse weiterzuentwickeln und Selbstkosten zu senken, eine optimale Bestandswirtschaft zu betreiben. Es prägt sich die Tendenz aus, Entscheidungen in die zentrale Ebene „abzuschieben". Adaptionen müssen vorwiegend auf Grund zentraler Weisungen herbeigeführt werden.

In der Angebotssituation richtet sich die Hauptsorge des Betriebes auf die Vergrößerung des Absatzes. Der Betrieb steht unter einem objektiven Zwang, seine Selbstkosten senken und seine Erzeugnisse neu- oder weiterentwickeln zu müssen. Die Geldkategorien erhalten einen hohen Stellenwert, aber Preiserhöhungen sind für ihn kein erstrebenswerter Zustand, keine Anerkennung, sondern z. T. sogar Bestrafung, weil damit die Absetzbarkeit seiner Erzeugnisse beeinträchtigt wird. Adaptionen werden hier durch die ökonomischen Wirkungen der als Hebel gestalteten Geldkategorien herbeigeführt.

Die Vervollkommnung der wirtschaftlichen Rechnungsführung erweist sich also nicht nur als eine Aufgabe rein betriebswirtschaftlicher Art. Vielmehr muß das gesamte System der Leitung, Planung und Stimulierung den neuen Anforderungen gerecht werden. Insbesondere setzt die verstärkte Wirkungsfähigkeit der wirtschaftlichen Rechnungsführung ganz bestimmte volkswirtschaftliche Gleichgewichtsbedingungen im Sinne der Erfordernisse des Gesetzes der planmäßigen proportionalen Entwicklung der Volkswirtschaft und des Wertgesetzes voraus. Das zu gewährleisten, ist Aufgabe der zentralen Staats- und Wirtschaftsorgane. Das ist nicht allein eine Frage des Instrumentariums, der weitgehenden Detaillierung der Planung oder der Ausdehnung der Berichterstattungen, sondern vor allem der klaren Abgrenzung der Entscheidungsfelder zwischen zentralen Leitungsorganen und Kombinaten sowie innerhalb der Kombinate zu den Betrieben. Die betriebswirtschaftlichen Aufgaben zur Vervollkommnung der wirtschaftlichen Rechnungsführung vor allem im Zusammenhang mit der Kombinatsbildung müssen insbesondere auf die bessere Adaptionsfähigkeit der Betriebe ausgerichtet sein. Hier kam es darauf an, darzustellen, daß dabei die Weiterentwicklung des Systems der Leitung, Planung und Stimulierung eine wichtige Rolle spielt.

Anmerkungen

1 Das Dilemma der modernen bürgerlichen Betriebswirtschaftslehre im deutschsprachigen Raum kapitalistischer Länder besteht zum Beispiel darin, daß sie trotz eines ausgefeilten logischen Begriffsapparates nicht in der Lage ist, Aussagen zu allen Anpassungsproblemen kapitalistischer Unternehmungen zu machen, die aus den sozialen Spannungen der kapitalistischen Gesellschaftsordnung resultieren, so zu den Fragen des Streiks, der Mitbestimmung, der Arbeitslosigkeit, der Kurzarbeit, der Ausbeutung der Frauen (auf Grund der niedrigeren Frauenlöhne realisieren die Unternehmen in der BRD z. B. jährlich 10 Mrd. Mark Extraprofit), der Ausbeutung der Fremdarbeiter u. a. m. Die theoretischen Versuche laufen gegenwärtig darauf hinaus, die von Gutenberg (Köln) entwickelte Lehre von den Elementarfaktoren (Mensch, Arbeitsmittel, Arbeitsgegenstand) sowie dem dispositiven Faktor (Leitung) und ihrer optimalen Kombination dadurch zu ergänzen, daß eine Schwerpunktverlagerung vom Kombinationsprozeß auf die Leitungsprobleme erfolgt. Der von Heinen (München)in den sechziger Jahren als Ergänzung zu Gutenberg entwickelte „entscheidungsorientierte Ansatz" sieht unter Rückgriff auf Gedanken Nicklischs, die dieser in den 20er Jahren entwickelt hat, den Betrieb wieder als soziales System. Den zentralen Punkt des „entscheidungsorientierten Ansatzes" bildet die Theorie der Unternehmerziele. Ausgehend von dem Koalitionsmodell der Amerikaner Cyert und March, wird der Betrieb als eine Vereinigung gleichberechtigter Sozialpartner, den Kapitalgebern, den Managern, den Arbeitern, den Bankvertretern und anderen betrachtet. Hier erweist sich die ausgesprochen apologetische Funktion der bürgerlichen Betriebswirtschaftslehre. Sie versucht einerseits Ziel- und Interessenübereinstimmung zwischen Kapitalist

und Arbeitern zu suggerieren und andererseits Empfehlungen für die höchst aktuellen und in der Vergangenheit vernachlässigten betriebswirtschaftlichen Adaptionen auf Grund der antagonistischen sozialen Widersprüche des kapitalistischen Systems zu geben, wobei sie gleichzeitig weitestgehende Konvergenz zwischen kapitalistischen und sozialistischen Betrieben nachzuweisen versucht.

G. Köhler

Erfahrungen bei der Anwendung der Natural-Wert-Verflechtungsbilanzierung in der zentralen staatlichen Planung und die weitere Vervollkommnung der Leitung und Planung

Mit der Qualifizierung der Formen und Methoden der Leitung und Planung wird wesentlich die Steigerung der Effektivität der sozialistischen Volkswirtschaft und damit der Prozeß der Intensivierung beeinflußt. Die Sozialistische Einheitspartei Deutschlands und die Regierung der DDR orientieren ständig darauf, die Formen und Methoden der Leitung und Planung dem sich höher entwickelnden Stand der Produktivkräfte und Produktionsverhältnisse anzupassen und solche Formen und Methoden der Leitung und Planung zu entwickeln, die am besten die Erfüllung der gesellschaftlichen und wirtschaftspolitischen Aufgaben ermöglichen.

Mit der „Direktive des IX. Parteitages der SED zum Fünfjahrplan für die Entwicklung der Volkswirtschaft der DDR in den Jahren 1976–1980" werden auch die grundlegenden Aufgaben zur weiteren Vervollkommnung der Leitung und Planung gestellt. In bezug auf die Qualifizierung der Bilanzierung wird dort in Fortsetzung der bewährten Politik der Partei gefordert:

„Bei der Leitung und Planung der Produktion und der Versorgung der Bevölkerung ist zu sichern, daß der Bedarf als die Ausgangsgröße zum Maßstab der Entwicklung und des Einsatzes der Produktionskapazitäten, der Rohstoffe, Materialien und Rationalisierungsmittel genommen ... wird".[1]

Daß „... durch die zentrale staatliche Planung eine solche volkswirtschaftliche Bilanzierung der Grundproportionen zu erfolgen (hat), daß die Aufgaben der ökonomischen Leistungsentwicklung mit der Erwirtschaftung und Verwendung der Fonds für die gesellschaftliche und individuelle Konsumtion in jedem Zeitabschnitt und jedem Bereich übereinstimmen".[2]

Zugleich wird mit Nachdruck – den Einsatz der elektronischen Datenverarbeitung und ökonomisch-mathematischer Methoden betreffend – wie folgt orientiert:

„Die elektronische Datenverarbeitung und die ökonomisch-mathematischen Methoden sind so anzuwenden, daß die Leitungs- und Planungsarbeiten rationeller gestaltet werden, der Verwaltungsaufwand vermindert wird, die erforderlichen Entscheidungen sachkundiger getroffen werden können und insbesondere die operative Leitung und Planung in der Volkswirtschaft sowie die Produktionsdurchführung verbessert werden."[3]

Die Anwendung der Verflechtungsbilanzierung auf zentraler Ebene der Planung ordnet sich in den Prozeß der Vervollkommnung der Leitung und Planung organisch ein. Sie stellt eine wichtige Seite der Vervollkommnung des Systems der Leitung und Planung dar und ist darauf gerichtet, die planmäßige Beherrschung des Reproduktionsprozesses durch den sozialistischen Staat weiter zu vervollkommnen und die wachsende Komplexität der volkswirtschaftlichen Zusammenhänge besser beherrschen zu können. Die Anwendung der Verflechtungsbilanzierung trägt dazu bei, den Forderungen der

Partei gerecht zu werden, da sie es besser ermöglicht, die Proportionen und Strukturen der Volkswirtschaft, ausgehend vom Bedarf, komplex zu berechnen und zu begründen.

Die Anwendung der Verflechtungsbilanzierung gestattet es, die Komplexität der Planung so weiter zu entwickeln,

– daß die Wechselbeziehungen zwischen den Zweigen und Bereichen der Volkswirtschaft unter den Bedingungen einer sich ständig vertiefenden Arbeitsteilung durch die Herstellung eines zwingenden Zusammenhanges besser beachtet werden können,

– daß die wichtigsten Zusammenhänge zwischen der Produktionsentwicklung der Zweige und Bereiche insgesamt und den dazu erforderlichen Ressourcen – insbesondere der Materialökonomie – sowie erzeugniskonkreten Strukturen einschließlich der sich zwischen ihnen vollziehenden Substitutionsbeziehungen besser erfaßt werden können.

Die Erfahrungen, die mit der Verflechtungsbilanzierung in den letzten Jahren gewonnen werden konnten, besagen, daß sie nur in einem längeren Entwicklungs- und Einführungsprozeß schrittweise zu einem Planungsinstrument gestaltet werden kann, mit dem die genannten vielfältigen Zusammenhänge erfaßt und der Berechnung zugänglich gemacht werden können. Die Überführung in die Praxis muß ständig in enger Wechselwirkung und im Zusammenhang mit der Qualifizierung der anderen Bestandteile der Planung und Bilanzierung erfolgen. Die Aufgabe, diese enge Wechselwirkung zur Entwicklung der Planung stets zu beachten, gewinnt in dem Maße stärker an Bedeutung, wie von aggregierten Verflechtungsmodellen zu detaillierteren, die volkswirtschaftliche Struktur in den wichtigsten Beziehungen tiefergehend widerspiegelnden Zusammenhängen übergegangen wird.

Die in den zurückliegenden Jahren in der zentralen staatlichen Planung der DDR angewandten detaillierten Verflechtungsbilanzen waren noch nicht genügend dazu geeignet, die Verbindung zwischen den im Wertausdruck geplanten volkswirtschaftlichen Grundproportionen und den Bedarfs- und Aufkommensrechnungen für wichtige Erzeugnisse herzustellen.

Mit der Lösung dieser Aufgabe wird aber weitgehend die Grundlage für solche volkswirtschaftlichen Aussagen geschaffen, mit denen einerseits über die Festlegung von Proportionen zwischen den Zweigen und ihre materielle Sicherung sowie andererseits über die Bilanziertheit von Aufkommen und Verwendung wichtiger Erzeugnispositionen und deren Einordnung in die volkswirtschaftliche Gesamtentwicklung entschieden werden soll.

Erst bei Beachtung des objektiven Zusammenhanges und der gegenseitigen Beeinflussung dieser beiden Seiten des gleichen Prozesses zur Planung volkswirtschaftlicher Proportionen und Strukturen werden bessere Möglichkeiten zur Ausarbeitung und Durchsetzung von zentralen Aufgaben zur Strukturpolitik und zur Leistungsentwicklung der Volkswirtschaft unter Gewährleistung einer hohen Effektivität des Reproduktionsprozesses geschaffen.

Verflechtungsbilanzen können nicht in einer beliebigen Struktur entwickelt werden. Sie sind in einer solchen Form zu entwickeln, daß sie sich harmonisch in den bestehenden Planungsprozeß einfügen lassen. Dazu gehört, daß die der Verflechtungsbilanz zugrunde liegenden Kennziffern, Nomenklaturen und Bewertungen mit denen übereinstimmen, die im Planungs- und Abrechnungsprozeß verwendet werden. Auf diese Weise wird ein grundlegendes Erfordernis erfüllt, Verflechtungsbilanzen für den Planungsprozeß praktisch wirksam zu machen.

Sowohl die Eingabedaten wie auch die Ergebnisse aus Verflechtungsbilanzrechnungen müssen direkt mit den Plankennziffern vergleichbar sein, mit denen entsprechend der Ordnung der Planung sowie weiteren planmethodischen Regelungen gearbeitet wird. Besonders wichtig ist, daß der im Planungsprozeß verfügbare Fonds an erzeugnisbezogenen Informationen für die Ausarbeitung von Verflechtungsbilanzen benutzt wird, daß keine Forderung nach Schaffung eines gesonderten Informationssystems allein für Verflechtungsbilanzen erhoben wird.

Mit anderen Worten: Die Entwicklung der Verflechtungbilanzierung und die Vervollkommnung des Planungssystems stehen in enger Wechselbeziehung. Während auf der einen Seite durch Weiterentwicklung des Planungssystems die Informationsbasis für die Verflechtungsbilanzierung verbessert wird, tragen auf der anderen Seite Verflechtungsrechnungen wirkungsvoll dazu bei, den komplexen Charakter der gesellschaftlichen Reproduktion besser in der Planung zu berücksichtigen.

Ausgehend von den Erfahrungen aus der Arbeit mit Verflechtungsbilanzen und ausgehend von der Analyse des Prozesses, der entsprechend der Direktive des IX. Parteitages zu qualifizieren ist, ergab sich die Anwendung des Modells der Natural-Wert-Verflechtungsbilanz (NWVB). Die Natural-Wert-Verflechtungsbilanz wurde beim Staatlichen Plankomitee der UdSSR entwickelt und erfolgreich erprobt, so daß sich die DDR bei der weiteren Entwicklung ihrer Verflechtungsbilanzen auf die Erfahrungen der UdSSR stützen konnte.

Die Natural-Wert-Verflechtungsbilanz weist gegenüber den früher angewandten volkswirtschaftlichen Verflechtungsmodellen folgende Spezifika auf, in denen die Weiterentwicklung und Annäherung der Verflechtungsbilanzierung an den Planungsprozeß zum Ausdruck kommt:

– Es werden nur ausgewählte Erzeugnisse bzw. Erzeugnisgruppen in der Modellnomenklatur erfaßt. Aufkommen und Verwendung dieser Erzeugnisse werden jedoch vollständig nachgewiesen. Diese Besonderheit des Modells entspricht dem Umstand, daß nur die volkswirtschaftlich wichtigen Erzeugnispositionen auf zentraler Ebene bilanziert werden.

– Die Erzeugnisnomenklatur enthält sowohl naturale Positionen als auch Positionen im Preisausdruck entsprechend den gesetzlichen Regelungen der Planung und Bilanzierung.

– Es wird nur ein Teil des Materialverbrauchs erzeugnisbezogen berechnet. Der übrige Materialverbrauch wird durch Kennziffern vom Typ der Materialeinsatzschlüssel ermittelt. Diese Besonderheit ergibt sich daraus, daß es nur mit unvertretbar hohem Aufwand möglich ist, den gesamten Materialverbrauch erzeugnisbezogen nachzuweisen.

– Alle Kennziffern des Modells, die sich auf die Produktion und den Materialverbrauch beziehen, sind außer nach Erzeugnispositionen auch nach Wirtschaftsorganen gegliedert. Das ist ein unbedingtes Erfordernis für die Nutzung der Modellergebnisse im Planungsprozeß, der ja nur funktionieren kann, wenn die Aufgaben genau abgegrenzten Verantwortungsbereichen zugewiesen werden.

Dieser Aufbau der Natural-Wert-Verflechtungsbilanz wurde damit bewußt gewählt, um die Verwendung von Planinformationen, insbesondere aus der Material-, Ausrüstungs- und Konsumgüterbilanzierung (MAK-Bilanzierung) und die Einbeziehung der Verflechtungsbilanzierung in den Planungsprozeß zu ermöglichen und schrittweise zu vollziehen.

Die Resultate aus Berechnungen mit der NWVB können auf diese Weise direkt mit den Plankennziffern verglichen und für Planentscheidungen genutzt werden.

Bei Beachtung der grundsätzlichen Gemeinsamkeit des Vorgehens mit dem im Gosplan der UdSSR ist zu berücksichtigen, daß die Natural-Wert-Verflechtungsbilanz in der DDR gegenwärtig für die Prozesse der Jahresplanung angewendet wird. Demgegenüber liegt das Anwendungsfeld der NWVB in der UdSSR vor allem in den Prozessen der Fünfjahrplanung.

In einer ersten, 1975 abgeschlossenen Arbeitsetappe wurde eine Test-Natural-Wert-Verflechtungsbilanz mit statistischen Daten des Jahres 1972 ausgearbeitet. Mit dieser Testbilanz wurden mehrere Varianten gerechnet, die vor allem darüber Aufschluß geben sollten, ob mit der im Planungsprozeß verfügbaren erzeugnisbezogenen Informationsbasis für den Materialverbrauch Modellrechnungen durchgeführt werden können, deren Ergebnisse für die Arbeit am Plan nützlich sind. Diese Frage konnte positiv beantwortet werden. Daher wurde mit der probeweisen Anwendung der NWVB im Planungsprozeß begonnen.

Inzwischen wurde mit der zweimaligen probeweisen Anwendung der NWVB für die Jahresvolkswirtschaftspläne 1977 und 1978 der Nachweis erbracht, daß die gewonnenen Ergebnisse für die Planausarbeitung von hohem Interesse sind. Deswegen wurde – beginnend mit der Erarbeitung des Jahresvolkswirtschaftsplanes 1979 – mit der praktischen Anwendung der NWVB in der Staatlichen Plankommission begonnen.

In der Jahresplanung können Modellrechnungen vor allem in den frühen Phasen der Planausarbeitung sehr nützlich sein. Bei der Erarbeitung erster Vorstellungen zu den staatlichen Aufgaben auf der Grundlage des laufenden Fünfjahrplanes geht man von den voraussichtlichen Veränderungen des volkswirtschaftlichen Endbedarfs aus. Es gilt, die aus der Planung des Bevölkerungsbedarfs, des Exports, der Investitionen usw. resultierenden Anforderungen an die Produktion volkswirtschaftlich wichtiger Erzeugnispositionen und der Wirtschaftsorgane zu ermitteln und mit den Produktionszielen bzw. den verfügbaren Produktionskapazitäten zu vergleichen.

Mit der NWVB können die dem volkswirtschaftlichen Endprodukt entsprechenden Produktionsvolumina sowohl der einzelnen erfaßten Erzeugnispositionen als auch der Verantwortungsbereiche relativ kurzfristig unter Berücksichtigung der vielseitigen und komplizierten Verflechtungen berechnet werden.

Auf diese Weise kann der Arbeitsprozeß in der zentralen Planung unterstützt werden.

Die in der Staatlichen Plankommission der DDR für Berechnungen zu den staatlichen Aufgaben der Jahresvolkswirtschaftspläne angewandte Natural-Wert-Verflechtungsbilanz umfaßt (für den Plan 1979) eine Größenordnung von 591 Bilanzpositionen. Sie ist zugleich nach 15 Wirtschaftsorganen gegliedert, die damit die Struktur nach Ministerien direkt erfaßt. Mit den aus dem Prozeß der MAK-Bilanzierung sowie der Normativplanung zur Verfügung stehenden Unterlagen werden die Kennziffern für die NWVB maschinell aufbereitet und zusammengestellt. Insgesamt wird ein Volumen von 260 Mrd. Mark Warenproduktion, das sind 62,1% des Bruttoprodukts der Volkswirtschaft, erfaßt. Der Anteil des mit den Modellpositionen erfaßten Warenproduktionsvolumens ist nach Bereichen unterschiedlich (vgl. Tab. 1).

Die Aufstellung zeigt, daß mit diesen auf der zentralen Ebene der Volkswirtschaft erzeugniskonkret erfaßten Anteilen der Produktion – und gleiches gilt für die Fonds des Endprodukts – Proportionsrechnungen durchgeführt werden können.

Die Unterschiede bei den Anteilen in den Bereichen sind hauptsächlich darauf zurückzuführen, daß das Modell als Arbeitsinstrument der zentralen staatlichen Planung vorzugsweise die zentral bilanzierten Erzeugnispositionen enthält (d. h. die Staatsplanpositionen und die weiteren zentral zu bilanzierenden Erzeugnispositionen) und der mit diesen Bilanzen erfaßte Teil der Produktion in den Bereichen unterschiedlich groß ist.

Bereits durch die zielgerichtete Auswertung einer so großen Menge von Planinformationen, die nach einheitlichen Grundsätzen aufbereitet werden, können wertvolle Erkenntnisse für die Planung gewonnen werden. So ist z. B. die Gegenüberstellung der Bilanz- zu den Bereichskennziffern für den Planungsprozeß interessant.

Tabelle 1

Anteil der Erzeugnispositionen des Modells am Bruttoprodukt der Bereiche (in %)

Kohle/Energie	62,1
Erzbergbau/Metallurgie/Kali	72,0
Chemie	68,6
Elektrotechnik	68,6
Schwermaschinen- und Anlagenbau	73,1
Werkzeug- und Verarbeitungsmaschinenbau	74,8
Allgemeiner Maschinen-, Landmaschinen- und Fahrzeugbau	63,0
Leichtindustrie	74,6
Lebensmittelindustrie	88,4
Glas/Keramik	54,0
Bauwesen	69,9
Verkehr	55,8
Landwirtschaft	64,0
Bezirkswirtschaftsräte	50,0
Sonstige Wirtschaftsorgane	17,2
Volkswirtschaft gesamt	62,1

Derartige Vergleiche werden für die Kennziffern industrielle Warenproduktion, Bereitstellung von Fertigerzeugnissen für die Bevölkerung, Export und Investitionen durch die Aufbereitung der Informationen zum Plan durchgeführt. Es werden die wertmäßigen Angaben der Bilanzen jedes Bereichs zum Teil nach notwendigen Umrechnungen addiert und den entsprechenden Bereichskennziffern gegenübergestellt. Auf diese Weise wird deutlich, in welchem Umfange die globalen Bereichskennziffern durch konkrete Bilanzpositionen begründet sind. Da diese Angaben für drei aufeinanderfolgende Jahre vorliegen, können auf Grund der Veränderungen Anhaltspunkte für die Überprüfung von Plankennziffern gewonnen werden.

So konnte beispielsweise festgestellt werden, daß in einigen Bereichen das in den Entwurfsbilanzen enthaltene Volumen der für den Bevölkerungsverbrauch bestimmten Produktion wesentlich rascher stieg als die Bereichskennziffern. Hier war zu prüfen, ob diesen Bereichen höhere Planziele gestellt werden können.

In anderen Bereichen stellte sich heraus, daß die Warenproduktion aus den Entwurfsbilanzen gegenüber dem Vorjahr langsamer anstieg als die entsprechenden Bereichskennziffern. Das deutete an, daß in diesen Bereichen die Erreichung der Planziele noch nicht genügend gesichert war und daher überprüft werden mußte, ob noch Reserven erschlossen und dadurch Aufkommen und Verwendung in den Bilanzen erhöht werden konnten.

Derartige Analysen werden auch für volkswirtschaftliche Komplexe durchgeführt, um einen tieferen Einblick in die Entwicklung bestimmter volkswirtschaftlicher Grundproportionen zu gewinnen. Zu diesem Zweck werden die in der NWVB erfaßten 591 Bilanzpositionen nach Gruppen zusammengefaßt, in denen jeweils Positionen mit ähnlichen Gebauchswertmerkmalen bzw. überwiegend gleicher Funktion im Reproduktionsprozeß enthalten sind.

Bisher wurden folgende 13 Gruppen, die volkswirtschaftliche Komplexe charakterisieren, gebildet:

Energieträger; industrielle Roh- und Werkstoffe; landwirtschaftliche Rohstoffe und Zwischenprodukte; Zulieferererzeugnisse der Chemie, metallverarbeitenden Industrie, Glas und Keramik; Zulieferererzeugnisse der Leichtindustrie, Holz- und Kulturwaren; Zulieferererzeugnisse des Bauwesens; Finalerzeugnisse Ausrüstungen; Finalerzeugnisse Anlagen; industrielle Konsumgüter der Chemie, metallverarbeitenden Industrie, Glas und Keramik; industrielle Konsumgüter der Leichtindustrie, der Holz- und Kulturwaren; Nahrungs- und Genußmittel; Bauleistungen; Sonstiges.

Bei den Modellrechnungen für die Phase des Planansatzes geht man von der voraussichtlichen Entwicklung des volkswirtschaftlichen Endbedarfs aus. Es gilt, die aus der Planung des Bevölkerungsbedarfs, des Exports, der Investitionen u. a. resultierenden Anforderungen

- an die Produktion volkswirtschaftlich wichtiger Erzeugnispositionen
- an die Produktion der Wirtschaftsorgane insgesamt

zu ermitteln und mit den Produktionszielen bzw. verfügbaren Produktionskapazitäten zu vergleichen. Mit der NWVB können die dem volkswirtschaftlichen Endprodukt entsprechenden Produktionsvolumina sowohl der Erzeugnispositionen als auch der Verantwortungsbereiche relativ kurzfristig unter Berücksichtigung der vielseitigen und komplizierten Verflechtungen berechnet werden. Auf diese Weise kann der Arbeitsprozeß der zentralen Planung wesentlich erleichtert und beschleunigt werden.

In diesem Zusammenhang besteht ein wichtiges zu lösendes Problem darin, daß die NWVB für Planansatzrechnungen in einem frühen Zeitpunkt der Erarbeitung des Jahresvolkswirtschaftsplanes (Januar/Februar eines Jahres) eingesetzt wird. Deshalb werden die NWVB-Ergebnisse aus den Effektivitäts-, Struktur- und Verflechtungsrelationen eines beschlossenen Planes gewonnen. Bei der Anwendung in der Jahresplanung ist Grundlage der Plan des Vorjahres. Die Daten dieses Planes bilden den koordinierten Datensatz, der als Basisbilanz fungiert. Als eine derartige Basisbilanz können jedoch auch Abrechnungen bzw. ein Planentwurf fungieren.

Alle Relationen dieser Basisbilanz werden auf das Ergebnis der NWVB-Modellrechnung übertragen, sofern keine Anpassung der Koeffizienten an neue Effektivitäts-, Struktur- und Verflechtungsbedingungen und die sich auf Grund dessen verändernden Verflechtungsrelationen erfolgt. Die Ergebnisse der NWVB-Modellrechnungen werden also um so besser, je mehr es gelingt, die Veränderungen der oben genannten Relationen für das Jahr des Planansatzes zu erfassen und den Modellrechnungen zugrunde zu legen.

Derartige Veränderungen, die die künftigen Bedingungen der Effektivität und Struktur der Volkswirtschaft zum Ausdruck bringen und zu planen sind, beziehen sich z. B. auf

- zentrale und zweigspezifische Normative sowie auf andere Einsatzschlüssel des Material- und Energieverbrauchs
- Anteile der Wirtschaftsorgane an der Gesamterzeugung bzw. Warenproduktion des Erzeugnisses;

– Menge-Wert-Verhältnisse der Erzeugnisse in den Wirtschaftsorganen (Durchschnittspreise).

Die Verfahrensweise in der Arbeit mit der NWVB,

– von den geplanten Fonds des erzeugniskonkreten Endprodukts (Export, Import, Bereitstellung von Fertigerzeugnissen für die Bevölkerung, gesellschaftliche Konsumtion, Investitionen, Bestandsveränderungen) auszugehen,

– die vorgegebene Materialökonomie – ausgewiesen durch Vorgaben der Normative des Material- und Energieverbrauchs und der Materialeinsatzschlüssel – sowie andere Effektivitäts- und Strukturbedingungen zu berücksichtigen sowie

– die Anforderungen an die Produktion nach Erzeugnispositionen im Natural- und Preisausdruck einerseits sowie nach Wirtschaftsorganen andererseits zu berechnen, entspricht damit den Forderungen des XXV. Parteitages der KPdSU und des IX. Parteitages der SED, bei der Planung stärker den Bedarf zum Ausgangspunkt der Planung zu machen und die Proportionalität als Grundbedingung für die Intensivierung besser zu berücksichtigen.

Es wird auch der Forderung der Partei entsprochen, verstärkt die elektronische Datenverarbeitung für die Planausarbeitung einzusetzen.

Die Ergebnisse aus den durchgeführten Rechnungen mit der Natural-Wert-Verflechtungsbilanz haben bestätigt, daß sie geeignet ist, in der Staatlichen Plankommission für die Ausarbeitung eines Jahresplanes eingesetzt zu werden. Das bedeutet erstens, daß mit ihrer Hilfe Vorgabebilanzen berechnet werden können, die untereinander abgestimmt sind und in der Qualität – bezogen auf den berechneten Materialverbrauch und die notwendige Produktion – den traditionell errechneten Bilanzen nicht nachstehen, die gleichzeitig von einem zwingenden Zusammenhang zur Proportionalität ausgehen.

Zweitens bedeutet es, daß eine komplexe Verbindung zwischen den (Einzel-)Erzeugnispositionen und den (Gesamt-)Wertkennziffern hergestellt wird sowie ein Nachweis der materiellen Untersetzung der Wertkennziffern erfolgt.

Drittens ergeben sich aus den Rechnungen Aussagen zu den innerzweiglichen Verflechtungen, da die Anforderungen aller mit der NWVB erfaßten Produktionsstufen in die Berechnung einbezogen werden.

Insgesamt konnten aus den Modellrechnungen wertvolle Hinweise zu grundlegenden wirtschaftspolitischen Aufgaben des jeweiligen Planjahres herausgearbeitet werden.

Eine wichtige Voraussetzung für das Wirksamwerden der NWVB im Planungsprozeß besteht darin, daß ihre Ergebnisse termingerecht, innerhalb der Fristen des Planungsprozesses zur Verfügung gestellt werden können. Diese Aufgabe schließt ein, daß die Ergebnisse einer Modellrechnung den Abteilungen der Staatlichen Plankommission dann vorliegen, wenn sie mit der Erarbeitung der staatlichen Aufgaben für den kommenden Jahresvolkswirtschaftsplan beginnen. Zu diesem Zeitpunkt ist die Ableitung von Kenntnissen aus Verflechtungsrechnungen besonders bedeutsam, da bereits beim ersten Ansatz zur Jahresplanung ein abgestimmtes Konzept unter Berücksichtigung der Komplexität der volkswirtschaftlichen Entwicklung zum Ausgangspunkt genommen werden kann.

Die Wirksamkeit der Ergebnisse der NWVB schließt ein, daß sie in einer solchen Form den Planern zur Verfügung gestellt werden, daß ihnen die mit Hilfe der Rechentechnik gewonnen Ausdrucke in gewohnter Form zur Verfügung stehen. Das bedeutet, daß der Formblattgestaltung, der Gestaltung des Ausdrucks eine besondere Bedeutung beizumessen ist. Beispielsweise erfolgt die Bereitstellung der Ergebnisse je Erzeugnisposition aus den Rechnungen der Natural-Wert-Verflechtungsbilanz in Form einer Kurzbilanz, die den gleichen Aufbau hat wie die bereits jetzt im Planungsprozeß verwendeten Bilanzen. Damit wird auch im Aufbau der Formblätter unmittelbar an die bisherigen Planungsarbeiten angeknüpft.

Die Natural-Wert-Verflechtungsbilanz hat sich als eines der Hauptkettenglieder herauskristallisiert, das die Weiterentwicklung des Planungssystems mit vollziehen hilft.

Durch die Anwendung der Natural-Wert-Verflechtungsbilanz erfolgt eine Weiterentwicklung der Planung in einem längeren und dem Wesen nach kontinuierlichen Prozeß, der sich zusammengefaßt wie folgt darstellen läßt:

1. Qualifizierung der inhaltlichen Aussagen des Planes durch komplexe Erfassung der Reproduktionszusammenhänge (zunächst bezogen auf die Beziehungen Materialverbrauch–Produktion):

– Die mit der NWVB gewonnenen Ergebnisse helfen, eine volkswirtschaftlich begründete Struktur auszuarbeiten. Die Komplexität der Planung wird dadurch erhöht, daß die Proportionen sicherer ausgearbeitet, daß Disproportionen vom Ansatz her erkannt und daß Reserven in der Leistungsentwicklung der Volkswirtschaft aufgedeckt werden können.

– Die Material-, Ausrüstungs- und Konsumgüterbilanzen werden für die durchgängige, die gegenseitigen Abhängigkeiten berücksichtigende volkswirtschaftliche Proportionierung genutzt. Durch die Anwendung der NWVB wird es möglich, Erkenntnisse für die Herstellung wichtiger Relationen zwischen den verschiedenen auf der zentralen Ebene der Volkswirtschaft erfaßten Erzeugnispositionen zu gewinnen. Durch die enge Verbindung der MAK-Bilanzen mit der NWVB wird es ermöglicht, eine Abstimmung wichtiger MAK-Bilanzen untereinander vorzunehmen und festzustellen, ob die zwischen den verschiedenen Erzeugnispositionen bestehenden objektiven Zusammenhänge bei der Ausarbeitung der Bilanzen ausreichend berücksichtigt wurden. Ferner wird es möglich, Berechnungen vorzunehmen, welche Auswirkungen sich auf die Entwicklung anderer Erzeugnisse, die Produktion, die Fonds des Endprodukts und die zwischenzweiglichen Proportionen ergeben, wenn Veränderungen in einer oder mehreren Bilanzen – bei Aufkommen bzw. bei der Verwendung – vorgenommen werden müssen. Derartige Berechnungen über die ganze Volkswirtschaft hinweg waren bisher nur eingeschränkt möglich.

– Es wird möglich, Berechnungen vorzunehmen, welche komplexen volkswirtschaftlichen Auswirkungen sich aus Veränderungen der Materialökonomie ergeben. Dabei muß darauf hingewiesen werden, daß es bei diesen Berechnungen hinsichtlich der volkswirtschaftlichen Auswirkungen, die mit der Veränderung einzelner oder mehrer Kennziffern verbunden sind, vor allem um das Erkennen volkswirtschaftlicher Entwicklungstendenzen geht. Es sollen in erster Linie qualitative Aussagen gewonnen werden.

– Es wird möglich, Orientierungen und wesentliche, in ihren volkswirtschaftlichen Zusammenhängen bilanzierte Angaben für die Ausarbeitung von Vorgabebilanzen zu erhalten.

– Die Proportionen Finalproduktion – Zulieferproduktion kann einer speziellen Betrachtung unterzogen werden, um bereits vom Plan her die entscheidenden Zusammenhänge – nach Erzeugnissen oder Erzeugnisgruppen gegliedert – in ihrem volkswirtschaftlichen Gesamtzusammenhang berücksichtigen zu können.

2. Qualifizierung des Planungsprozesses:

– Die Bedarfsermittlung und -begründung als Ausgangspunkt des Planungs- und Bilanzierungsprozesses wird verbessert.

Die Arbeit mit Verflechtungsbilanzen erfordert einerseits Informationen, die den realen Bedarf widerspiegeln, andererseits wird es mit Verflechtungsbilanzen möglich, den volkswirtschaftlichen Bedarf an materiellen Ressourcen unter Beachtung der komplexen Reproduktionsbeziehungen und der volkswirtschaftlichen Zielstellung zu ermitteln. Die Anwendung der Verflechtungsbilanzen im Planungsprozeß ermöglicht und erzwingt eine wesentliche Verbesserung der Bedarfsplanung im Sinne der Forderung der Partei, den Bedarf zum Ausgangspunkt der Planung zu machen.

Die weitere Qualifizierung der Bedarfsplanung muß in immer stärkerem Maße vor allen Dingen erfolgen durch die Erarbeitung von Normativen für die wesentlichen in die Natural-Wert-Verflechtungsbilanz einbezogenen Erzeugnispositionen und durch eine differenzierte Planung der Fonds der Endverwendung, insbesondere der Fonds der gesellschaftlichen und individuellen Konsumtion, der produktiven Akkumulation sowie der Exporte und Importe.

– Es wird möglich, die Normative des Materialverbrauchs nicht nur für die Beauflagung von Materialsenkungen pro Position zu verwenden, sondern durch ihren Einsatz in der NWVB auch die Auswirkungen materialökonomischer Senkungen in der Volkswirtschaft insgesamt zu berücksichtigen. Die Normative werden damit in eine neue Funktion zur Bedarfsbegründung gebracht, die von der volkswirtschaftlichen Komplexität ausgeht und über die Einzelpositionen hinausgeht.

– Die in den Planungsprozeß integrierte Arbeit mit der NWVB schafft günstige Voraussetzungen, den Anschluß an Teilverflechtungsbilanzen herzustellen, die auf Ebene der Ministerien angewendet werden.

– Es wird möglich, schrittweise zur Endproduktplanung überzugehen. Ausgehend von den mit der Natural-Wert-Verflechtungsbilanz zur Verfügung stehenden Ergebnissen, werden Voraussetzungen geschaffen, das Endprodukt der Volkswirtschaft insgesamt wie auch das Endprodukt auf Ebene der Ministerien zu bestimmen. Damit werden entsprechend den Forderungen der Partei Ansatzpunkte herausgearbeitet, die Endproduktplanung stärker für die Qualifizierung der Volkswirtschaftsplanung zu entwickeln.

– Es wird die Durchsetzung des Variantenprinzips der Planung ermöglicht. Mit Hilfe der NWVB ist es – wie bei Verflechtungsbilanzen überhaupt – relativ leicht möglich, verschiedene Varianten des Endprodukts oder bestimmter Fonds des Endprodukts (aber auch der Produktion) zu rechnen und sie der Planung zugrunde zu legen.

3. Nicht allein das Modell der Natural-Wert-Verflechtungbilanz ist für die weitere Qualifizierung der Planung von Bedeutung, sondern die durch die Entwicklung und Einführung in die praktische Arbeit bedingte Vorgehensweise.

Bereits jetzt ist erkennbar, daß durch die Anwendung der NWVB die Effektivität der Planungsarbeiten selbst gesteigert werden kann. Die Wirksamkeit in der Planung wird sich aber in dem Maße noch weiter erhöhen, wie es gelingt, weitere Faktoren des Reproduktionsprozesses einzubeziehen bzw. dem Entscheidungsprozeß in der Planung noch besser angepaßte Lösungen zu erarbeiten.

Das bedeutet einerseits, daß die Prozesse der Grundfondsreproduktion, des Arbeitskräfteeinsatzes wie auch die Verteilungs- und Umverteilungsprozesse des Nationaleinkommens künftig einzubeziehen sind.

Andererseits kann die Wirksamkeit des Modells als Arbeitsinstrument in der zentralen Planung wesentlich erhöht werden, wenn es gelingt, bei den Rechnungen volkswirtschaftliche Begrenzungen zu berücksichtigen, wie sie in der Realität durch Kapazitätsschranken oder für einzelne Importpositionen gegeben sind.

Anmerkungen

1 Direktive des IX. Parteitages der SED zum Fünfjahrplan für die Entwicklung der Volkswirtschaft der DDR in den Jahren 1976–1980, Berlin 1976, S. 166.
2 Ebenda, S. 166/167.
3 Ebenda, S. 173.

G. Merkel

Zur Vervollkommnung der technischen und der Informationsbasis der Leitung

Effektive Wirtschaftsleitung vollzieht sich heute unter Nutzung technischer Mittel und des Zugriffs auf eine geordnete Menge von Informationen, sogenannte Datenbanken. Dabei ist nicht zu übersehen, daß gegenwärtig erhebliche Niveauunterschiede in der Nutzung dieser Mittel bestehen; nur in wenigen Fällen werden die Möglichkeiten der derzeitig verfügbaren Technik voll ausgeschöpft, und nur in Einzelfällen wird durch qualifizierte Forderungen die weitere Entwicklung der Technik vorangetrieben. Die Mehrzahl der Leiter aller Ebenen ignoriert noch, wegen fehlender Sachkenntnisse, die potentiellen Rationalisierungsmöglichkeiten der Leitungstätigkeit. Leitende Kader, die an dieser Aussage Zweifel hegen, mögen sich selbst überprüfen, ob sie sich zutrauen, über ein ihnen angebotenes Bildschirm- oder Fernschreiber-Terminal eine benötigte Information aus dem maschinell gespeicherten Informationsbestand des betreffenden Verantwortungsbereiches abzurufen. Welcher Stand in der technischen Basis und in der Informationsbasis für die Leitung ist erreicht, und was muß zu deren Vervollkommnung getan werden?

Bei den technischen Mitteln wollen wir zwei Richtungen unterscheiden:

- Mittel der Rechentechnik, die für die grundlegenden Prozesse der Leitungsarbeit zum Einsatz kommen
- Rationalisierungsmittel für Hilfsprozesse in der Leitungstätigkeit

Zu den Mitteln der Rechentechnik

Mit dem Beschluß der Regierungen der UdSSR, der DDR und weiterer sozialistischer Länder vom Jahre 1969, ein Einheitliches System der elektronischen Rechentechnik (ESER) zu schaffen, wurden auf dem Gebiet rechentechnischer Mittel Grundlagen für die Nutzung einheitlicher technischer Lösungen in den sozialistischen Ländern und für den Austausch von Programmpaketen auch für Leitungsprozesse geschaffen. Diese Entscheidung ist langfristig und von grundlegender Bedeutung für die weitere Annäherung der sozialistischen Staaten entsprechend dem Komplexprogramm der RGW-Staaten. Inzwischen wurde die erste Generation elektronischer Rechenmaschinen des ESER in die Produktion übergeleitet; die Anlagen werden in großen Serien produziert und in der Wirtschaft unserer Länder mit Erfolg eingesetzt. In der DDR ist der Anteil der ESER-Anlagen an der Gesamtausstattung mit EDVA bereits auf über 50%, bezogen auf die Rechnerleistung, angewachsen.[1] Zum Einsatz kommen z. Z. EC 1040 und EC 1020/22. Anfang der 80er Jahre wird der Anteil an ESER-Technik fast 100% betragen. Noch fehlen uns im ESER Anlagen mit hoher und höchster Rechengeschwindigkeit. Dies kann sich um so schneller ändern, je besser es gelingt, alle vorhandenen Potenzen auf die

Schaffung von Hochleistungsrechnern im Rahmen des ESER und nicht neben dem ESER zu konzentrieren.

Gegenwärtig werden die ersten Anlagen der zweiten Generation des ESER, darunter die EC 1035 in der UdSSR und die EC 1055 in der DDR, zur Produktion vorbereitet; 1979/80 werden die weiteren Anlagen des ESER II sowie Rechenmaschinen des Systems der Kleinrechner (SKR) folgen. Ausgehend von der These, daß die ESER-Anlagen bei den Anwendern ca. 10 Jahre effektiv genutzt werden, ergibt sich, daß bis zum Jahre 1985 der Hauptbestand der rechentechnischen Mittel für Leitungsprozesse die Anlagen des ESER I und des ESER II sowie des SKR II sein werden. (Die Geräte des SKR I sind vorrangig für Steuerungsaufgaben bestimmt.) Bei einer Wertung des ESER II gegenüber dem ESER I kann man von einer vervollkommneten Technik sprechen; die grundlegenden Architekturprinzipien wie die Aufteilung der Zentraleinheit in zentrale Verarbeitungseinheit, Operativspeicher und Kanäle bleiben erhalten. Die wesentlichen neuen Eigenschaften der Reihe II des ESER gegenüber Reihe I sind folgende[2]:

– Der Leistungsbereich der Anlagen ist nach oben stark erweitert. Die leistungsfähigste Maschine des ESER I, EC 1050, realisiert ca. 500 000 Operationen/s; für die EC 1065 sind 3...4 Mio Operationen/s und Zweiprozessor- sowie Mehrrechnerbetrieb konzipiert; d. h., es können Komplexe mit bis zu 8 Prozessoren der genannten Leistung geschaffen werden. Für spezielle Aufgabenklassen, z. B. Matrixoperationen, wird sich die Leistungsfähigkeit derjenigen Anlagen, die für die Verwendung entsprechender Moduln vorgesehen sind, nochmals entscheidend erhöhen.

– Mit der Verwirklichung des Prinzips der virtuellen Speicherung wird jedem Nutzer für die Programmierung ein Hauptspeicherbereich von 16 MByte zur Verfügung gestellt.

– Durch die Verwendung moderner Bauelemente reduzieren sich der spezifische Volumen- und Energieaufwand für die Anlagen. Bei der EC 1055 ergibt sich z. B. beim Operativspeicher durch die Verwendung von Halbleiter-Speicherschaltkreisen gegenüber der EC 1040 eine Reduzierung des Volumen- und des Energieaufwandes auf ein Drittel.

– Zur Erhöhung des Durchsatzes werden Blockmultiplexkanäle eingesetzt und Möglichkeiten zur Übertragung von parallel zwei Bytes vorgesehen.

– Von wesentlichem Vorteil für die Nutzer bei nur geringer Reduzierung der effektiven Leistung sind neu eingeführte Diagnosefunktionen zur Eingrenzung auftretender technischer Fehler sowie ihrer Beschreibung und insbesondere Fehlerbehandlungstechniken. Zur Beseitigung von flüchtigen Fehlern sind Fehlererkennungs- und -korrektureinrichtungen realisiert; die fehlerhaft abgelaufenen Instruktionen werden automatisch wiederholt, in einigen Anlagen des ESER II auch über einen zweiten Weg unter Vermeidung der fehlerverursachenden Baugruppen. Redundanz im Speicher gestattet die automatische Korrektur von 1-Bit-Fehlern und das Erkennen von 2-Bit-Fehlern.

Die Steigerung der Qualität der Elemente in der elektronischen Industrie als auch bei Motoren (Lüfter und andere Antriebe) sowie bei Kabeln, Lötverbindungen, Steckverbindungen und anderen Baugruppen ist trotzdem weiter eine vorrangige Leitungsaufgabe. Insbesondere sind erhöhte Zuverlässigkeitsforderungen weiterhin an die Peripheriegeräte herstellende Industrie zu stellen.

– Es kommt ein Betriebssystem OC 6 EC zum Einsatz, welches nach entsprechender Generierung für die Modelle der Reihe 2 als auch die Modelle der Reihe 1 (ohne virtuelle Speichertechnik) geeignet ist; es werden die Steuerprogrammkonfigurationen MFT, MVT, SVS und MVS bereitgestellt. Während z. Z. ESER-Anlagen vorwiegend im lokalen Stapelbetrieb genutzt werden, müssen im Interesse geringerer Aufwendungen für die Datenerfassung und zur Erhöhung der Reaktionsfähigkeit der Fernstapelbetrieb und der Teilnehmerbetrieb als Betriebsarten künftig stärker zur Anwendung kommen. Im Rahmen der Dialogarbeit ist der Nachrichtenaustausch zwischen verschiedenen entfernten Nutzern möglich.[3]

Für Anlagen kleinerer Leistung (EC 1015, EC 1025) kommt ein spezielles Betriebssystem DOC-3 EC zum Einsatz.

Die EC 1055 besitzt eine Emulationseinrichtung, die es gestattet, für DOS/EC geschriebene Programme unter dem OC/EC abzuarbeiten.

– Der Befehlsumfang wurde bei ESER II gegenüber ESER I erweitert. Mit dem Ziel effektivitätssteigernder Wirkung wurden u. a. folgende neue Funktionen eingeführt:

Gleitkommaeinrichtung mit erweiterter Genauigkeit (Bearbeitung von Gleitkommazahlen mit einer Mantissenlänge von 28 Hexadezimalziffern).

Einführung einer Tageszeituhr und einer Uhrenvergleicherfunktion zur Auslösung von Unterbrechungen in Abhängigkeit von erreichten Zeitpunkten. Ausbau der Funktionen für die Zeitüberwachung zur verbesserten Protokollierung des zeitlichen Ablaufes und der Abrechnung von ausgeführten Aufträgen.

Mittels einer Monitoreinrichtung wird es möglich, in Abhängigkeit von Indikatoren Unterbrechungen in der Programmbearbeitung vorzunehmen.

Eine Programmereignisregistrierung gestattet die Aufzeichnung bestimmter Ereignisse im Programmablauf und wird insbesondere die Programmaustestung rationalisieren.

– In Auswertung der Kritiken der Anwender zur unzureichenden Ausstattung der ESER-Anlagen mit peripheren Geräten sind Maßnahmen zur Verbesserung der Lage eingeleitet worden, speziell bei Plattenspeichern großer Kapazität (100/200 MByte) durch neue Produkte aus der VRB, aus der UdSSR sowie bei programmierbaren und nichtprogrammierbaren Abonnentenpunkten durch Erzeugnisse des Kombinates Robotron der DDR. Die peripheren Geräte sind in der Regel sowohl für ESER II als auch für ESER I nutzbar, bei ESER I evtl. mit bestimmten Einschränkungen bezüglich der Funktion.

Zu den neuen Geräten gehören:

das alphanumerische Bildschirmsystem EC 7920 für Lokal- und für Fernanschluß. Mit diesem Gerät und den neuen Betriebssystemfunktionen wird der Teilnehmerbetrieb realisierbar, der eine wesentliche Verbesserung der Leitungstätigkeit gestattet. Auf dem Bildschirm sind 1920 Zeichen darstellbar; durch spezielle Steuerzeichen lassen sich verschiedenartig behandelte Felder des Bildschirminhaltes definieren (Feldkonzept). Die Formatisierung des Bildschirminhaltes erleichtert die Kommunikation des Bedieners mit dem Betriebssystem und vereinfacht auch die Bedienung des Bildschirmgerätes. Wahlweise ist ein Mosaikdrucker anschließbar.

Plattenspeicher EC 5056 und EC 5067 mit 100 bzw. 200 MByte Kapazität, Datenübertragungsraten von 806 kBytes/sec und Einrichtungen zur Rotationsbestimmung sowie zur gleichzeitigen Bearbeitung von Mehrfachanforderungen.

Datenerfassungsgeräte mit Magnetbandkassetten als Aufzeichnungsgerät bzw. mit Floppy disc. Die DDR liefert Geräte mit Magnetbandkassetten bereits aus. Geräte mit Mini-floppy-dsc sind in Vorbereitung.

Abonnentenpunkte (Terminals) mit und ohne eigene Programmierfähigkeit und Verarbeitungsleistung. Diese Geräte werden in der ferneren Perspektive die entscheidenden technischen Mittel für die Kommunikation des Menschen mit der elektronischen Rechenanlage, dem Speichersystem oder dem Rechnernetz sein. Die gegenwärtigen Konzepte zielen darauf ab, mit einer minimalen Zahl von Baugruppen und Gerätetypen die vielfältigen Bedürfnisse zu befriedigen (Modularkonzept). Seitens der DDR gibt es hierzu im ESER und im SKR Gestaltungsvorschläge, die auf den Erfahrungen mit der ESER-Technik (EC 8404 und AP 5) und modernen Kleinrechnern (daro 1720, 1840, 1370) auf Mikrorechnerbasis beruhen. Bekanntlich fertigt das Kombinat Robotron ca. 25 000 Rechenautomaten für Buchungs- und Abrechnungszwecke jährlich und ist damit einer der größten Produzenten dieser Technik im Weltmaßstab; Geräte dieser Art sind in Mikroelektronik-Ausführung gleich denen der Klasse der Abonnentenpunkte. Der VEB Kombinat Robotron wird somit einen wesentlichen Anteil an peripheren Geräten der Rechentechnik sowohl für ESER als auch im Rahmen des SKR bereitstellen und die vorhandenen Defizite bei den Anwendern beseitigen helfen können.

Damit soll die Erläuterung neuer Eigenschaften der Reihe II des ESER beendet werden.

Der Vervollkommnung der technischen Basis für die Leitung dient ferner das System der Kleinrechner („Minimaschinen") der sozialistischen Länder. Mit der ersten Etappe dieses Systems werden vier Modelle unter der Bezeichnung CM 1 ... CM 4 bereitgestellt, die insbesondere zur Automatisierung technologischer Prozesse, für die Rationalisierung wissenschaftlicher Experimente und zur Durchführung wissenschaftlich-technischer Berechnungen kleineren Umfanges zur Anwendung gelangen. Mit der 2. Etappe dieses Systems wird der Übergang zur breiten Anwendung vollzogen; es ist jedoch noch etwas zu früh, um schon gesicherte Einzelheiten zum SKR II darlegen zu können. Eines ist sicher: Die Anwendungsbreite dieses Systems wird den internationalen Maßstäben solcher Minirechner einschließlich der Klasse der Bürocomputer entsprechen und damit auch die Leitungstätigkeit in der Wirtschaft in der Breite einschließen. Die Leistung der Minirechner reicht ohnehin heute bereits bis zur Leistungsstufe, die noch vor wenigen Jahren der Klasse mittlerer EDVA vorbehalten war. Über einige Architekturmerkmale für diese neue Etappe der Kleinrechnerentwicklung gibt es zwischen den beteiligten Ländern noch bestimmte Meinungsverschiedenheiten, speziell die Beziehungen zwischen ESER und SKR betreffend. Es müssen mit Beharrlichkeit Lösungen angestrebt werden, die den berechtigten Anwenderforderungen nach Programmkompatibilität zwischen ESER und SKR, gleichen Bedienersprachen für äquivalente Terminals, einfacher Koppelbarkeit beider Systeme einschließlich ihrer Verknüpfung in einem Rechnernetz und maximal gleichen Baugruppen aus der Sicht des Kundendienstes und hoher Verfügbarkeit genügen; es darf nicht der Zustand eintreten, daß durch die Hersteller der rechentechnischen Mittel zwei für sich völlig getrennte Systeme ESER und SKR mit weiten Überdeckungsbereichen insbesondere in der Fernverarbeitung und bei der Datenerfassung geschaffen werden, um deren Kopplung und gemeinsame Nutzung sich dann die Anwender mit hohem Aufwand und zahlreichen Kompromissen mühen müssen.[4]

Zur technischen Basis der Wirtschaftsleitung im Bereich der Mittel der Rechentechnik gehören neben ESER- und SKR-Geräten noch die Geräte kleinster Leistung, die programmierbaren Tisch- und Taschenrechner sowie weitere Rechner für spezielle Zwecke. Für die Lösung isolierter, kleiner Aufgaben und im operativen Dienst behalten diese einfachsten Rechner ihre große Bedeutung – und mehr noch: Mit der Massenherstellung solcher Mittel zu günstigen Preisen werden Tisch- und Taschenrechner in vielfältiger Weise zur Rationalisierung der Leitungsarbeit beitragen und daneben zu dem nicht unwichtigen Effekt führen, daß sich jeder in der Wirtschaft tätige Kader den Umgang mit solcher Technik zutraut und damit auch leichter zu bewegen sein wird, sich an ein Terminal zu setzen und es zu nutzen.

Zum Komplex weiterer technischer Mittel für die Rationalisierung der Wirtschaftsleitung

Eingangs erwähnte ich neben den Mitteln der Rechentechnik allgemein Rationalisierungsmittel für Hilfsprozesse in der Leitungstätigkeit. Dazu noch einige Bemerkungen.

Diese Klasse technischer Mittel hat international in den letzten Jahren erheblich an Bedeutung gewonnen und wird auch in unseren beiden Ländern in den nächsten Jahren eine zunehmende Rolle spielen. Im Prinzip geht es um folgende Sachlage:

Als traditionelle Rationalisierungsmittel haben sich das Telefonieren, das Telegrafieren, die Diktiertechnik und die Kopiertechnik durchgesetzt, die betreffenden Mittel wurden ständig vervollkommnet. Mit dem Durchbruch der Mikroelektronik wird in den Nachrichtenvermittlungszentralen ein Steuerrechner eingesetzt; die elektrische Schreibmaschine wird durch die elektronische Schreibmaschine und der bisherige Fernschreiber durch den elektronischen ersetzt oder ergänzt. Die elektronische Schreibmaschine und der elektronische Fernschreiber haben bereits außerordentlich viele Gemeinsamkeiten und können beide auch als Terminal eines Rechnernetzes eingesetzt werden. Die Kopiertechnik schließlich wird durch die Fernkopiertechnik mit Faksimile-Übertragungsmethoden ergänzt, womit die gehobene Konkurrenz zum Fernschreiber vorhanden ist. Und schließlich wird die herkömmliche Schreibmaschine durch den Automaten für die Textverarbeitung ergänzt, der seinerseits in hoher Ausbaustufe auf Informationsbestände zugreifen können sollte; ein moderner Textverarbeitungsautomat unterscheidet sich heute bereits kaum noch von einer elektronischen Rechenanlage in einer bestimmten Spezialausführung und mit spezifischen Systemunterlagen. Aus dieser Aufzählung wird deutlich, daß sich die traditionellen Rationalisierungsmittel für Lernhilfsprozesse so weiter entwickelt haben, daß sie sich überdecken und zum Teil gegenseitig entbehrlich machen. Es wird also notwendig, für die technischen Hilfsmittel eines Leiters und seiner Mitarbeiter eine neue Gesamtkonzeption zu entwickeln. Ideen und erste Ansätze hierfür werden bereits lebhaft diskutiert; es ist jedoch notwendig, auf diesem Gebiet auch im Interesse der Einsparung volkswirtschaftlich beachtlicher Ausgaben eine den neuen Möglichkeiten entsprechende Konzeption zu beschließen und schrittweise und arbeitsteilig zu realisieren.

Man kann also zusammenfassend zu den für die Wirtschaftsleitung nutzbaren technischen Mitteln sagen, daß z. Z. vervollkommnete Gerätelösungen zur Produktion vorbereitet werden, die ab 1980 in voller Breite zum Einsatz gelangen werden und auf deren effektivste Nutzung man sich in der Wirtschaft rechtzeitig einstellen muß. Die Weiterentwicklung bringt keine revolutionären Umwälzungen wie z. B. beim Übergang von Anlagen der zweiten zu Anlagen der dritten Generation der Rechentechnik, dennoch sind einige neue Qualitäten aus der Sicht der Anwendung wesentlich. Man kann diese neuen Qualitäten wie folgt skizzieren:

1. Mit der Einführung der neuen Operationsprinzipien für die ESER-Modelle Reihe II, mit der Bereitstellung von peripheren Speichern von höherer Leistung sowie dem Angebot einer neuen Reihe von programmierbaren und nichtprogrammierbaren Terminals wird in zunehmend starkem Maße neben den weiterhin aktuellen Stapelbetrieb die Dialogarbeit im Teilhaber- sowie im Teilnehmerbetriebsniveau treten. Damit rückt die Nutzung der Rechentechnik an den Arbeitsplatz und wird zum unmittelbaren Arbeitsinstrument für Leiter, für Entwickler, für Materialdisponenten, für Dispatcher in allen Zweigen und viele andere mehr.

Diese neue Qualität der Nutzung erfordert in erster Linie die Schaffung geeigneter Organisationsformen zur Anwendung dieser Technik und die Qualifizierung und Überzeugung der Menschen, die dieses Arbeitsmittel künftig zur Qualifizierung und Effektivierung ihrer Arbeit anwenden dürfen. Man muß bei der Ausbildung der Studenten an Hochschulen und Universitäten damit beginnen deutlich zu machen, daß solche Terminals normale Arbeitsmittel sind, muß ihre Nutzung trainieren. Natürlich sollten auch die Leiter in den zentralen Organen, Kombinaten und anderen Institutionen Vorbild in der Nutzung der neuen Hilfsmittel sein.

2. Unter dem Einfluß der stürmischen Entwicklung der Mikroelektronik entwickeln sich die bisherigen Rationalisierungsmittel für Abrechnungs- und Buchungsaufgaben zu Kleinrechnern mit einer breiten Anwendungsmöglichkeit. Damit ist ihr Masseneinsatz an der Basis, d. h. am Ort des Auftretens von Informationsverarbeitungsaufgaben, als isoliert eingesetztes Gerät oder als Terminal mit eigener Verarbeitungsleistung auf die Tagesordnung gesetzt. Zum Beispiel sind allein in der BRD z. Z. ca. 16 000 Minirechner und über 100 000 Bürocomputer neben weiteren 16 000 EDVA eingesetzt, obwohl sich der Einsatz von Terminals mit eigener Verarbeitungsleistung erst in den nächsten Jahren in der BRD verstärkt andeutet; 1980 rechnet man mit einem Einsatz von ca. 1,5 Mio Terminals in den kapitalistischen Ländern Westeuropas. Dieser Trend zur dezentralen Informationsverarbeitung neben dem weiteren Ausbau der zentralisierten Informationsverarbeitung führt zu einer stärker hierarchisch gegliederten Struktur des Einsatzes technischer Mittel; damit wird unsere Auffassung von der immer stärkeren Einbeziehung der Kader an der Basis des Wirtschaftsgeschehens in Leitungsaufgaben auch durch technische Mittel unterstützt. Gleichzeitig werden die Anforderungen an das Telefonnetz vom Bereich unerfüllbar hoher Forderungen an Datenübertragungsleistungen auf das Niveau sehr anspruchsvoller Forderungen reduziert.

Um den derzeitig sehr hohen Aufwand an manueller Arbeit für Datenerfassungsaufgaben zu verringern, muß die Konzeption zum Aufbau verteilter Informationsverarbeitungsleistung mit der Konzeption zur Rationalisierung der Datenerfassung in Übereinstimmung gebracht werden.

3. Schrittweise werden die Rechenzentren, insbesondere diejenigen mit hoher Leistung, zu Netzen verknüpft mit den Möglichkeiten des Informations- und Leistungsverbundes. Dazu bedarf es wohlüberlegter Konzeptionen.

4. Im Bereich der Rationalisierung der Hilfsprozesse für die Leitungstätigkeit ist ein qualitativer Umschlag bei den technischen Mitteln in Vorbereitung, der im Zusammenhang mit der Einsatzkonzeption der Rechentechnik sowohl im volkswirtschaftlichen Maßstab als auch aus der Sicht der Kombinate und Betriebe zu verarbeiten ist.

Die *Entwicklung der Informationsbasis für die Leitung* im Sinne ihrer weiteren Vervollkommnung ist im engen Zusammenhang mit der für die in der Wirtschaft festgelegten Verantwortung und den verfügbaren technischen Mitteln zu sehen. Es wäre einseitig und falsch, aus der Verfügbarkeit leistungsfähigerer Plattenspeichersysteme beim ESER II gegenüber ESER I eine Zentralisierung weiterer Informationsbestände ableiten zu wollen. Das Problem soll an einem Beispiel deutlich gemacht werden:

Zweifellos ist in der Wirtschaft eine Auskunft darüber interessant, welche bestimmte Materialsorte für eine bestimmte Aufgabe optimal geeignet ist. Um aus der Menge aller möglichen Materialien das richtige herausfinden zu können, wäre im Sinne der Optimierung die Schaffung einer zentralisierten Datenbank über alle Materialarten und deren Eigenschaften richtig. Dennoch ist dieser Ansatz falsch, weil hier nur nach einem Kriterium die Lösung ausgewählt wurde. In einem „Materialkatalog" müssen neben dem technischen Auswahlkriterium noch solche Fragen wie aktuelles Preisniveau, aktuelle Lieferbereitschaft und die Lieferformen eingehen, um überhaupt sachgerecht entscheiden zu können; solche Fragen kann in der Regel und mit vertretbarem Aufwand aber nur der Lieferant bzw. das Bilanzorgan sachkundig einschätzen, d. h. es ist sinnvoller, die Datenbank dezentralisiert zu organisieren. Damit kann sie nicht nur für technische Auskünfte, sondern für eine Fülle weiterer Aufgaben eingesetzt werden, und ihr Aufbau und ihre ständige Aktualisierung lohnte sich. Für technische Auskünfte sind dann zwar vielleicht Zugriffe auf 3 oder 4 verschiedene Datenbanken notwendig, aber diese erfolgen mit weit höherem Effekt.

Neben diesen pragmatischen Aspekten für den Aufbau und die Pflege von Datenbanken sind auch noch einige wissenschaftlich-sachliche Motive zu beachten, die gegen die Schaffung zu großer Datenbanken sprechen. Auch mit unseren Anlagen des ESER II sind wir z. B. weiterhin gezwungen, alle Informationsabstände seriell zu ordnen und nach dem gleichen Prinzip durchzumustern. Aus Gründen der Landesverteidigung heraus gibt es ebenfalls Motive für die Schaffung dezentraler Datenbanken. Und schließlich ist zu beachten, daß der Zugang zu großen und zentralen Datenbanken gleichzeitig durch viele Nutzer technisch nur mit hohem Aufwand zu realisieren ist oder zu langen Reaktions- und Wartezeiten sowie zu einer hohen Belastung des Nachrichtennetzes führt.

Kurz: Man muß sehr wohlüberlegt entscheiden, in welchen Fällen man welche Datenbanken schafft. In der Wirtschaftsleitung der Industrie der DDR regelt sich das recht einfach durch die abgegrenzte Verantwortung einer jeden Leitungsebene. So sind z. B. in der Ebene der Kombinate die technischen und ökonomischen Daten der durch das Kombinat zu bilanzierenden Erzeugnisse aufzubauen, die Informationen über die Fonds des Verantwortungsbereiches zu speichern, die Informationen und Dokumentationen über die wissenschaftlich-technischen Veröffentlichungen des Arbeitsgebietes zu erfassen und maschinell zu speichern sowie zugänglich zu machen; ferner sind u. a. alle Plan- und Abrechnungszahlen zu speichern.

Für solchermaßen abgegrenzte Problemstellungen verfügen wir auch im ESER über Datenbankbetriebssysteme, mit denen man den Aufbau und die Pflege von Datenbanken sowie die Ermittlung von Auskünften bewältigen kann. Das Datenbank-Betriebssystem Robotron („DBS/R") wird im Rahmen der mehrseitigen Zusammenarbeit der sozialistischen Länder von der DDR entwickelt und ist ein anpassungsfähiges System zur Speicherung, Verwaltung und Wiederauffindung einer beliebigen Zahl untereinander verknüpfbarer Dateien.[5] Der Nutzer ist im wesentlichen nur noch für die Programmierung seiner Algorithmen verantwortlich. DBS/R ist auf formatierte Dateien ausgelegt und auch im Teilhaber-Betriebsmodus nutzbar (Operativspeicherbedarf mindestens 350 KBytes).

Ein zweites Programmiersystem, genannt „Automatisiertes Informations- und Dokumentationssystem" (AIDOS), ist vom Kombinat Robotron spezifisch für die Dokumenten- und Faktenbearbeitung entwickelt worden und gestattet die retrospektive Recherche in Stapelverarbeitung oder im Mensch-Maschine-Dialog sowie die selektive Informationsverbreitung. Entsprechend seinem Charakter als Datenbankbetriebssystem für unformatierte Dateien erfolgt das Wiederauffinden mittels direkter und bzw. oder sequentieller Suchbegriffe.

Beide Systeme sind im Betriebssystem OC-4/EC beschrieben. Das Arbeitsprinzip von AIDOS ist in der DDR verbindlich für die Dokumentations- und Informationszentralen eingeführt, es wird auch in einigen Institutionen der UdSSR angewendet.

Beide Programmiersysteme erfordern ESER-Anlagen mit hinreichend großem Operativspeicher (512 k Byte) und entsprechender Peripherie (z. B. 6 Magnetbandgeräte, Plattenspeicherkapazität nach Problemumfang). In der DDR sind dafür EC 1040 und EC 1055 vorgesehen.

Bei sehr großen Informationsbeständen sind mehrstufige Systeme aufzubauen; in der Regel werden dazu die Originaldokumente in Form von Mikrofiches gespeichert und der Standort wird maschinell ermittelt. Mittels des Mikrofich-Ausgabegerätes des ESER können Informationen, die aus dem aktuellen Informationsfonds herausgelöst und archiviert werden sollen, direkt vom Operativspeicher auf Mikrofiches ausgeschrieben werden. Die Auslieferung dieser Geräte durch den VEB Kombinat Robotron beginnt demnächst.

In weiterer Zukunft werden die jetzt verfügbaren gerätetechnischen Mittel um Archivspeicher auf Magnetbandkassettenbasis ergänzt, in denen sehr große Informationsmengen maschinell lesbar abgespeichert werden können.

Die Vervollkommnung der technischen und Informationsbasis der Leitung erfolgt in Umsetzung der Beschlüsse der KPdSU, der SED und der kommunistischen Parteien der anderen RGW-Staaten mit dem Ziel, einen wirkungsvollen Beitrag zur Qualifizierung und Effektivierung der Leitungstätigkeit und der dazu erforderlichen Hilfsprozesse zu leisten. Es wurde versucht, hier zu zeigen, daß in den letzten Jahren wesentliche Fortschritte bei der Entwicklung der technischen Basis erzielt wurden, daß andererseits aber sowohl bezüglich der Technik als auch bezüglich der Anwendung dieser Technik und der Wechselwirkung zwischen beiden Seiten noch Reserven existieren, die es durch konsequente Leitungsarbeit zu nutzen gilt.[6]

Anmerkungen

1 G. Merkel, Stand und Perspektiven in Entwicklung und Nutzung der Rechentechnik in der DDR, in: Entwicklung und Anwendung der elektronischen Rechentechnik in der DDR, Berlin 1976 (Schriftenreihe Informationsverarbeitung).

2 Autorenkollektiv unter der Leitung von M. E. Rakovski, Vyčitelnaja technika socialističeskich stran, Vipusk i Moskva 1977.

3 Autorenkollektiv, Funktionsprinzipien des ESER, Reihe 2, Verantwortlicher Herausgeber: G. Merkel, Berlin (in Vorbereitung) (Schriftenreihe Informationsverarbeitung).

4 G. Merkel, Zur Architektur elektronischer Rechenanlagen, in: Beiträge zur Informationsverarbeitung, Verantwortlicher Herausgeber: H. W. Meier, Berlin 1977 (Schriftenreihe Informationsverarbeitung).

5 Autorenkollektiv, DBS/R – Datenbanksystem Robotron, Verantwortlicher Herausgeber: K.-H. Müller, Berlin 1978 (Schriftenreihe Informationsverarbeitung).

6 H. Modrow, G. Merkel, Intensivierung, Rechentechnik und Parteiarbeit, in: Einheit, 11/1975, S. 1253.

R. Gerisch

Erfahrungen und Probleme der Vervollkommnung der Wirtschafts- und Leitungsorganisation in den Kombinaten der Industrie der DDR

Die Herausbildung großer Wirtschaftseinheiten, die in der Industrie der DDR in Form der Kombinate existieren, stellt offensichtlich eine Grundtendenz der weiteren Vergesellschaftung der Produktion dar, die sich im unterschiedlichen Tempo und verschiedenen Formen in allen Ländern des RGW vollzieht.

Die Entwicklung der Kombinate in der DDR ist das Ergebnis eines längeren Prozesses, in dessen Verlauf die SED immer bestrebt war, jene Formen der Wirtschaftsorganisation auszuarbeiten, die dem jeweiligen Niveau der Produktivkräfte und sozialistischen Produktionsverhältnisse am besten entsprachen und deren weitere Entwicklung am wirksamsten förderten.

Die langjährigen Erfahrungen, die wir besonders mit den zentralgeleiteten Kombinaten sammeln konnten, haben gezeigt, daß sie wesentlich zur Leistungssteigerung der Volkswirtschaft beigetragen haben.

Während z. B. die industrielle Warenproduktion im gesamten Bereich der Industrieministerien 1976 im Vergleich zu 1970 auf 147,1% angestiegen ist, erhöhte sie sich in den direkt einem Ministerium unterstellten Kombinaten auf 151,4%. Die Arbeitsproduktivität ist im Bereich der Industrieministerien insgesamt in diesem Zeitraum auf 137,6% angewachsen, in den Kombinaten wurde sie hingegen auf 139,7% gesteigert.

Diese Kombinate konnten Aufgaben in Angriff nehmen, die von den einzelnen Betrieben nicht in dem Maße und Tempo hätten gelöst werden können. Es wurden leistungsfähige Forschungs- und Entwicklungspotentiale geschaffen und mit dem Produktionsprozeß verbunden. Durch Spezialisierung der vorhandenen Produktionskapazitäten sowie durch Zentralisierung und auch Konzentration produktionsvorbereitender Aufgaben wurde erfolgreich an der Herausbildung eines relativ einheitlichen Reproduktionsprozesses gearbeitet.

Eine insgesamt erfolgreiche und stabile Entwicklung haben Kombinate besonders dann genommen, wenn

– die Möglichkeit bestand, die weitere Entwicklung des Kombinates konsequent aus den Erfordernissen des volkswirtschaftlichen Reproduktionsprozesses abzuleiten (Klarheit in der perspektivischen Entwicklung des Produktionsprofils, der Erzeugnissortimente und der Investitionen; Konzentration und Spezialisierung der Betriebe innerhalb des Kombinats nach objektiven gesellschaftlichen, ökonomischen und technisch-technologischen Kriterien);

– der Stammbetrieb des Kombinats sich in seinem wissenschaftlich-technischen und ökonomischen Niveau so entwickelte, daß er seiner führenden Rolle in der Gesamtentwicklung des Kombinats nachkommen konnte;

– durch eine gute Zusammenarbeit zwischen dem Kombinat, den Kombinatsbetrieben und den jeweiligen territorialen Partei- und Staatsorganen die Erfordernisse des Kombinats, seiner Betriebe und der Territorien in Übereinstimmung gebracht werden konnten;

– den Maßnahmen der Vertiefung der Arbeitsteilung und der Konzentration sowie den wirtschafts- und leitungsorganisatorischen Veränderungen konsequent volkswirtschaftliche Effektivitätskriterien zugrunde gelegt wurden (Orientierung auf ökonomische Produktionsmaßstäbe, Zentralisierung von Funktionen im Reproduktionsprozeß, Konzentration von Kräften und Mitteln zur Rationalisierung und technischen Erneuerung, organisatorische Sicherung einer engen Verbindung von Wissenschaft und Produktion);

– die Beziehungen zwischen Finalproduktion und Zulieferbetrieben so entwickelt wurden, daß in hohem Maße Qualität, Kontinuität und Effektivität der Gesamtproduktion gesichert werden konnten.

Entsprechend den Beschlüssen des IX. Parteitages der SED wurden und werden weitere Schritte der Entwicklung und Neubildung direkt unterstellter Kombinate vorbereitet und realisiert, um die in diesem Prozeß liegenden Effektivitätspotenzen für die Intensivierung zu nutzen.

„Die Entwicklung der vorhandenen und die Bildung neuer Kombinate, die mit großer Eigenverantwortung in unserer Volkswirtschaft ausgestattet sind, ist gegenwärtig der wesentlichste Schritt zur Vervollkommnung der Leitung und Planung."[1] Vor allem geht es darum, die Kombinate zu solchen Wirtschaftseinheiten zu entwickeln, die noch besser in der Lage sind, die Grundfragen ihrer erweiterten Reproduktion vorausschauend und im Komplex zu lösen.

Der Grundgedanke besteht darin, im Kombinat das zusammenzuschließen, was beim Reproduktionsprozeß einer bestimmten Art von Erzeugnissen zusammengehört: die wissenschaftliche Forschungsbasis, qualitätsbestimmende Zulieferungen, der Rationalisierungsmittelbau, die Bauabteilung sowie der Absatz der Erzeugnisse.[2] So entwickeln sich die Kombinate zu hocheffektiven Wirtschaftseinheiten der Volkswirtschaft, die den komplizierten Prozessen der Verbindung der Errungenschaften der wissenschaftlich-technischen Revolution mit den Vorzügen des Sozialismus gerecht und mit denen die Vorteile größerer Produktionsmaßstäbe genutzt werden.

Das Kombinat trägt gegenüber der Volkswirtschaft die volle Verantwortung für die planmäßige Produktion für die Versorgung der Bevölkerung, den gesellschaftlichen Bedarf und den Export in hoher Qualität und in bedarfsgerechtem Sortiment. Deshalb besteht ein Hauptanliegen darin, die einheitliche Verantwortung für alle entscheidenden Abschnitte des Reproduktionsprozesses volkswirtschaftlich wichtiger Erzeugnisse herzustellen.

Zur Herausbildung des relativ einheitlichen Reproduktionsprozesses in den Kombinaten

Bei der weiteren Entwicklung und Neubildung von Kombinaten geht es im Kern um die Gestaltung der günstigsten *materiellen* Bedingungen für einen relativ einheitlichen geschlossenen Reproduktionsprozeß in diesen großen Wirtschaftseinheiten (vgl. Abb. 1) und damit um bessere Voraussetzungen für die Intensivierung, insbesondere die Durchsetzung des wissenschaftlich-technischen Fortschritts im Reproduktionsprozeß unserer Volkswirtschaft.[3]

Auf der Grundlage einer langfristigen Ziel- und Aufgabenstellung besteht ein wesent-

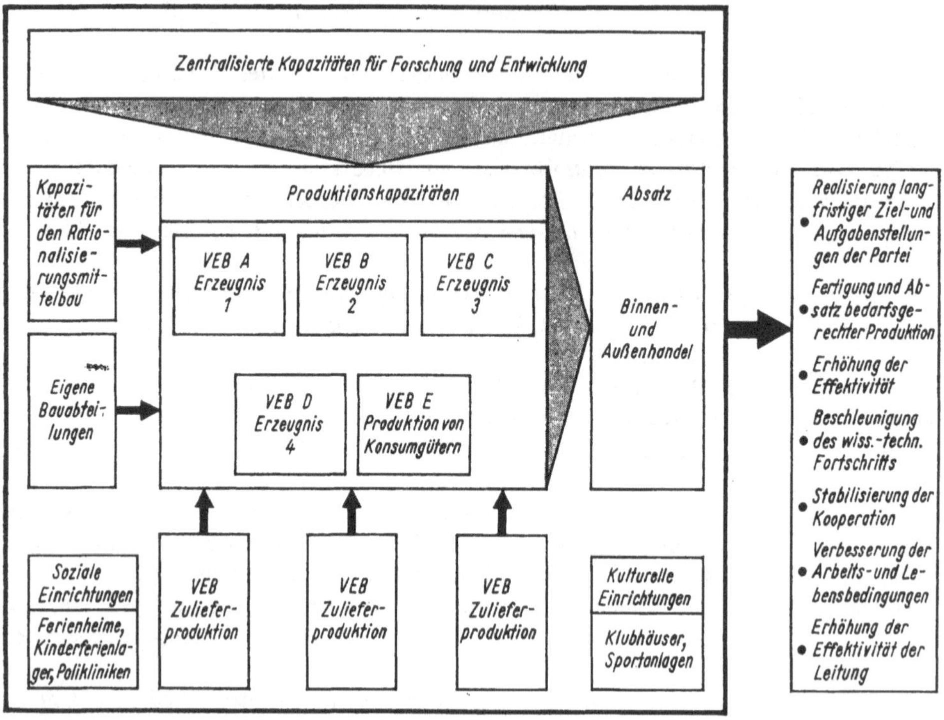

Abb. 1. Materielle Bedingungen des einheitlichen Reproduktionsprozesses im Kombinat

licher Vorzug der Kombinate darin, daß sie über die entscheidenden Kettenglieder des Reproduktionsprozesses selbst verfügen und leitungsmäßig direkt darauf Einfluß nehmen können.

Ich möchte in diesem Zusammenhang auf folgende Schwerpunkte eingehen, die nach unseren Untersuchungen in der gegenwärtigen Entwicklungsphase der Kombinate von besonderer Bedeutung sind:

1. *Die Entwicklung des technisch-ökonomischen Niveaus der Produktion hängt in den Kombinaten entscheidend davon ab, wie es gelingt, in der Vorbereitungsphase des Reproduktionsprozesses die dafür erforderlichen Voraussetzungen zu schaffen.* Es hat sich bewährt, „daß jedes Kombinat über das für die ständige Entwicklung seiner Produktion und Technologie sowie der Arbeits- und Lebensbedingungen erforderliche Potential an Forschung und Entwicklung"[4] verfügt. Diese Bereiche sind für eine hohe Qualität und die Weltmarktfähigkeit der Erzeugnisse, die schnelle Überleitung von Ergebnissen aus Wissenschaft und Technik sowie die Effektivität der Produktion entscheidend. Das gilt einerseits für die Sicherung der laufenden Produktion, z. B. durch die Bereitstellung der technologischen und konstruktiven Unterlagen, den Bau von Vorrichtungen, Werkzeugen, Lehren usw., und andererseits für die langfristige Vorbereitung und Realisierung von Neuerungsprozessen entsprechend dem wissenschaftlich-technischen Fortschritt, z. B. durch die Entwicklung und Einführung von neuen Erzeugnis- und Anlagensystemen, neuen Technologien und Verfahren.

Zur Erhöhung der Leistungsfähigkeit dieser Bereiche werden im wesentlichen folgende Wege beschritten:

– *Ausbau und Erweiterung des vorhandenen Potentials für die Sicherung der erforderlichen Proportionen zwischen Vorlaufforschung, Entwicklung, Konstruktion und der Technologie.* Das erfolgt sowohl durch die weitere Zuordnung wissenschaftlich-technischer Einrichtungen, die bisher einem Ministerium oder einer VVB unterstellt waren, als auch durch die Zuführung bzw. Umverteilung von Hoch- und Fachschulkadern.

– *Vervollkommnung der Leitung und Organisation der Vorbereitungsphase,* vor allem durch die fundierte Ableitung von Forschungs- und Entwicklungsaufgaben aus der langfristigen Ziel- und Aufgabenstellung des Kombinats sowie die bessere Abstimmung und Kooperation zwischen den zentralisierten Kapazitäten und denen der Kombinatsbetriebe. Gleichzeitig wird die Zusammenarbeit mit anderen Forschungseinrichtungen an den Universitäten, Hochschulen, der Akademie der Wissenschaften der DDR und anderen Instituten ausgebaut.

– *Entwicklung von Kapazitäten für den Eigenbau von zweig- und betriebsspezifischen Rationalisierungsmitteln zur schnellen Überleitung von Spitzenleistungen aus Wissenschaft und Technik in die Produktion.* Kombinate, die schon seit längerer Zeit über derartige Kapazitäten in Verbindung mit eigenen Bauabteilungen verfügen, haben in den vergangenen Jahren kontinuierlich ihre Pläne erfüllt und eine hohe Steigerung der Produktivität und Effektivität erreicht. Deshalb wurde der Grundsatz aufgestellt, daß „jedes Kombinat einen leistungsfähigen Bereich für die Rationalisierung besitzt. Dazu gehören Projektierung, Rationalisierungsmittelbau und die eigene Bauabteilung."[5]

– *Konzentration der vorhandenen Mittel und Kräfte auf entscheidende Schwerpunkte der Rationalisierung im Kombinat.* Dadurch sind die Voraussetzungen für die komplexe, durchgängige Rationalisierung ganzer Produktionsbereiche bzw. -abteilungen bei laufender Produktion vorhanden.

– *Weitere Intensivierung der wissenschaftlich-technischen Arbeit* selbst. Bestimmte Teilprozesse der Produktionsvorbereitung sind besonders durch den Einsatz moderner Technik der Informationsverarbeitung zu rationalisieren, z. B. für Information und Dokumentation, automatisierte Projektierung.

2. Auf der Grundlage der Klarheit über die langfristige Entwicklung des Erzeugnisprogramms und damit verbunden der Anwendung moderner technologischer Verfahren konnten *über die Spezialisierung und Konzentration der Produktion in den Kombinaten die Produktionsmaßstäbe erhöht und die produktionsorganisatorischen Voraussetzungen für den Einsatz leistungsfähiger Technik geschaffen werden.*

Wesentliche Richtungen sind dafür:

– Spezialisierung und Konzentration der Produktion in den Kombinaten nach Fertigerzeugnissen, z. B. Maschinenbau, Elektrotechnik und Elektronik,

– Spezialisierung und Konzentration der Produktion in den Kombinaten nach Einzelteilen und Baugruppen in zentralen Fertigungen,

– Spezialisierung und Konzentration der Produktion in den Hilfsprozessen der Kombinate, z. B. bei der Instandhaltung in der chemischen Industrie.

Im Ergebnis dieses Prozesses entwickelten sich spezialisierte Betriebe, die auf die Steigerung der Produktion der Endprodukte der Kombinate ausgerichtet sind.

Gleichzeitig entstanden engere Kooperationsbeziehungen zwischen den Betrieben, deren Stabilität entscheidend für die Endprodukte ist. Dabei haben wir die Erfahrung gesammelt, daß es für die Steigerung der Effektivität des Reproduktionsprozesses vorteilhaft ist, wenn entscheidende Kooperationsbeziehungen der Kombinate realisiert werden.

Deshalb orientiert die Partei darauf, daß eine solche „Zulieferproduktion, die die

Qualität des Endproduktes des Kombinates entscheidend bestimmt und spezifischen Charakter trägt, in den Kombinaten unabhängig von der Zweigstruktur entwickelt wird".[6] Bei Entscheidungen für die Zuordnung von Zulieferbetrieben kann nicht nur vom quantitativen Anteil der jeweiligen Zulieferproduktion ausgegangen werden. Auf der Grundlage der langfristigen Ziel- und Aufgabenstellung für die Kombinate geht es um solche Kriterien wie:

– Die Zuliefererzeugnisse müssen für die Qualität der Finalerzeugnisse des Kombinats gebrauchswertbestimmend sein und eine unmittelbare konstruktive oder technologische Verbindung erfordern.

– Der Bedarf an Zuliefererzeugnissen für die Finalerzeugnisse des Kombinats und für andere Betriebe bzw. Kombinate muß entsprechend ihrer geplanten Leistungsentwicklung gesichert werden.

– Der Zulieferbetrieb muß entsprechend den sich schnell verändernden Marktbedingungen der Finalerzeugnisse und den Zuliefererzeugnissen selbst eine hohe Reaktionsfähigkeit gewährleisten.

– Die Kapazität des Zulieferbetriebes ist für die Deckung des Bedarfs entsprechend den optimalen Produktionsmaßstäben auszulegen und durch den Export maximal auszulasten.

3. *Die zunehmenden Anforderungen an die Befriedigung des Bedarfs der Bevölkerung, die weitere Spezialisierung und Konzentration der Produktion zwischen den sozialistischen Ländern des RGW und die Realisierung der erforderlichen Steigerungsraten im Export erfordern eine neue Qualität der Zirkulationsprozesse.* In den Kombinaten wird das zusammengeschlossen, was zum Reproduktionsprozeß vom Standpunkt der Herstellung einer bestimmten Art der Erzeugnisse gehört. Dazu gehört auch der Absatz der Erzeugnisse.[7] Deshalb ist mit der langfristigen Bestimmung des Erzeugnissortiments und der Intensivierung entsprechend dem wissenschaftlich-technischen Fortschritt zugleich auch die Grundlinie der weiteren Entwicklung des Exports und des Imports auf der Basis der internationalen sozialistischen Arbeitsteilung im RGW festzulegen und im Prozeß der Planausarbeitung und -durchführung umzusetzen.

In den vergangenen Jahren wurde die Erfahrung gesammelt, daß die Lösung dieser Aufgabe entscheidend vom Niveau der Zusammenarbeit zwischen den Kombinaten und den Außenhandelsbetrieben abhängig ist. Dabei zeichnen sich verschiedene Richtungen ab:

Entwicklung einer engen Zusammenarbeit zwischen den Kombinaten und den juristisch selbständigen Außenhandelsbetrieben auf der Grundlage vertraglicher Vereinbarungen. Bei Sicherung des staatlichen Außenhandelsmonopols wird dadurch die Eigengeschäftstätigkeit der Kombinate entwickelt. Dazu werden in den Kombinaten Gruppen erfahrener Kader gebildet, die in enger Zusammenarbeit mit dem Außenhandelsbetrieb bzw. in dessen Auftrag die Entwicklung und Produktion devisenrentabler Erzeugnisse vorbereiten und gemeinsam zur Sicherung einer effektiven Verkaufstätigkeit auf den Außenmärkten tätig sind. Auf diese Weise wird eine Verbesserung der gemeinsamen langfristigen konzeptionellen Arbeit erreicht, werden die vorhandenen Potenzen in Industrie und Außenhandel einheitlich auf die Realisierung der Zielstellungen ausgerichtet und eine zweckmäßige Arbeitsteilung und Kooperation entwickelt.

Unter bestimmten Bedingungen „werden die gegenwärtig noch ... verselbständigten Kapazitäten ... des Absatzes Schritt für Schritt in die Kombinate eingegliedert".[8] Mit zunehmendem Verkauf hochwertiger und komplizierter Erzeugnisse, der Lieferung kompletter Ausrüstungen und Anlagen sowie wachsenden Kooperationslieferungen für spezialistierte Erzeugnisse werden neue Anforderungen an die Absatzprozesse gestellt. Solche Aufgaben wie Anwenderberatung, Kundendienstleistungen, Ausarbeitung von Projekten für die Anwender, Ersatzteilversorgung, größere technische Sachkunde bei Preisverhandlungen usw. erhöhen die Verantwortung der Produzenten und können erfahrungsgemäß durch die Kombinate sehr rationell realisiert werden.

4. Die Verwirklichung der Einheit von Wirtschafts- und Sozialpolitik der Partei stellt wachsende Anforderungen an eine bedarfsgerechte Produktion von Konsumgütern. Das erfordert, günstige materielle Bedingungen für ein schnelles Wachstum der Konsumgüterproduktion und die schnelle Umsetzung wissenschaftlich-technischer Erkenntnisse für die Produktion hochwertiger Konsumgüter zu schaffen. Das ist besonders eine Aufgabe für alle Betriebe und Kombinate der Konsumgüterindustrie, aber auch für die Kombinate der Industriezweige, die Produktionsmittel herstellen. Deshalb wurde von der Partei für die weitere Entwicklung der Kombinate der Grundsatz aufgestellt, „daß in den Kombinaten eine eigene leistungsfähige Konsumgüterproduktion entwickelt wird“.[9] Die Erfahrungen zeigen, daß die Vervollkommnung der materiellen Bedingungen für die sozialistische Intensivierung des Reproduktionsprozesses in den Kombinaten zu Bedingungen und Möglichkeiten führt, die es gestatten, gleichzeitig hochwertige Konsumgüter zu produzieren. Damit ist nicht eine Art Verlegenheitsproduktion gemeint, sondern vielmehr handelt es sich um hochwertige Konsumgüter, die sich aus den Bedingungen des Reproduktionsprozesses ergeben und in großen Serien mit hoher Qualität rationell bei kurzen Überleitungszeiten gefertigt werden.

Grundlage dafür sind das wissenschaftlich-technische Potential, die Produktionsausrüstungen und die Technologie der Hauptproduktion, die Verarbeitung von in der Hauptproduktion anfallenden Bauteilen, Rohstoffen und Materialien sowie nicht mehr verwertbaren Abfällen oder Teilen.

Zur Gestaltung und Vervollkommnung der Leitungsorganisation in den Kombinaten

Insbesondere die materiellen Veränderungen auf dem Wege zum relativ einheitlichen Reproduktionsprozeß, die höhere Verantwortung der Kombinate in der Volkswirtschaft erfordern eine Vervollkommnung des Leitungssystems. Es geht dabei um die konkrete Anwendung des demokratischen Zentralismus, damit entsprechend den veränderten materiellen Bedingungen und Anforderungen an die Intensivierung die komplexe Leitung und Planung der erweiterten Reproduktion gewährleistet wird.

Dabei stellt die richtige Auswahl, der Einsatz und die politische und fachliche Entwicklung der leitenden Kader eine entscheidende Bedingung für die Vervollkommnung des Leitungssystems zur Erreichung der notwendigen Leistungs- und Effektivitätsentwicklung dar.

Im Mittelpunkt steht die Durchsetzung der vollen Verantwortung der Kombinatsdirektoren für die komplexe Leitung und Planung des Reproduktionsprozesses im eigenen Verantwortungsbereich. Sie ist vor allem auf folgende Schwerpunkte gerichtet:

1. Bestimmung anspruchsvoller Ziele und Aufgaben (ausgehend vom Bedarf), um die eigenen Effektivitätsreserven besonders über den wissenschaftlich-technischen Fortschritt und die sozialistische Rationalisierung zur Erfüllung und gezielten Überbietung des Planes wirksam zu machen;

2. einheitliche, konsequente Orientierung und Leitung der schöpferischen Initiative der Werktätigen im sozialistischen Wettbewerb auf der Basis anspruchsvoller und realer Planaufgaben;

3. rationelle Organisation aller Phasen des Reproduktionsprozesses – einschließlich der Kooperationsbeziehungen – zur dauerhaften Beherrschung und Verkürzung des Zyklus von Forschung, Entwicklung, Technologie und Produktion bis zum Absatz sowie zur Sicherung der Planmäßigkeit und Kontinuität der Produktionsdurchführung;

4. ständige Vervollkommnung der materiellen, organisatorischen und sozialen Bedingungen – einschließlich der Kaderfragen – zur immer besseren Beherrschung des gesamten Kreislaufs der Reproduktion, um dauerhaft eine bedarfsgerechte Produktion in hoher Qualität und Effektivität zu sichern.

Die Kombinatsdirektoren nehmen über die ständige Vervollkommnung ihrer Tätigkeit darauf Einfluß, daß diese Leitungsaufgaben mit hoher Effektivität und Qualität gelöst werden. Dabei besteht eine wesentliche Seite ihrer Arbeit darin, daß sie ihre volle Verantwortung für den Reproduktionsprozeß nur und vor allem mit dem und über den arbeitsteilig organisierten Leitungsapparat wahrnehmen können. In diesem Zusammenhang besteht eine wesentliche Aufgabe für sie darin, die Funktionsfähigkeit des Leitungssystems ständig zu gewährleisten, ein arbeitsfähiges Leitungskollektiv zu entwickeln und die ständige Vervollkommnung des Leitungssystems im Zusammenhang mit der inhaltlichen Weiterentwicklung der Ziele des Verantwortungsbereiches und ihrer Realisierung zu sichern.

Im Mittelpunkt der Tätigkeit der Direktoren von Kombinaten stehen hierbei besonders solche Gesichtspunkte wie:

– die unbedingte Sicherung der Leitbarkeit des Verantwortungsbereiches und der Einheitlichkeit in seiner Organisation,

– die Herstellung der Übereinstimmung zwischen langfristig-inhaltlicher Zielbestimmung, den Reproduktionsbedingungen, der wirtschaftspolitischen Situation sowie der rationellen Gestaltung und Vervollkommnung des Leitungssystems,

– die Gewährleistung einer möglichst langfristigen Stabilität in der Leitungsorganisation sowie

– die konkrete Bestimmung der Arbeitsteilung im Leitungssystem, besonders die Festlegung der Verantwortung für die Leitungsorgane und die Spezialisten zur Sicherung einer leitergerechten Tätigkeit.

Die Erfahrungen zeigen, daß ein Grundproblem erfolgreicher Entwicklung der Kombinate darin besteht, in richtiger Weise die einheitliche zentrale Leitung der Kombinate mit der Sicherung der Bedingungen zur vollen Entfaltung der schöpferischen Initiative der Betriebskollektive sowie zur Gewährleistung der gesellschaftlichen und ökonomischen Wirksamkeit der Kombinatsbetriebe in den jeweiligen Territorien zu verbinden. Das heißt, die Sicherung der Eigenverantwortung der Kombinatsbetriebe bzw. Betriebsteile unter veränderten Bedingungen muß mit der Vervollkommnung der Organisation der zentralen Leitung der Kombinate einhergehen. Ausgangspunkt ist dabei die Stärkung der langfristigen Planung entsprechend der sozialistischen Intensivierung. Auf diese Weise werden durch das höhere Niveau der zentralen Leitung in den Kombinaten die leitungsmäßigen Voraussetzungen für die Herausbildung bzw. Festigung des einheitlichen Reproduktionsprozesses geschaffen. Erhöhung der Verantwortung für die langfristige konzeptionelle Arbeit, konzentrierter Einsatz der Ressourcen für die Entwicklung des Kombinats in Abstimmung mit den territorialen staatlichen Organen

(z. B. über die Bestimmung der Rang- und Reihenfolge der Rationalisierungsmaßnahmen) sowie die Sicherung einer stabilen Plandurchführung im Rahmen des Jahresvolkswirtschaftsplanes sind dafür maßgebend. Damit verbunden sind Überlegungen erforderlich, wie im Prozeß der sozialistischen Intensivierung durch die weitere Arbeitsteilung und Kooperation zwischen den Betrieben der Kombinate eine höhere Effektivität erreicht werden kann.

Das betrifft u. a. solche Aufgaben wie den konzentrierten Einsatz der Forschungs- und Entwicklungskapazitäten, den Aufbau leistungsfähiger Kapazitäten des Rationalisierungsmittelbaus und der Bauabteilungen.

Für die Sicherung des ökonomischen Leistungsanstiegs, besonders durch die Anwendung von Wissenschaft und Technik geht es um die leitungsmäßige Beherrschung der Intensivierungsprozesse im Maßstab der Kombinate. Dabei nimmt die leitungsmäßige und organisatorische Beherrschung von Neuerungsprozessen an Bedeutung zu.

Neuerungsprozesse zur Durchsetzung des wissenschaftlich-technischen Fortschritts in den Kombinaten stellen besonders hohe Anforderungen an die Leitungsorganisation, da sie eine im Vergleich zu „eingefahrenen" Prozessen hohe Dynamik und Flexibilität aufweisen, eine zeitweilige Zusammenführung von Kräften aus verschiedenen Bereichen mit wechselnder Aufgabenstellung sowie ein rasches Reagieren verschiedener Leitungsbereiche auf sich verändernde Situationen verlangen. Die hohe Komplexität erfordert generell ein höheres Niveau des Zusammenwirkens fast aller Leitungs- und Fachbereiche. Erfahrungsgemäß ist wichtig, daß sich das „ganze" Leitungssystem des Kombinats auf diese Prozesse einstellt und ihre direkte Leitung und Organisation eine wesentliche Seite der Vervollkommnung der zentralen Leitung der Kombinate darstellen muß. Im Kern geht es dabei um die bessere prozeßorientierte Leitung, um die Verknüpfung der Linie-Stab-Organisation mit einer flexiblen horizontalen Koordinierung im Leitungssystem. Als wesentliche Erfahrung hat sich hier auf der Grundlage der Verantwortung des Kombinatsdirektors die Prozeßverantwortung der Fachdirektoren und die Anwendung des Auftragsleiterprinzips bewährt.

Bei der Entwicklung der Kombinate in der Industrie der DDR zeichnen sich 3 Typen der Gestaltung der Leitung ab: Leitung über den Stammbetrieb, Leitung über selbständige Kombinatsleitung, Leitung über Leitbetriebe.

Zunächst muß gesagt werden: Die prinzipielle Orientierung der Partei, die Kombinate über einen Stammbetrieb zu leiten, hat sich als richtig erwiesen.[10] Damit wurde im Prozeß der Bildung und Entwicklung der Kombinate verhindert, daß sich vom Reproduktionsprozeß losgelöste Leitungen entwickelten, die mit der Aufblähung von Leitungs- und Verwaltungspersonal verbunden sind (vgl. Abb. 2).

Über diese Organisationsform der Leitung, in der der Leitungsapparat des Stammbetriebes zugleich die Aufgabe der Leitung des Reproduktionsprozesses wahrnimmt und der Generaldirektor gleichzeitig der Leiter des Stammbetriebes ist, wurden entscheidende Voraussetzungen dafür geschaffen, daß die Leitung, Planung und Organisation in Richtung eines einheitlichen Reproduktionsprozesses entwickelt werden konnten.

Bewährt hat sich diese Leitung vor allem dort, wo der Stammbetrieb den überaus größten Teil der Produktion erreichte und eine stabile ökonomische Entwicklung genommen hat, die kadermäßigen Voraussetzungen zur Leitung der größeren Wirtschaftseinheit geschaffen wurden und die Reproduktionskraft sowie das wissenschaftlich-technische Niveau vorhanden waren, um die materiellen Bedingungen für den einheitlichen Reproduktionsprozeß zu entwickeln.

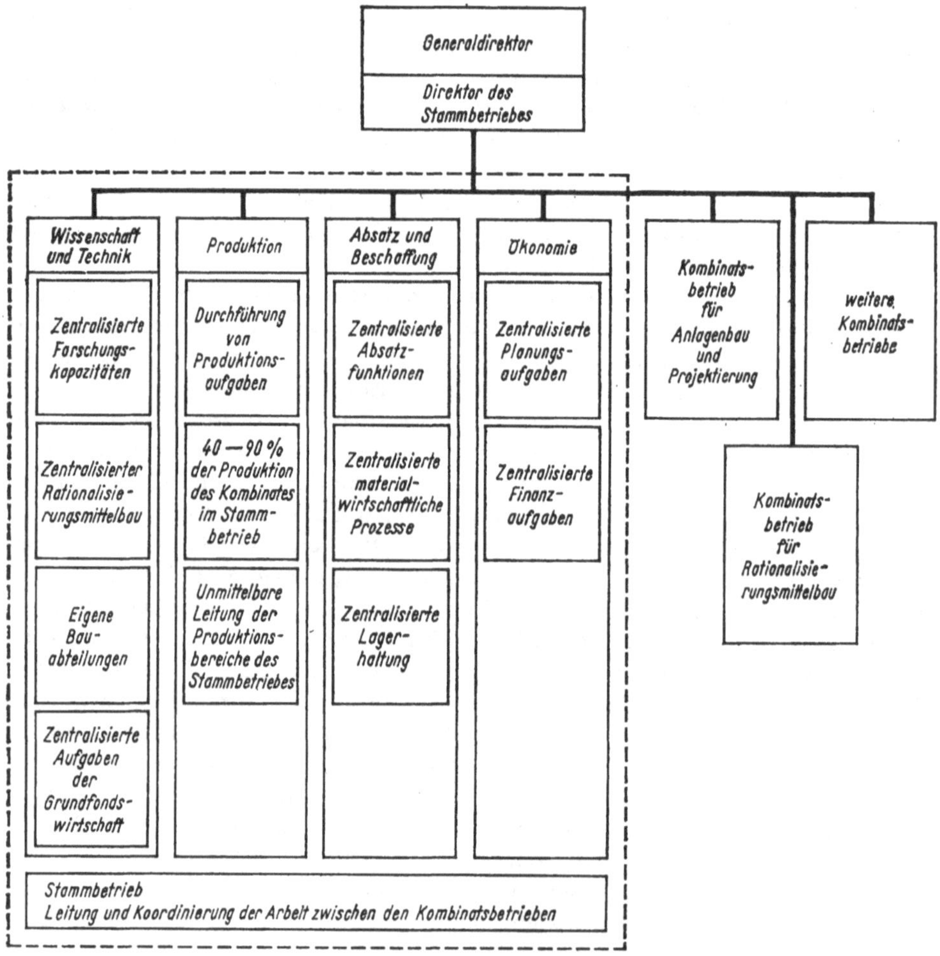

Abb. 2. Grundstruktur der Leitung eines Kombinates mit Stammbetrieb

In diesem Prozeß haben sich jedoch Veränderungen im Leitungssystem vollzogen, um entsprechend den jeweiligen Bedingungen die Leitbarkeit des Kombinates zu sichern. Es lassen sich folgende Entwicklungstendenzen verallgemeinern:

– Ausbau bzw. Aufbau von Organen im Leitungssystem zur Sicherung entscheidender Funktionen der *komplexen Leitung des Reproduktionsprozesses* insgesamt, besonders zur langfristig-konzeptionellen und der Organisationsarbeit.

– *Erhöhung der Eigenverantwortung* von Betriebsteilen im Stammbetrieb, meist verbunden mit der Schaffung größerer Leitungsbereiche.

– *Erhöhung der Rolle der Fachdirektoren* im Prozeß der Entscheidungsvorbereitung, der Koordinierung und Anleitung der Kombinatsbetriebe.

– Entwicklung eines straff organisierten *Systems der Leitung der Plandurchführung*, meist verbunden mit dem Einsatz eines Produktionsdirektors bzw. Direktors für Plandurchführung zur direkten Leitung der produzierenden Bereiche des Stammbetriebes im Auftrage des Generaldirektors.

An der Leitung der Kombinate über den Stammbetrieb wird auch künftig festgehalten werden. Zugleich haben sich jedoch entsprechend den spezifischen Reproduktionsbedingungen und den Entwicklungsbedingungen des Konzentrationsprozesses weitere Organisationsformen der zentralen Leitung der Kombinate entwickelt. So ist die Erweiterung bzw. Neubildung der Kombinate, die sich gegenwärtig in den Bereichen der Elektrotechnik und Elektronik und des Maschinenbaus vollzieht, oft mit der Herausbildung einer eigenen zentralen Leitung der großen Wirtschaftseinheiten verbunden. Eine solche Organisationsform hat sich vor allem dort entwickelt, wo Maschinensysteme und komplette Anlagen bei Zuordnung erzeugnisbestimmender Zulieferungen besonders komplizierte Fragen der Leitung und Planung zur Sicherung der Kooperation aufwarfen oder, wo kein geeigneter Stammbetrieb ausgewählt werden konnte, der in der Lage gewesen wäre, die Funktion der einheitlichen Leitung des Reproduktionsprozesses zu erfüllen (vgl. Abb. 3).

Die mit der Erweiterung bzw. Neubildung von Kombinaten verbundene Herausbildung großer Wirtschaftseinheiten, in denen das Potential mehrerer Zweige vereinigt

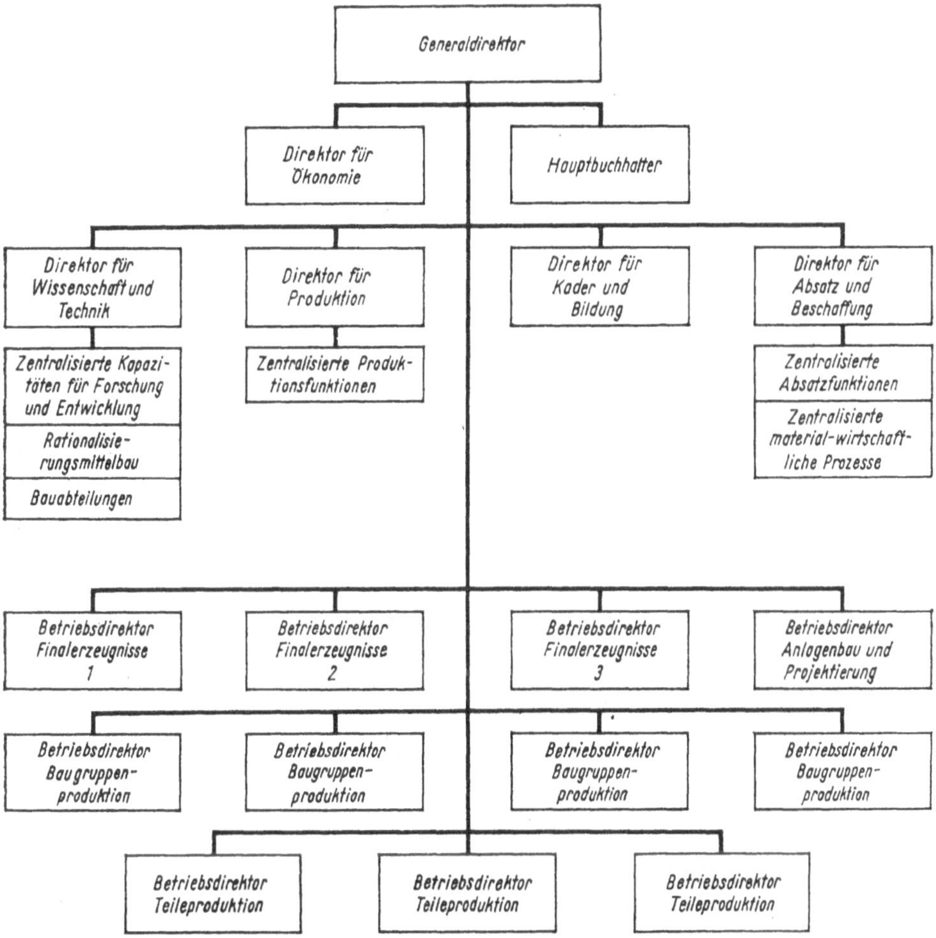

Abb. 3. Grundstruktur der Leitung eines Kombinates mit eigener Kombinatsleitung

wird oder deren Kapazitäten territorial zum Teil erheblich zersplittert sind – wie das im Bereich der Elektrotechnik/Elektronik, des Maschinenbaus und der Leichtindustrie der Fall ist – hat in jüngster Zeit dazu geführt, daß die Leitung über Leitbetriebe wahrgenommen werden wird (vgl. Abb. 4).

Sie stellen die wirtschaftsorganisatorische Zusammenführung von Betrieben und Kombinaten dar, die gemeinsam gleiche oder ähnliche Finalerzeugnisse herstellen, an der Produktion bestimmter Einzelteile oder Baugruppen beteiligt sind oder in der Vorbereitungsphase der Produktion gemeinsame Aufgaben durchführen (Forschung und Entwicklung, Rationalisierung).

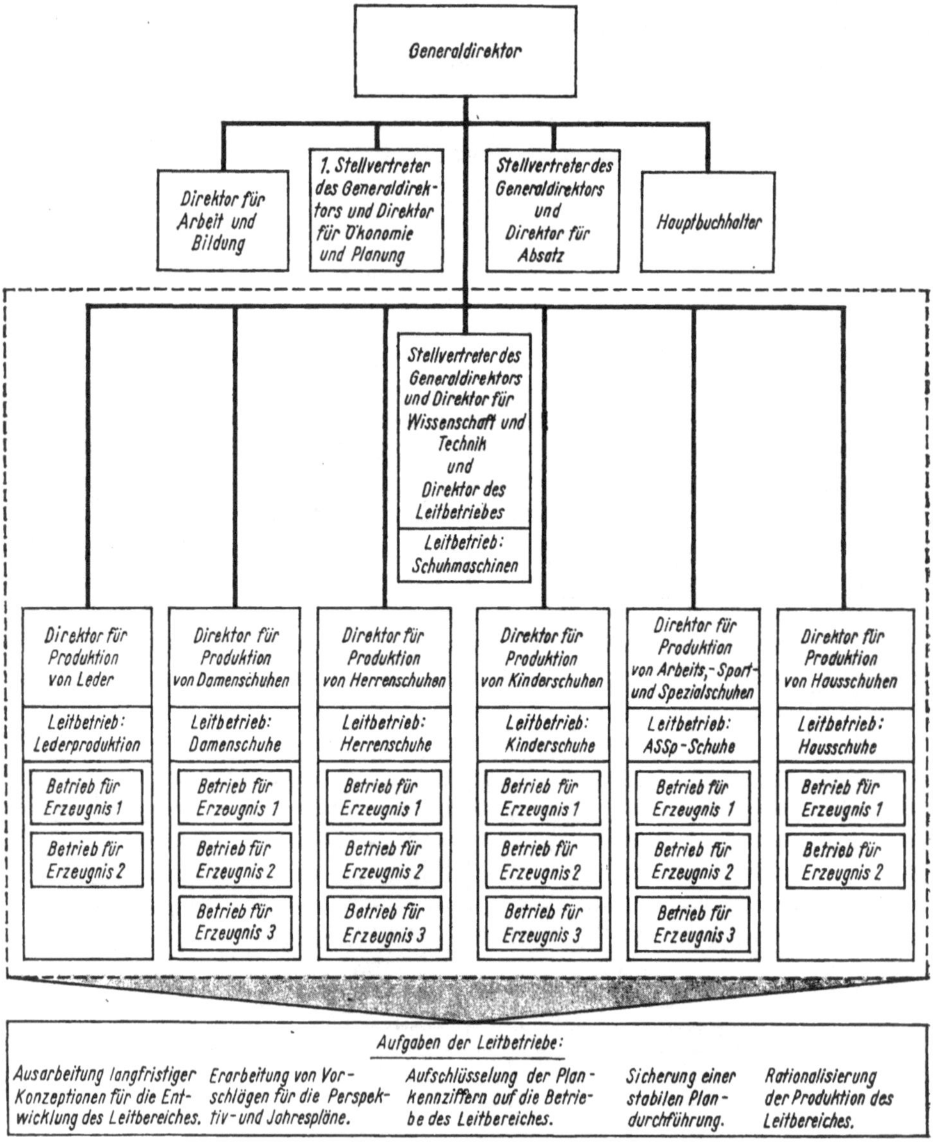

Abb. 4. Grundstruktur der Leitung eines Kombinates über Leitbetriebe

Die Leiter der Leitbetriebe sind dem Generaldirektor des Kombinates gegenüber für die Tätigkeit der zum Leitbetriebsbereich gehörenden Betriebe verantwortlich. Diese Verantwortung nehmen sie mit dem und über den Leitungsapparat des Leitbetriebes wahr. In einer ganzen Reihe von Kombinaten ist vorgesehen, daß sie als stellvertretende Generaldirektoren wirksam werden.

Für das Kombinat nehmen die Leitbetriebe u. a. vor allem solche Aufgaben wahr, wie

– die Ausarbeitung und Abstimmung langfristiger Konzeptionen für die Entwicklung des Leitbetriebsbereiches,

– die Erarbeitung von Vorschlägen für die Perspektiv- und Jahrespläne und die Aufschlüsselung der Plankennziffern auf die Betriebe des Bereiches,

– die Sicherung einer stabilen Plandurchführung sowie der Erhöhung der Effektivität des Reproduktionsprozesses durch die Rationalisierung der Produktion.

Entsprechend der Orientierung der SED geht es darum, „leistungsfähige Kombinate zu schaffen, die bei weitgehender Eigenverantwortung der Betriebe in der Lage sind, entsprechend der Zielstellung des Volkswirtschaftsplanes ihre Aufgaben zu erfüllen“[11].

Die Erfahrungen, die bei der Durchsetzung der Eigenverantwortung der Kombinatsbetriebe gesammelt wurden, zeigen dabei, daß

– die inhaltlichen Schwerpunkte (Aufgaben und Funktionen) zur Sicherung der effektiven Leitung des Reproduktionsprozesses konsequent zentral wahrzunehmen sind,

– die Eigenverantwortung an objektive Merkmale und Kriterien gebunden ist (vgl. Abb. 5) und

1.	2.	3.	4.	5.
Langfristige Ziel- und Aufgabenstellung im Rahmen eines hohen Niveaus der Planung in Kombinaten	Ausstattung mit Grund- und Umlaufmitteln und entsprechendem Arbeitskräftepotential zur Erfüllung der Planaufgaben und zur Erreichung der Zielstellung	Anwendung der wirtschaftlichen Rechnungsführung für die Kombinatsbetriebe. In diesem Zusammenhang Verfügung über entsprechende Fonds	Festlegung von Entscheidungsbefugnissen in sachlich inhaltlicher organisatorischer Hinsicht zur eigenverantwortlichen Leitung und Planung des Produktionsprozesses der Kombinatsbetriebe	Recht auf Ausarbeitung einer eigenen Bilanz und Recht im Namen der Produktionsvereinigung Wirtschaftsverträge abzuschließen

Kriterien der Ausgestaltung der Eigenverantwortung der Produktionseinheiten

1.	2.	3.	4.	5.
Grad der technologischen Verflechtung der Produktionseinheit entsprechend dem Stand der Arbeitsteilung und Konzentration der Produktion	Grad der Zentralisierung von ökonomischen und Leitungsfunktionen im Kombinat	Größe des Kombinatsbetriebes	Standort des Kombinatsbetriebes (Entfernung vom Stammbetrieb)	Unterschiedliche soziale und ökonomische Bedingungen im Zusammenhang mit dem Territorium und seiner Entwicklung

Abb. 5. Wichtige Anforderungen an die Eigenverantwortung der Kombinatsbetriebe

– entsprechend dem Entwicklungsstand des einheitlichen Reproduktionsprozesses den konkreten Reproduktionsbedingungen und der territorialen Verteilung der produzierenden Bereiche ein ausgewogenes Verhältnis zwischen zentraler Leitung und Eigenverantwortung gefunden werden muß.

Generell ist zu gewährleisten, daß die Betriebe entsprechend ihrer objektiven Stellung im Reproduktionsprozeß die ihnen über den Plan gegebenen Ziele und Aufgaben eigenverantwortlich realisieren und an der zentralen Leitung und Planung des Kombinates aktiv beteiligt sind. Für die konkrete Ausgestaltung der Eigenverantwortung in den Kombinatsbetrieben lassen sich folgende Ausgangspunkte verallgemeinern:

Erstens: „Die zum Kombinat gehörenden Betriebe sind ökonomisch und juristisch eigenverantwortliche Betriebe mit ihren traditionellen Namen.“[12] Entsprechend den Zielen und Aufgaben des Kombinates haben sie ihren staatlichen Plan. Sie werden durch die Kombinatsleitung nach der wirtschaftlichen Rechnungsführung geleitet und setzen die innerbetriebliche wirtschaftliche Rechnungsführung voll durch. Dazu gehören die eigene Kosten-, Ergebnis- und Nutzungsberechnung, die Aufstellung einer eigenen Bilanz sowie die Bildung und Verwendung von Investitions- und Amortisationsfonds, Fonds Wissenschaft und Technik sowie Kultur- und Sozialfonds, und – in Abhängigkeit von den erreichten Ergebnissen – Stimulierungsfonds, Betriebsprämienfonds und Leistungsfonds. Dadurch werden für die Kombinatsbetriebe die Bedingungen geschaffen, um eigenverantwortlich im Rahmen des Planes Entscheidungen zur rationellen Durchführung des Produktionsprozesses und der Rationalisierung realisieren zu können.

Zweitens: Der richtigen Einordnung der Kombinatsbetriebe in das Territorium messen wir große Bedeutung bei. Die Betriebe müssen entsprechende Rechte und materielle Möglichkeiten erhalten, um ihre Aufgaben im Territorium voll wahrzunehmen. Dazu gehört die Teilnahme an territorialen Rationalisierungsmaßnahmen, an der Schaffung besserer Arbeits- und Lebensbedingungen für die Betriebsangehörigen im Territorium und die Teilnahme an der gemeinsamen Entwicklung und Nutzung von Kapazitäten der Hilfs- und Nebenprozesse für die Erhöhung der Effektivität der Produktion.

Drittens: Durch die konkretere Ausgestaltung der Eigenverantwortung muß gewährleistet sein, daß die Betriebe im Kombinat die ihnen über den Plan gegebenen Ziel- und Aufgabenstellungen eigenverantwortlich realisieren und an der Vorbereitung und Durchführung von Entscheidungen zur Entwicklung des Kombinates mitwirken können. Gleichzeitig muß aber auch gesichert sein, daß der Generaldirektor im Rahmen seiner Verantwortung alle Möglichkeiten erhält, den relativ einheitlichen Reproduktionsprozeß herauszubilden, der mit hoher Effektivität wirksam wird.

Die Eigenverantwortung ist vor allem an die Wahrnehmung der Aufgaben gebunden, die sich aus der objektiven Stellung der Betriebe im Reproduktionsprozeß des Kombinates ergeben. Veränderungen in der Stellung der Kombinatsbetriebe durch die Weiterführung der Arbeitsteilung und Konzentration der Produktion auf dem Wege zum einheitlichen Reproduktionsprozeß sowie die Zentralisierung ökonomischer Funktionen führen notwendig zu neuen Ziel- und Aufgabenstellungen der Betriebe. Dadurch können sich auch die Pflichten und die Entscheidungsbefugnisse über materielle und finanzielle Fonds verändern, um die neuen Aufgaben eigenverantwortlich lösen zu können.

Viertens: Eine wesentliche Erfahrung erfolgreicher Arbeit in den Kombinaten besteht in diesem Zusammenhang darin, daß im Prozeß der langfristig-konzeptionellen Arbeit der Erarbeitung der Planziele und Wettbewerbsaufgaben und ihrer Realisierung *feste Formen des Zusammenwirkens* des Generaldirektors mit den Direktoren der Kombinatsbetriebe angewandt werden. Dabei ist die *Direktion des Kombinates* die entscheidende Organisationsform der kollektiven Beratung des Generaldirektors als sozialistischem Einzelleiter der Produktion. Die Beratungen in der Direktion sind vor allem darauf gerichtet, sachkundige Entscheidungen zur Sicherung der komplexen Leitung und Planung des Reproduktionsprozesses zu gewährleisten, die aktive Mitarbeit der Direktoren der Kombinatsbetriebe an der Entscheidungsfindung zu sichern und durch eine einheitliche Meinungsbildung die volle Identifizierung der leitenden Kader mit den getroffenen Entscheidungen als Voraussetzung eines einheitlichen Handelns in den Leitungs- und Arbeitskollektiven zu erreichen.

Anmerkungen

1 8. Tagung des ZK, Aus dem Bericht des Politbüros an das Zentralkomitee der SED, Berichterstatter: Genosse Erich Honecker, Berlin 1978, S. 19.

2 Vgl. G. Mittag, Fragen der Wirtschaftspolitik der SED in Verwirklichung der Beschlüsse des IX. Parteitages – einige Schlußfolgerungen und Lehren, Vortrag am 6. 4. 1978 an der Parteihochschule „Karl Marx“ beim ZK der SED, Berlin 1978, S. 64.

3 Für die Entwicklung eines relativ einheitlichen Reproduktionsprozesses in den Kombinaten haben sich eine Reihe von Kriterien bzw. Merkmalen bewährt. Entscheidend davon sind:
- die planmäßige Gestaltung des Erzeugnissortiments der Kombinate für die Versorgung der Bevölkerung, den Bedarf der Volkswirtschaft und den Export,
- die Sicherung der Phasen des Reproduktionsprozesses zur Beherrschung des Zyklus von der Forschung und Entwicklung über die Produktion bis zum Absatz,
- die proportionale Entwicklung zwischen den Haupt-, Hilfs- und Nebenprozessen in der Produktion,
- die Gewährleistung einer stabilen Entwicklung in der Kooperationskette für die Herstellung der jeweiligen Erzeugnisse,
- die Sicherung eines rationellen Kreislaufes der Fonds auf der Grundlage der wirtschaftlichen Rechnungsführung.

4 G. Mittag, Fragen der Wirtschaftspolitik der SED in Verwirklichung der Beschlüsse des IX. Parteitages – einige Schlußfolgerungen und Lehren, Vortrag am 6. 4. 1978 an der Parteihochschule „Karl Marx“ beim ZK der SED, a. a. O., S. 64.

5 Ebenda, S. 65.

6 Ebenda, S. 65.

7 Ebenda, S. 61.

8 G. Mittag, Klares Konzept der Politik unserer Partei zur Verwirklichung der Hauptaufgabe, Informationen zur Weiterbildung auf dem Gebiet der sozialistischen Wirtschaftsführung, Berlin 1977, S. 34.

9 G. Mittag, Fragen der Wirtschaftspolitik der SED in Verwirklichung der Beschlüsse des IX. Parteitages – einige Schlußfolgerungen und Lehren, Vortrag am 6. 4. 1978 an der Parteihochschule „Karl Marx“ beim ZK der SED, a. a. O., S. 65.

10 Vgl. G. Mittag, Klares Konzept der Politik unserer Partei zur Verwirklichung der Hauptaufgabe, Informationen zur Weiterbildung auf dem Gebiet der sozialistischen Wirtschaftsführung, a. a. O., S. 35.

11 E. Honecker, Die sozialistische Revolution in der DDR und ihre Perspektiven, Berlin 1977, S. 38.

12 G. Mittag, Fragen der Wirtschaftspolitik der SED in Verwirklichung der Beschlüsse des IX. Parteitages – einige Schlußfolgerungen und Lehren, Vortrag am 6. 4. 1978 an der Parteihochschule „Karl Marx“ beim ZK der SED, a. a. O., S. 66.

L. Hummel

Zur weiteren Vervollkommnung von sozialistischem Wettbewerb und Teilnahme der Werktätigen an Leitung und Planung

In ihrem auf dem IX. Parteitag angenommenen Programm kennzeichnet die Sozialistische Einheitspartei Deutschlands „die umfassende gesellschaftliche Aktivität der Arbeiter, der Genossenschaftsbauern, der Intelligenz und der anderen Werktätigen, die mit hoher politischer Verantwortung und Sachkenntnis an der Leitung und Planung der gesellschaftlichen Entwicklung mitwirken“, als „ein charakteristisches Merkmal des entwickelten Sozialismus“.[1]

Die Sozialistische Einheitspartei Deutschlands fördert den sozialistischen Wettbewerb als umfassenden Ausdruck des Schöpfertums der werktätigen Massen. Sie läßt sich dabei von dem Grundsatz leiten, daß die Höherentwicklung der Produktivkräfte bei gleichzeitiger Vervollkommnung der sozialistischen Produktionsverhältnisse erfolgt. Wachsendes Bewußtsein und Initiative der Werktätigen finden ihren Ausdruck vor allem im sozialistischen Wettbewerb und in der wirksamen Teilnahme an Leitung und Planung der Produktion überhaupt.

In Einschätzung der Wirksamkeit des sozialistischen Wettbewerbs bei der Erfüllung der Beschlüsse des IX. Parteitages und in Vorbereitung auf den 30. Jahrestag der DDR kann man sagen: Es ist noch besser gelungen, die Wege zu hoher Effektivität konkret in den Wettbewerben festzulegen. Die Intensivierung der Produktion, die qualitativen Faktoren des Wirtschaftswachstums bestimmen eindeutig die Richtung dieser Zielstellungen, wodurch der sozialistische Wettbewerb weitgehend den gegenwärtigen gesellschaftlichen Anforderungen entspricht.[2] Die Gewerkschaften und die anderen gesellschaftlichen Organisationen, unter ihnen insbesondere der Jugendverband haben sich dabei als Organisatoren und Initiatoren des Wettbewerbs bewährt. Sie haben viele wertvolle Formen der Führung des Wettbewerbs entwickelt, die der Spezifik von Aufgabenstellungen und betrieblichen Bedingungen immer besser Rechnung tragen. Insbesondere die Popularisierung bester Erfahrungen hat sich in Verwirklichung der Leninschen Wettbewerbsprinzipien als sehr wirksam erwiesen. Die neue Qualität, die wir bei der Führung des sozialistischen Wettbewerbs gegenwärtig erreicht haben, läßt sich im einzelnen wie folgt charakterisieren:

– Der schöpferische Inhalt der vielfältigen Wettbewerbsinitiativen zielt stärker auf die Vertiefung der sozialistischen Intensivierung, wobei der Kampf um bessere ökonomische Ergebnisse mit der weiteren Vertiefung des politischen Bewußtseins der Werktätigen einhergeht.

– Der Wettbewerb wird stärker auf die komplexe Verwirklichung aller Planteile gerichtet, wobei die Beschleunigung des wissenschaftlich-technischen Fortschritts und die sozialistische Rationalisierung immer mehr in den Vordergrund rücken.

– Wettbewerb und Plan kommen immer besser in Übereinstimmung. Ausdruck dessen ist unter anderem die Erarbeitung der Gegenpläne und deren Absicherung durch konkrete Wettbewerbsverpflichtungen. Immer stärker orientiert sich die Initiative auf die Erhöhung der ökonomischen Wirksamkeit bei der Verstärkung der Gemeinschaftsarbeit zwischen den Angehörigen der Arbeiterklasse und der Intelligenz, vollzieht sich die umfassendere Einbeziehung der Angehörigen der produktionsvorbereitenden Bereiche in den Wettbewerb sowie die Entwicklung des Komplexwettbewerbs unter Einschluß der Kooperationspartner.

Mit der Planung der Entwicklung der Neuererbewegung und der Aufschlüsselung des Planes Wissenschaft und Technik werden wesentliche Quellen zur schöpferischen Mitwirkung breiter Kreise am wissenschaftlich-technischen Fortschritt erschlossen.

– Die wissenschaftliche Arbeitsorganisation unter aktiver Mitwirkung der Werktätigen wird zum immanenten Bestandteil des sozialistischen Wettbewerbs und erhält durch neue Formen der Initiative, wie die Initiativschichten und die ehrenamtlichen Kollektive der wissenschaftlichen Arbeitsorganisation, eine wesentliche Untermauerung.

– In zunehmendem Maße schließt der sozialistische Wettbewerb Faktoren zur besseren Nutzung der lebendigen Arbeit ein. Er erstreckt sich unter anderem auf die bessere Ausnutzung der Arbeitszeit, auf Qualifizierung, auf Ordnung, Disziplin und Sicherheit.

– Die Beeinflussung des Kostenniveaus, die Probleme der Effektivität rücken immer sichtbarer in das Blickfeld der Masseninitiative. Immer mehr Produktionsarbeiter interessieren sich für die exakten Vorgaben an Fertigungszeiten, Material, Roh- und Hilfsstoffen und deren Verwendungskennziffern.

– Die wirksame Entfaltung der Initiative der Jugend, vor allem zur Durchsetzung der qualitativen Faktoren des ökonomischen Wachstums und zur Lösung volkswirtschaftlicher Schwerpunktaufgaben hat an Bedeutung gewonnen und findet in den ökonomischen Initiativen der FDJ, in zahlreichen Jugendobjekten und Jugendbrigaden ihren Ausdruck.

– Zunehmende Impulse gehen von der sozialistischen ökonomischen Integration aus. Sichtbar ist eine immer breitere Anwendung wertvoller sowjetischer Erfahrungen und Neuerermethoden einschließlich des breiten Erfahrungsaustausches zwischen den Werktätigen kooperierender Betriebe mit sozialistischen Partnerbeziehungen.

Der gegebene Rahmen gestattet nicht, auf die ganze Fülle dieser Merkmale einer neuen Qualität einzugehen. Es werden daher im folgenden einige ausgewählt, die die Einheit von sozialistischem Wettbewerb und Teilnahme der Werktätigen an Leitung und Planung besonders kennzeichnen und wachsende Bedeutung erlangen. Sie stellen höhere Anforderungen an die Leiter, den sozialistischen Wettbewerb immer besser in die Leitung und Planung der Betriebe und Kombinate organisch einzuordnen. Es betrifft:

1. die Einbeziehung der Werktätigen in den wissenschaftlich-technischen Fortschritt,
2. die Verbindung von Plan und Wettbewerb,
3. die Führung des Wettbewerbs im Rahmen der Kombinate.

1. Zur Einbeziehung der Werktätigen in den wissenschaftlich-technischen Fortschritt

Für die Durchsetzung des wissenschaftlich-technischen Fortschritts treten im sozialistischen Wettbewerb besonders in jüngster Zeit einige wirksame Methoden hervor:

– der Wettbewerb der Konstrukteure und Technologen im Rahmen von persönlich-schöpferischen Plänen oder „Ingenieurpässen“;

– die Übernahme von Brigadeverpflichtungen in den Produktionskollektiven für die

Realisierung wissenschaftlich-technischer Vorhaben und die Mitwirkung an ihrer Vorbereitung;

– das Neuererwesen und dessen Ausbreitung und Bewertung im Rahmen des sozialistischen Wettbewerbs;

– die zunehmende Gemeinschaftsarbeit zwischen wissenschaftlich-technischer Intelligenz und Arbeitern, in Form verschiedener Kooperationen und Rationalisierungsbrigaden.

Hauptziele des sozialistischen Wettbewerbs für die Durchsetzung des wissenschaftlich-technischen Fortschritts sind insbesondere die Verkürzung von Entwicklungszeiten, die Erreichung eines besseren Aufwand-Nutzen-Verhältnisses, eine größere Flexibilität für die Herstellung exportfähiger Erzeugnisse, hohes technisches Niveau und qualitative Ausführung. Zur Erreichung dieses Zieles ist erforderlich, folgenden Fragen stärkere Aufmerksamkeit zu schenken: Das ständige Zusammenwirken zwischen Arbeitern, Technologen, Konstrukteuren und Projektanten wird mehr und mehr Grundvoraussetzung, um im Wettbewerb Erzeugnisse und Verfahren auf einem hohen wissenschaftlich-technischen Niveau hervorzubringen und rasch in die Produktion zu überführen. Deshalb ist es notwendig, daß die Idee für eine neue Lösung gemeinsam diskutiert und die Erfahrungen und Anregungen aller Beteiligten zum Inhalt des Wettbewerbs gemacht werden. Die Wege, die dabei in der Praxis beschritten werden, sind vielfältig. Ein Beispiel sind „Kollektivpläne der Intensivierung", wobei Angehörige wissenschaftlicher Bereiche mit Produktionsarbeitern, Reparateuren, Laboranten usw. für das Überbieten bzw. vorzeitige Erreichen vorgegebener Parameter kämpfen. Hervorzuheben ist ferner die Arbeit nach „Prozeßanalysen" z. B. in der chemischen Industrie, wobei Arbeiter und Angehörige der Intelligenz ganze Produktionsabschnitte und -abläufe gemeinsam analysieren, um wissenschaftlich-technische, technologische und ökonomische Erkenntnisse für die weitere Intensivierung der Produktion zu gewinnen.

Große Aufmerksamkeit verdient der Wettbewerb zur Einsparung von Arbeitsplätzen und zur Freisetzung von Arbeitskräften für Produktionserweiterungen unter der Losung: „Weniger schaffen mehr".

Allen diesen Methoden ist das abgestimmte, zielstrebige Handeln der Werktätigen für die Intensivierung der Produktion auf der Grundlage einer weitgehenden Aufschlüsselung des Planes Wissenschaft und Technik sowie einer umfassenden Information über Anforderungen und Lösungsziele gemeinsam.

Wesentlich für die ökonomische Wirksamkeit der Initiativen der Arbeitskollektive bei der Durchsetzung des wissenschaftlich-technischen Fortschritts ist die enge Verbindung von sozialistischem Wettbewerb und Neuererbewegung. Immer besser bewährt sich die planmäßige Einbeziehung der Neuerer in die Vorbereitung und Realisierung von konkreten Teilaufgaben aus den Plänen Wissenschaft und Technik. In den Betrieben wurden gute Ergebnisse dort erreicht, wo es gelang, bereits im Rahmen der Vorbereitung und Diskussion des Planes Neuereraufgaben zur schöpferischen Mitwirkung an der Lösung wissenschaftlich-technischer Probleme sowie zur Überleitung von technischen Vorhaben in die Produktion vorzugeben. Die Anwendung geeigneter Methoden zur Entwicklung des materiellen Interesses der Arbeitskollektive an der Lösung wissenschaftlich-technischer Aufgaben beweist sich hierbei als eine wesentliche Voraussetzung für die aktive Mitwirkung der Arbeitskollektive der Wohnungsbaukombinate unserer Republik, die seit einigen Jahren nach Brigade- und Objektverträgen arbeiten (Slobin) und hinsichtlich der Selbstkostensenkung aus Neuerertätigkeit sowie aus der Nachnutzung von Neuerungen wesentlich über dem Niveau jener Brigaden liegen, die nicht nach dieser Methode arbeiten.

Das große Gewicht, das die Neuerer am Effektivitätswachstum einerseits haben, aber das zugleich noch sehr differenzierte Niveau in den einzelnen Betrieben und Kombinaten andererseits konfrontiert jeden Leiter mit der Aufgabe, die Neuererbewegung mit hoher politischer Verantwortung, Sorgfalt und Konsequenz zu leiten und mit jenen Ingenieurkollektiven zu verbinden, die an den Schwerpunktaufgaben von Wissenschaft und Technik arbeiten.

Die gesellschaftlich hoch zu wertenden Fortschritte in der Neuererbewegung erfordern von der Leitung,

- in den Betrieben in stärkerem Maße die Neuerertätigkeit in die Planung des Reproduktionsprozesses einzuordnen, mehr Neuererleistungen mit Neuererkollektiven zu vereinbaren und durch Erweiterung der Kapazitäten des Rationalisierungsmittelbaus die Überleitung der Neuerungen in die Praxis zu gewährleisten;
- die differenzierte Aufschlüsselung der ökonomischen Kennziffern für die Neuerertätigkeit bis auf die kleinstmögliche Produktionseinheit und ihre Abrechnung im sozialistischen Wettbewerb durchzusetzen;
- und schließlich für die Neuerertätigkeit vielfältige Impulse aus solchen Initiativformen abzuleiten, wie den Notizen zum Plan, den Initiativschichten, der Schichtgarantie, den persönlich- beziehungsweise kollektiv-schöpferischen Plänen.

Eine weitere Erhöhung der Wirksamkeit des sozialistischen Wettbewerbs geht von der stärkeren wissenschaftlichen Durchdringung der Faktoren der Intensivierung und ihrer Beeinflussungsmöglichkeit durch die Werktätigen aus sowie von den ökonomischen Zielstellungen des wissenschaftlich-technischen Fortschritts, denen gründliche Niveauvergleiche und Analysen der Anwenderbedürfnisse zugrunde liegen. Notwendig ist aber auch – gerade was die qualitativen Faktoren betrifft –, die Kollektive noch rascher über den Nutzen und die breite Nutzanwendung der Ergebnisse ihrer Arbeit zu informieren, diese anzuerkennen und sie zugleich mit neuen Aufgabenstellungen kontinuierlich zu verbinden.

2. Zur noch engeren Verbindung von Plan und Wettbewerb

Die noch wirkungsvollere Verknüpfung der zentralen staatlichen Leitung und Planung mit der schöpferischen und eigenverantwortlichen Tätigkeit in den Betrieben und Kombinaten ist von prinzipieller Bedeutung für die Leitung der Wirtschaft. Das Niveau der Masseninitiative ist hierbei ein wesentlicher Gradmesser für das Niveau der Leitungstätigkeit.

Gerade in der Verbindung von zentraler Leitung und Planung mit der Initiative der Arbeitskollektive muß man einen Vorzug für die Entfaltung der schöpferischen Fähigkeiten der Werktätigen sehen. Für die Erhöhung der Wirksamkeit einer engen Verbindung von Plan und Wettbewerb erweisen sich wachsende Realität der Pläne, höhere Kontinuität wirtschaftlicher Abläufe, eine zunehmend reibungslose Organisation in den Produktionskollektiven und die daraus resultierenden höheren Leistungsmöglichkeiten immer mehr als wichtige Faktoren, da sie eine Bedingung für das weitere Anwachsen initiativreichen Handelns der Werktätigen sind.

Das wiederum erfordert, daß die Masseninitiative von der Zielstellung der Produktion bis zur Abrechnung der Ergebnisse als fester Bestandteil der Leitung und Planung des betrieblichen Reproduktionsprozesses verstanden und gehandhabt wird. Die positiven Ergebnisse des sozialistischen Wettbewerbs entspringen nicht in erster Linie spontanen Aktionen, sondern vor allem der politisch-ideologischen und organisatorischen Führungstätigkeit durch die Partei, die staatlichen Leiter und Gewerkschaften. Hohe Ergebnisse werden dort erzielt, wo klare Ziele vorgegeben, entsprechende Bedingungen für ihre Realisierung geschaffen und aus der Analyse der erreichten Ergebnisse neue Aufgaben abgeleitet werden.

Das Verhältnis von Plan und Wettbewerb ist wechselseitig begründet. Einerseits wird durch den wissenschaftlich begründeten Plan die Initiative der Werktätigen auf eine solide Grundlage gestellt. Ein bilanzierter Fünfjahrplan als Hauptinstrument der Leitung der Wirtschaft ist zugleich die Gewähr dafür, den sozialistischen Wettbewerb mit größerer Voraussicht und Qualität zu leiten. Andererseits trägt die breite Teilnahme der Werktätigen an der Ausarbeitung betrieblicher Pläne zur Fundierung der gesamtstaatlichen Planung und damit sowohl zur Erschließung von Reserven als auch zur Absicherung hoher Planaufgaben bei.

Die unmittelbare Orientierung der Initiative der Werktätigen auf die Ausarbeitung der Pläne bedeutet zugleich, die Werktätigen praktisch in den Entscheidungsprozeß einzubeziehen, ihre Erfahrungen für die Vorbereitung von Entscheidungen zu nutzen und damit sowohl ihr Verantwortungsbewußtsein für die volkswirtschaftlichen und betrieblichen Prozesse zu erhöhen als auch die sozialistische Demokratie in der Wirtschaft weiter auszubauen.

Die Teilnahme der Werktätigen an der Planung selbst ist schließlich die Voraussetzung dafür, daß immer mehr Werktätige diese Pläne als ihre eigenen betrachten, sich mit ihnen identifizieren und um deren Erfüllung ringen. In diesem Prozeß wird auch die Bereitschaft anwachsen, eigene Reserven zu mobilisieren und Auseinandersetzungen mit vorhandenen Mängeln im Produktionsablauf zu führen.

Dennoch ist festzustellen, daß wichtige Formen der Verbindung von Initiative der Werktätigen im Wettbewerb und Plan nicht in allen Betrieben mit gleichem Effekt gehandhabt werden und durch deren feste Einordnung in die Leitung weitere Reserven erschließbar sind. Zu den Aufgaben der Leiter, gerade solche Bedingungen zu schaffen, die den Werktätigen die Möglichkeit einer wirksamen Teilnahme am Planungsprozeß geben, gehören:

- die eindeutige inhaltliche Orientierung, das heißt die Vorgabe von Zielen und Aufgaben, die Planaufschlüsselung;
- die Auseinandersetzung über aufgedeckte Reserven in den jeweiligen Kollektiven mit dem Ziel, sie planwirksam zu machen;
- die Beachtung richtiger Proportionen zwischen technischen, ökonomischen und sozialen Zielen;
- die Sicherung einer hohen Stabilität des bestätigten Planes.

Ein wesentlicher Bestandteil der Einheit von Plan und Masseninitiative und zugleich ein Ausdruck der Demokratie in der sozialistischen Wirtschaft ist die Plandiskussion. Sie führt zur unmittelbaren Berücksichtigung der gewonnenen Erfahrungen des vergangenen Zeitraums für den künftigen Planabschnitt und hat eine bedeutende Breitenbasis erlangt.

Durch gründliche Vorbereitung der Plandiskussion sollte der Ideenreichtum der

Werktätigen aber noch zielgerichteter auf besonders wichtige Schwerpunkte und Neuerungsprozesse gelenkt werden. Nicht selten gehen wichtige Potenzen verloren, werden verzettelt oder kommen zu spät zum Tragen, weil für eine solche Orientierung die notwendige Rangfolge der Aufgaben fehlt.

Die Erfahrungen in der betrieblichen Arbeit zeigen auch, daß überall dort die Verbindung von Plan und Wettbewerb am effektivsten ist, wo die Betriebe nicht erst die Plandiskussion mit der Übergabe der staatlichen Planvorgaben beginnen, sondern bereits in Kenntnis langfristiger Orientierungen und auf der Grundlage von eigenen Vorstellungen die Kollektive auf Schwerpunkte lenken und so gründlich vorbereitet die Plandiskussion führen. Der Erfolg der Plandiskussion hängt zugleich wesentlich davon ab, wie die Leiter in enger Zusammenarbeit mit den Gewerkschaften die bisherigen Ergebnisse der Arbeit zur Grundlage für höhere Wettbewerbsziele machen. Insofern ist die gründliche Analyse der Arbeit in der Phase der Realisierung des Planes eine entscheidende Ausgangsbasis für eine schöpferische Plandiskussion auf der Grundlage nachgewiesener Reserven der Leistungssteigerung.

Als eine wesentliche Form der Mitwirkung der Werktätigen an der Leitung der Produktion und der Entfaltung des sozialistischen Wettbewerbs erwies sich in den letzten Jahren die Arbeit mit *Gegenplänen.* In dem Maße, wie sich die Ausarbeitung des Gegenplanes immer stärker in die Phase der Erarbeitung des Betriebsplanes verlagerte und sich der Gegenplan zu einem harmonischen Bestandteil des Planangebots und des Jahresplanes des Betriebes entwickelte, wurden und werden entscheidende Schritte getan, die Initiative der Werktätigen im sozialistischen Wettbewerb auf die Ausarbeitung und Realisierung eines realen anspruchsvollen Planes zu richten.

In seinem Referat vor den 1. Sekretären der Kreisleitungen betonte Genosse Erich Honecker dabei die Notwendigkeit, die Initiative der Werktätigen im Gegenplan vor allem auf die qualitativen Faktoren der Produktion zu lenken:

„Uns kommt es beim Gegenplan nicht auf irgendwelche zusätzlichen Leistungen an, nicht auf irgendeine größere Menge Warenproduktion. Um es offen zu sagen: Die Vergrößerung der Bestände an schwer verkäuflichen Erzeugnissen nützt uns nichts. Wir brauchen vor allem mehr verfügbares Endprodukt. Was wir dringend nötig haben – das sind mehr verkaufsfähige Exporterzeugnisse und Produkte zur Ablösung von Importen, als die Planaufgaben vorsehen. Das sind mehr Waren für den Binnenhandel, welche die Bevölkerung gern kauft. Was wir brauchen, das sind mehr Ersatzteile, um energisch die Probleme zu lösen, die dabei auf einigen Gebieten bestehen. Es sind auch Produkte, die Lücken bei den sogenannten 1000 kleinen Dingen schließen.“[3]

Eine beachtenswerte Rolle für die Ausarbeitung von Gegenplänen spielen solche Initiativen wie die „Notizen zum Plan“. Übersichten zeigen, daß mit den Notizen zum Plan folgende Ausfallzeiten erfaßt werden:

- Störungen im Materialfluß, insbesondere in der innerbetrieblichen Kooperation und im Transport;
- Mängel in der Qualität des Vormaterials;
- Maschinenausfälle, fehlende Ersatzteile, Verzögerungen der Reparaturen;
- unzureichende technologische und organisatorische Vorbereitung;
- Überziehen von Pausen, unter anderem durch eine mangelhafte Organisation der Pausenversorgung;
- hoher Zeitaufwand für Beratungen, Abrechnung von Unterlagen und dergleichen.

In jüngster Zeit ist es verstärkt gelungen, nicht nur die Dauer von Ausfallzeiten und deren Ursachen festzustellen, sondern diese auch mit Ideen und Vorschlägen zur Verbesserung des technologischen Ablaufs, der Arbeitsorganisation und der innerbetrieblichen Kooperation zu verbinden.

Eine weitere Form, deren Anwendung im sozialistischen Wettbewerb zur Erhöhung der Pläne bzw. zur Ausarbeitung der Gegenpläne beiträgt und eine besonders sorgfältige leitungsmäßige Vorbereitung erforderlich macht, sind die *„Initiativschichten“*. Dabei werden bekanntlich für konkret festgelegte Bereiche und Arbeitsplätze beste Voraussetzungen geschaffen, um höchste Leistungen in einem bestimmten Zeitabschnitt zu erreichen. Im Zuge dieser „Initiativschichten“ gilt es Erfahrungen zu sammeln, welche Bedingungen für hohe Leistungen auch im Normalfall gesichert werden müssen. Das erscheint ein Widerspruch zu sein, ist aber objektiv notwendig, da nur so Mängel sichtbar werden, die sich in der normalen Arbeit eingeschlichen haben. In Auswertung der Ergebnisse der Initiativschichten geht es darum, die gegenwärtig bestehenden Produktionsbedingungen so zu entwickeln, daß sie dem während der Initiativschichten geschaffenen Niveau entsprechen.

Zur Sicherung der Einheit von Wettbewerb und Plan gehört die enge Verbindung von Wettbewerb und wirtschaftlicher Rechnungsführung, die wesentlich zur Stabilisierung und erhöhten Wirksamkeit der Masseninitiative beiträgt. Durch den exakten Kostennachweis wird der Leistungsvergleich gefördert, werden Reserven aufgedeckt, werden neue Ziele gestellt und normativ begründet. Solche Formen wie Brigadeaufträge, saldierte Wettbewerbe, Haushaltsbücher, persönliche Konten und andere tragen zur festen Einordnung der Masseninitiative in die Planung und in die ökonomische Abrechnung der betrieblichen Leistungen bei und fördern die wirksame Anwendung der materiellen Interessiertheit im sozialistischen Wettbewerb. Sie sind ein wesentlicher Beitrag dafür, den sozialistischen Wettbewerb nicht als etwas Zusätzliches zu betrachten, was außerhalb des normalen Betriebsablaufs steht, sondern ihn fest in die Leitung zu integrieren. Sie fördern das ökonomische Denken der Werktätigen, die Auseinandersetzung über Aufwand und Nutzen erheblich. Ohne Verbindung von wirtschaftlicher Rechnungsführung und Wettbewerb ist die Verwirklichung des Sparsamkeitsregimes undenkbar. Die Verbindung von Wettbewerb und wirtschaftlicher Rechnungsführung ist eine wesentliche Bedingung dafür, die Leistungsvergleiche immer mehr zu objektivieren und damit das Leistungsprinzip besser zu verwirklichen.

Insofern darf auch nicht die Kontrolle darüber vernachlässigt werden, wie sich neue und ihrem Wesen nach massenwirksame Initiativen real durchsetzen. So ist es ein Fehler anzunehmen, daß sich die Bereitschaft zur Qualitäts-Selbstkontrolle von allein und auf Dauer durchsetzt ohne die Veränderung von Funktionsplänen oder Arbeitsaufgaben, ohne Belege und komplexe Endkontrolle, die diesen Werktätigen die Erfüllung ihrer Verpflichtung bestätigen.

Die Forderung nach Erarbeitung von Gegenplänen schon in den Arbeitskollektiven findet nur dann ein gutes Echo, wenn dem Anforderungen oder Vorschläge zugrunde liegen, die eine Bilanzierung dieser Verpflichtungen und damit deren Realisierung gewährleisten, wodurch also die Werktätigen vom realen Nutzen ihrer Anstrengungen überzeugt werden. Das heißt, mit den höheren Anforderungen an den Inhalt des Wettbewerbs wachsen auch die Anforderungen an die Betriebswirtschaft, deren Aussagefähigkeit und Flexibilität.

Dabei muß man stets von dem Grundsatz ausgehen, daß Werktätige, die zur „Selbstnormung“ und „Selbstkontrolle“ bereit sind, auch positiv zu betriebswirtschaftlichen Maßnahmen stehen, die diesen Prozeß unterstützen, vorausgesetzt, es entstehen bei ihnen keine unzumutbaren zusätzlichen Belastungen und die Interessen stimmen überein.

3. Zur Führung des Wettbewerbs im Rahmen der Kombinate

Zu der Aufgabe der Kombinate, die Vorzüge der sozialistischen Großproduktion zur Wirkung zu bringen, gehört auch, den sozialistischen Wettbewerb noch erfolgreicher zu führen.

Objektiv sind hierfür günstige Bedingungen geschaffen. Eine wesentliche Leitungsaufgabe besteht darin, diese auch voll zu nutzen. Hier gibt es noch große Unterschiede, sowohl zwischen den Betrieben innerhalb der Kombinate als auch zwischen den Kombinats- und Ministeriumsbereichen.

Eine erste Bilanz erfolgreicher Kombinate zeigt, daß mit dem Konzentrationsprozeß eine Reihe von Vorzügen auch für die Leitung des Wettbewerbs erwachsen, die sowohl in der praktischen Wirksamkeit weiter ausgebaut, als auch noch gründlicher im Detail erforscht werden müssen, um zu aussagefähigen Verallgemeinerungen zu kommen. Dennoch lassen sich schon heute einige Vorteile nachweisen. Sie liegen insbesondere in einer größeren Sicherheit in den Planvorgaben für die Betriebs- und Arbeitskollektive infolge der inneren Kooperation und größerer Entscheidungsbefugnisse; in der Organisierung von überbetrieblichen Wettbewerben, Leistungsvergleichen und Erfahrungsaustauschen sowie in der verbindlichen breiteren Übertragung bester Wettbewerbsmethoden einschließlich der Kontrolle ihrer Realisierung; in größerer Komplexität der inhaltlichen Aufgabenstellungen vor allem in der Verwirklichung technischer, ökonomischer und sozialer Ziele; in der höheren Wissenschaftlichkeit der Führung des Wettbewerbs durch konzentrierten Einsatz von Fachkadern und Technikern, insbesondere bei der Analyse, Planung und Abrechnung, d. h. bei der organischen Einordnung des Wettbewerbs in die gesamte Leitung; in der Entwicklung der Zusammenarbeit und gegenseitigen Hilfe der Betriebe und Abteilungen innerhalb eines Kombinats als einem wesentlichen Bestandteil des sozialistischen Wettbewerbs.

Diese Vorzüge, die durch die Kombinate zum Tragen kommen, entheben aber die Betriebe nicht von ihrer eigenen Verantwortung. Im Gegenteil, es müssen letztlich diese Vorzüge im unmittelbaren Produktionsprozeß, in den Arbeitskollektiven umgesetzt, d. h. realisiert werden. Das verlangt ein hohes Engagement der Betriebe selbst.

Als wichtige Formen der Führung des Wettbewerbs in den Kombinaten haben sich solche Methoden gefestigt wie die Übertragung der Erfahrungen bei der Ausarbeitung des Gegenplanes auch auf die Wettbewerbsführung innerhalb der Kombinate (Planauftrag an die Kollektive – Planangebot der Kollektive). Zu wichtigen Leitungsunterlagen entwickeln sich Jahresbilanzen über erfolgreiche Initiativen im Kombinat mit Schlußfolgerungen für die folgende Planperiode. Einen festen Stellenwert erhalten Leiterberatungen und das operative Studium bester Wettbewerbsmethoden in einzelnen Betrieben durch den Generaldirektor und die Mitglieder der Leitung. Anerkennung finden die Organisation von Rationalisierungsbrigaden an Schwerpunkten und die Absicherung sowohl der Freistellung von Werktätigen hierfür als auch die Erfüllung ihrer Aufgaben durch die delegierenden Arbeitskollektive im sozialistischen Wettbewerb. Zunehmendes Gewicht erlangt die Durchführung von Kooperationswettbewerben zwischen den Betrieben und einzelnen Abteilungen zur Sicherung einer qualitäts- und termingerechten Erzeugung von Endprodukten im Kombinat.

Nach wie vor besteht eine wesentliche Aufgabe darin, das unterschiedliche Niveau in der Führung des sozialistischen Wettbewerbs innerhalb der Kombinate abzubauen und die besten Erfahrungen zum Allgemeingut zu machen. Dabei ist jedoch der Gefahr zu begegnen, bei der obligatorischen Einführung von erfolgreichen Wettbewerbsmethoden die seit langen Jahren in den einzelnen Betrieben erprobten spezifischen Formen der Wettbewerbsführung zu negieren. Vielmehr muß das Bestreben dahin gehen, neue allgemeingültige Methoden mit den spezifischen bisherigen Formen sozialistischer Wettbewerbe sinnvoll zu verbinden. Deren Tradition – die meist mit einem hohen persönlichen Engagement der Leitung der Kollektive verbunden ist – kann nicht ohne weiteres ersetzt werden.

Um noch tiefer zu den Ursachen und Triebkräften der Entwicklung initiativreichen Verhaltens vorzudringen, sollten in den Kombinaten Analysen zu den subjektiven und objektiven Bedingungen der Initiativentwicklung durchgeführt werden. Dies muß durch Untersuchungen ergänzt werden, die richtige Entscheidungen zur Einführung neuer Formen sowie zur Erhöhung der Wirksamkeit bestehender Formen und Methoden sichern helfen. Hierzu gehören nicht zuletzt der gesunde Geist des „Wetteiferns" und des Leistungsvergleichs sowie die Weiterentwicklung wirksamer materieller und ideeller Stimuli und Formen der öffentlich ansprechenden Führung des Wettbewerbs.

Beispiele zeigen die Vorteile der Einbeziehung eines möglichst breiten Kreises von Werktätigen, vor allem über die Gewerkschaften und andere gesellschaftliche Organisationen, in die analytische Arbeit. Das erschließt weitere Felder für die demokratische Teilnahme an Leitung und Planung und trägt gleichzeitig dazu bei, daß immer mehr Werktätige kritisch und konstruktiv an die Beurteilung der eigenen Leistungen und Aktivitäten herangehen.

Je größer die Vielfalt der einzelnen Formen der Initiative im sozialistischen Wettbewerb in den verschiedenen Industriezweigen, Kombinaten und Betrieben, desto höher ist die Verantwortung der zuständigen Leitungsorgane zur Entwicklung und massenhaften Anwendung geeigneter Formen des sozialistischen Wettbewerbs und dessen Festigung als Bestandteil sozialistischer Leitung.

Anmerkungen

1 Programm der Sozialistischen Einheitspartei Deutschlands, Berlin 1976, S. 21.
2 Vgl. E. Honecker, Die Aufgaben der Partei bei der weiteren Verwirklichung der Beschlüsse des IX. Parteitages der SED, Berlin 1978, S. 33.
3 Ebenda, S. 33/34.

W. Mäder

Zur wachsenden Bedeutung psychologischer Erkenntnisse für die sozialistische Leitungstätigkeit

Ein prinzipielles Anliegen sozialistischer Leitungstätigkeit ist es, wie Genosse Honecker auf dem IX. Parteitag der SED hervorhob, daß jeder Werktätige seine Arbeit effektiver und produktiver sowie mit wachsender persönlicher Zufriedenheit gestalten kann.[1] Dabei gehen wir davon aus, daß die wichtigste Produktivkraft, über die wir verfügen, der Mensch selbst ist, daß er als Subjekt des gesellschaftlichen Prozesses zugleich Schöpfer des materiellen und geistigen Reichtums der Gesellschaft ist und der subjektive Faktor mit der weiteren Gestaltung der entwickelten sozialistischen Gesellschaft wachsende Bedeutung erlangt. Alles, was den Menschen jedoch in Bewegung setzt, muß, wie Friedrich Engels sagte, zunächst durch den Kopf der Menschen hindurch und wird zu psychischen Vorgängen, die im Kopfe des Menschen Erkennen und Erleben der natürlichen und sozialen Bedingungen ermöglichen und das Handeln und Verhalten einer jeden Persönlichkeit steuern.[2]

Insofern sind menschliches Handeln und Verhalten auf der Grundlage sozialer Determinanten ebenso entscheidend durch psychische Komponenten bestimmt wie die Beziehungen, die die Menschen untereinander und zu den natürlichen und gegenständlichen Bedingungen ihres Lebensprozesses eingehen. Mit der Erhöhung der Rolle des subjektiven Faktors gewinnen somit auch die psychischen Komponenten der Handlungs- und Verhaltensregulation zunehmend an Bedeutung.

Auch die grundlegende Aufgabe sozialistischer Leitungstätigkeit, daß jeder Werktätige seine Arbeit produktiver und effektiver und mit wachsender persönlicher Zufriedenheit gestalten kann, schließt folglich bestimmende psychische Komponenten ein, die gerade für die Verwirklichung der genannten Zielstellung wachsendes Gewicht erhalten und in der Leitungstätigkeit entschieden stärker berücksichtigt werden müssen.

In Auswertung des IX. Parteitages sagte deshalb auch Kurt Hager, Mitglied des Politbüros und Sekretär des ZK: „Einen wichtigen Platz bei der Lösung ökonomischer, sozialer und geistig-kultureller Fragen beim Aufbau der entwickelten sozialistischen Gesellschaft nimmt die Psychologie ein. ... Die gesellschaftliche Bedeutung der Psychologie hat sich in den letzten Jahren durch die Entwicklung der ökonomischen, der wissenschaftlich-technischen und der sozialen Grundlagen der entwickelten sozialistischen Gesellschaft erheblich erhöht. ... Besonders die Lösung der Hauptaufgabe macht eine verstärkte Erarbeitung und Umsetzung solcher psychologischen Erkenntnisse notwendig, die der Erhöhung der Arbeitsproduktivität und Steigerung der Effektivität der Arbeit in untrennbarer Verbindung mit der Verbesserung der Arbeits- und Lebensbedingungen der Werktätigen dienen. Dabei sind Produktivitätssteigerung und Formung der Persönlichkeit in der Tätigkeit als Einheit zu betrachten."[3]

Diese Orientierung haben wir im Bereich der Wirtschaft begonnen zu verwirklichen. Wir versuchen, die Leitungskräfte in der Weiterbildung mit Grundkenntnissen der Psychologie vertraut zu machen und in den wichtigsten Industriezweigen psychologische Zentren zu errichten. Die Sektionen für Psychologie an den Universitäten lösen im Rahmen der Vertragsforschung verstärkt Aufgaben für die Wirtschaftspraxis. All das hebt jedoch die Tatsache nicht auf, daß gerade im Bereich der Wirtschaft im Unterschied zu anderen gesellschaftlichen Bereichen ein Rückstand der Nutzung und Anwendung der Erkenntnisse der Psychologie besteht, den es zu überwinden gilt.

In diesem Zusammenhang darf nicht übersehen werden, daß in vielen kapitalistischen Ländern, aufbauend auf dem Taylorismus einerseits und der human-relation-Bewegung andererseits, in den letzten Jahrzehnten erhöhte Anstrengungen zur Nutzung der Psychologie für die Leitung der kapitalistischen Unternehmen und die Erhöhung der Produktivität der Arbeit unternommen wurden. Das wird sichtbar in der verstärkten psychologischen Qualifizierung der Manager, der stärkeren Berücksichtigung der Erkenntnisse der Psychologie in den theoretischen Auffassungen des Managements und dem verstärkten Einsatz von Psychologen selbst in den kapitalistischen Wirtschaftsunternehmen. Zugleich erfolgt ein Ausbau der Lehr- und Forschungsstätten für Psychologie, das Anwachsen der Ausbildungskontingente und der Publikationstätigkeit.

So erhöhten sich beispielsweise in der BRD die Ausbildungsquoten in den siebziger Jahren um das Sechsfache und ihr Einsatz um das Vierfache. Diese Tendenz gilt für die meisten westeuropäischen Staaten, für die USA und für die lateinamerikanischen Länder.

Dabei bestimmen in diesen Ländern naturgemäß die Interessen der Bourgeoisie Richtung, Zweck und Grenzen der Anwendung der Psychologie und der Tätigkeit der Psychologen. Es geht um den Beitrag der Psychologie zur Manipulierung der Werktätigen und der Verschleierung der Diktatur der Bourgeoisie, um den Beitrag zur Festigung der Macht der Bourgeoisie und der Verschärfung der Ausbeutung der Werktätigen. Steht das auch im Gegensatz zum humanistischen Anliegen wissenschaftlicher Erkenntnis, das nur unter sozialistischen Bedingungen durch die Entwicklung sozialistischer Persönlichkeiten und Kollektive verwirklicht werden kann, die ihren Stoffwechsel mit der Natur so rationell und effektiv wie möglich vollziehen, so ist jedoch ein wirksamer Beitrag der Psychologie in den kapitalistischen Ländern für die Durchsetzung der Interessen der Bourgeoisie unverkennbar.

Es geht in den kapitalistischen Ländern bei der Vielfalt der Problemstellungen und der Wege der Ausnutzung der Erkenntnisse der Psychologie demzufolge im Kern immer

1. um die Manipulierung der Werktätigen, die mit wachsender Arbeitslosigkeit, bei gleichzeitiger Integration von sogenannten Gastarbeitern, noch an Bedeutung gewonnen hat,
2. um die Erhöhung der Produktivität der Arbeit der Werktätigen und
3. den Zugang zu Leitungsfunktionen vor allem für Angehörige der herrschenden Klasse abzusichern, und zwar unter dem Deckmantel sogenannter „objektiver" Auslese- und Eignungsverfahren.

Entgegen den Interessen der Arbeiterklasse wird die Entwicklung einer positiven Arbeitsmotivation versucht. Hierbei werden Partnerschaftsbeziehungen vorgetäuscht und abgestufte innerbetriebliche Sozialmaßnahmen genutzt.

Auch die sogenannte Humanisierung der Arbeit verfolgt den gleichen Zweck. Als Gegenaktion der Bourgeoisie auf den Kampf der Arbeiterklasse gegen das Fließband entstanden, geht es nicht um eine tatsächliche Humanisierung der Arbeit, sondern um die Herausbildung einer positiven Grundhaltung zum jeweiligen kapitalistischen Unternehmen und um die Erhöhung der Produktivität der Arbeit, damit höhere Profite realisiert werden können. Das zeigt das Beispiel des Volvo-Konzerns. Mit einer Fluktuationsrate bis zu 50% der Belegschaft und mit bis zu 25% Fehlschichten im Jahr stand dieser Konzern vor großen Schwierigkeiten. Er mußte die Fließbandproduktion in wichtigen Betriebsteilen auf der Grundlage der Nutzung der Erkenntnisse der Verhaltenswissenschaften umgestalten, wobei das Ergebnis für sich selbst spricht. Es sank die Fluktuation auf 12%, die Fehlschichten gingen auf 17% zurück, und die Rentabilitätsrate des Konzerns stieg um 35%. Das zeigt zwar die Wirksamkeit der Nutzung insbesondere psychologischer Erkenntnisse, aber zugleich ihre Ausnutzung im Interesse der verschärften Ausbeutung der Werktätigen durch die Bourgeoisie.

Für den Absatz der erzeugten Produkte hat die Werbepsychologie ständig an Bedeutung gewonnen. Mit ihrer Hilfe versuchen die Kapitalisten, zunächst Bedürfnisse für ihre Erzeugnisse zu wecken, um einen steigenden Absatz zu sichern und damit wachsende Profite zu realisieren.

Schließlich hat die Nutzung psychologischer Erkenntnisse bezüglich des Managers selbst zunehmend an Gewicht gewonnen. Dabei geht es erstens um die bewußte Gestaltung seines „Image", was sich entscheidend auf sein Ansehen und seine Autorität auswirkt, zweitens um das Training leitergerechter Verhaltensweisen und drittens um einen wirksamen Schutz gegen die Auswirkungen des Streß durch autogenes Training.

Konnten damit auch nur einige Anwendungsgebiete im Rahmen der sogenannten kapitalistischen Unternehmensführung angedeutet werden, so zeigen sie jedoch die aktive Nutzung des Erkenntnisschatzes der Psychologie im Interesse des Kapitals und seine wachsende Bedeutung für die Produktivität und Effektivität der Arbeit unter den Bedingungen der sich verschärfenden Widersprüche zwischen der Bourgeoisie und dem Proletariat.

Was unter kapitalistischen Bedingungen jedoch der Not gehorchend erfolgt, damit die Minderheit von Ausbeutern ihre Herrschaft behaupten und wachsende Profite realisieren kann, dient im Sozialismus völlig entgegengesetzten, wahrhaft humanistischen Zielen. Für uns gilt es, im Interesse der Entwicklung sozialistischer Persönlichkeiten die Arbeit aller Werktätigen immer produktiver und effektiver sowie mit wachsender persönlicher Zufriedenheit zu gestalten, was weit höhere Maßstäbe und Anforderungen für die Nutzung der Erkenntnisse der Psychologie setzt.

Aus der Vielzahl der Problemstellungen, wie die Entwicklung sozialistischer Persönlichkeiten und Kollektive, die Eignung und Auslese entsprechend den Fähigkeiten, die Erhöhung des Kooperationseffekts durch Berücksichtigung seiner sozialpsychologischen Komponenten, die Gestaltung der Arbeitsmittel, des Arbeitsplatzes und der Arbeitsorganisation sowie der Arbeits- und Lebensbedingungen im weiteren Sinne, die Optimierung der Wechselbeziehungen in Mensch-Maschine-Systemen unter dem Gesichtspunkt der zuverlässigen Informationsverarbeitung durch den Menschen und der Steuerung der Anlage, der Gesunderhaltung der Werktätigen bzw. der Rehabilitation erkrankter usw. möchte ich unter dem Aspekt der Vervollkommnung der sozialistischen Leitungstätigkeit die Entwicklung der sozialistischen Arbeitsmotivation herausgreifen.

Zur Erreichung der gesetzten ökonomischen Zielstellungen arbeitet jeder Leiter bekanntlich vor allem mit administrativ-organisatorischen, ökonomischen und politisch-ideologischen Leitungsmethoden. Er gibt eine klare, überschaubare und verbindliche Aufgabenstellung für das Arbeitskollektiv, schlüsselt diese Aufgabenstellung auf die Mitglieder des Arbeitskollektivs auf und kontrolliert die qualitäts- und termingerechte

Erfüllung der gestellten Aufgaben. In diesem Zusammenhang arbeitet er mit Aufträgen und Weisungen, die für jeden verbindlich und grundsätzlich durchzuführen sind. Zugleich nutzt er auf der Grundlage des Leistungsprinzips differenzierte Formen der moralischen und materiellen Stimulierung, um die qualitäts- und termingerechte Erfüllung zu sichern bzw. die ökonomische Zielstellung zu überbieten. Weiterhin nutzt der Leiter auf der Grundlage der politisch-ideologischen Arbeit die Methode der Überzeugung, um ein bewußtes Verhalten des Kollektivs und seiner Mitglieder zu den gestellten Aufgaben zu erreichen und ihre Initiative zu entfalten.

Diese Methoden werden schließlich durch die Nutzung vielfältiger sozialer Faktoren für die Stimulierung der Leistungsentwicklung des Kollektivs ergänzt.

Alle diese Leitungsmethoden werden jedoch nur über die Arbeitsmotivation der Werktätigen wirksam, die zwar sozial determiniert, aber bezogen auf den einzelnen Werktätigen eine psychische Erscheinung ist.

Motive sind die subjektiven Beweggründe konkreter Handlungs- und Verhaltensweisen der Persönlichkeiten. Sie sind die Grundlage für die Realisierung konkreter Handlungs- und Verhaltensweisen durch die Persönlichkeit. Höhere Maßstäbe an die Arbeit der Werktätigen und deren Resultate sind folglich zunächst immer höhere Maßstäbe an die Handlungs- und Verhaltensmotivation der Werktätigen. Die Vernachlässigung der Entwicklung derartiger Motive untergräbt die Erreichung der für die Arbeit gesetzten Maßstäbe und hat Initiativverluste zur Folge. Motive sind Ausdruck der Struktur der Persönlichkeit. Sie sind folglich die Einheit von rationalen, emotionalen und volitionalen Komponenten. Insofern schließen sie ein:

- klare Zielvorstellungen mit der Kenntnis ihrer Realisierungsmöglichkeiten,
- starke emotionale Bindung zu den Handlungs- und Verhaltenszielen,
- den festen Willen, die mit dem Motiv abgesteckten Ziele auch zu verwirklichen.

Die Struktur der Handlungs- und Verhaltensmotive ist zugleich entscheidend durch die Wechselbeziehungen der persönlichen zu den kollektiven und gesellschaftlichen Interessen charakterisiert. Daraus ergeben sich vielfältige Unterschiede in den Motiven der Werktätigen. Es können demzufolge sowohl persönliche als auch kollektive bzw. gesellschaftliche Interessen mehr oder weniger für Handlungs- und Verhaltensmotive bestimmend sein und auch vielfältige Nuancen in den Wechselbeziehungen dieser Interessen wirksam werden. Vordergründig durch persönliche Interessen motivierte Werktätige sind nur insoweit auf hohe Leistungen für die Gesellschaft ausgerichtet, wenn über hohe Stimulierungsmaßnahmen Realisierungsmöglichkeiten für die Verwirklichung ihrer persönlichen Interessen möglich sind. Liegen diese Möglichkeiten jedoch in Nebenbeschäftigungen außerhalb des Arbeitsprozesses, so werden diese – wenn möglich – wahrgenommen, was dann nicht selten zu Lasten der Leistungsbereitschaft für die Gesellschaft geht.

Auch bei der bestimmenden Rolle kollektiver Interessen für die Handlungs- und Verhaltensmotivation ist die Bindung zu den persönlichen Interessen oft stärker als der Bezug zu den gesellschaftlichen Interessen. Sind die kollektiven Interessen nur im Zusammenhang mit der Lösung gesellschaftlicher Aufgaben realisierbar, so ist die Handlungs- und Verhaltensmotivation jedoch vielfach dadurch charakterisiert, daß die Vorteile für das Kollektiv den Ausschlag für die Leistungsbereitschaft zur Lösung gesellschaftlicher Aufgaben geben.

Sozialistische Handlungs- und Verhaltensmotive hingegen sind durch bewußte Identifizierung mit den gesellschaftlichen Interessen und Erfordernissen charakterisiert. Die volkswirtschaftlichen Anforderungen bestimmen die kollektiven und individuellen Entscheidungen und auf der Grundlage hoher Einsatz- und Leistungsbereitschaft für die Gesellschaft die Handlungs- und Verhaltensmotive dieser Werktätigen. Auch sie schließen die Wechselbeziehungen zu den kollektiven und persönlichen Interessen ein, jedoch auf der Grundlage der Übereinstimmung mit den gesellschaftlichen Erfordernissen. Dieser Übereinstimmung der persönlichen und kollektiven Interessen mit den gesellschaftlichen Erfordernissen liegt die Einsicht zugrunde, daß nur über die Verwirklichung der gesellschaftlichen Erfordernisse und damit des ökonomischen Wachstums unserer ganzen sozialistischen Gesellschaft die Realisierungsmöglichkeiten persönlicher und kollektiver Interessen geschaffen und erweitert werden.

Die ökonomischen und gesellschaftlichen Erfolge und damit das rasche Entwicklungstempo beim Aufbau des entwickelten Sozialismus in unserer Republik wären nicht denkbar, wenn nicht die überwiegende Mehrheit der Werktätigen unter Führung der Partei auf der Grundlage sozialistischer Handlungs- und Verhaltensmotive aufopferungsvoll und uneigennützig tagtäglich für die Festigung und Stärkung unserer Ordnung alle ihre Kräfte einsetzen würde. Das gilt beispielsweise für Gertrud Westphal, als sie zur Sieben-Maschinen-Bedienung überging, für Karl-Heinz Hübner, als er begann, Notizen zum Plan zu schreiben, für Gerd Pfeiffer und Horst Franke, als sie ihre persönlich-schöpferischen Pläne zur Steigerung der Arbeitsproduktivität entwickelten usw. Überhaupt sind die vielfältigsten Formen der schöpferischen Initiative im Rahmen des sozialistischen Wettbewerbs sowie die aktive Teilnahme an der Neuererbewegung zur Erfüllung und Überbietung der Planaufgaben sowohl charakteristisch für die Entwicklung und Festigung sozialistischer Handlungs- und Verhaltensmotive als auch umgekehrt ihr Ausdruck. Wenn die Werktätigen der Kupfer- und Silberhütte im Mansfeld-Kombinat zu Ehren des 30. Jahrestages unserer Republik sich verpflichteten, die im Fünfjahrplan festgelegte Steigerung der Arbeitsproduktivität 30 Produktionstage vorfristig zu erfüllen, neun Jugendbrigaden der ZEMAG erfolgreich um die Einsparung von 30 000 Arbeitsstunden kämpfen, oder ein Meisterbereich im Elektromaschinenbau durch eine konsequente Rationalisierung der Arbeit Arbeitsplätze einsparten, dann setzt das eine tiefe Identifizierung dieser Werktätigen mit der Politik der Partei und die Herausbildung sozialistischer Motive des Handelns und Verhaltens voraus. Und jeder weiß, daß derartige Beispiele nicht nur beliebig erweitert werden können, sondern charakteristisch für unsere Entwicklung sind. Losungen wie „Zeitgewinn ist Reingewinn“ oder „Zeit ist Gold – ist sie uns Gold wert?“ werden eben auf der Grundlage sozialistischer Handlungs- und Verhaltensmotive über entsprechende Initiativen vieler Werktätiger durch die Erhöhung der Effektivität der Arbeit für die Gesellschaft wirksam, worin auch die Realität unserer hohen ökonomischen Zielstellungen bei gegebenen materiellen Voraussetzungen begründet ist. Das schließt jedoch nicht aus, daß zugleich ein Teil der Werktätigen – wie bereits angesprochen – nach wie vor nach Motiven handelt, die vor allem an persönlichen und kollektiven Interessen orientiert sind, wodurch potentielle Produktivitätsreserven ungenügend erschlossen werden.

Das ist aber zugleich ein Problem im Zusammenhang mit der Anwendung unterschiedlicher Leitungsmethoden. Der Leiter arbeitet mit den verschiedenen Leitungsmethoden unter dem Aspekt des ökonomischen Resultats, und er ist von der Wirksamkeit der eingesetzten Leitungsmethoden überzeugt, wenn die ökonomischen Zielstellungen erreicht bzw. sogar überboten werden. Welche Motive den erbrachten Leistungen zugrunde liegen, ist zumeist erst eine zweitrangige Frage und wird relativ selten untersucht. Das gleiche gilt für die Analyse der Wirkung der einzelnen Leitungsmethoden auf den Charakter der Arbeitsmotivation. Sprechen die Formen der moralischen und materiellen Stimulierung oft vordergründig die persönlichen und kollektiven Interessen an, so sind die Methoden der Überzeugung auf der Grundlage der politisch-ideologischen Erziehungsarbeit auf die Identifizierung mit den gesellschaftlichen Interessen ausgerichtet. Dabei darf die Stärke der moralisch-materiellen Stimulierung nicht unterschätzt werden. Das gilt um so mehr, weil die Formen der administrativ-organisatorischen Leitungsmethode im engsten Zusammenhang mit der moralischen und materiellen Stimulierung auf die Arbeitsmotivation wirken. Entgegengesetzte Tendenzen erschweren daher die Herausbildung sozialistischer Handlungs- und Verhaltensmotive, verzögern den Prozeß der sozialistischen Persönlichkeitsentwicklung, erschließen trotz erfüllter Aufgabenstellungen in der Regel ungenügend die potentiellen Leistungsreserven zur Erhöhung der Produktivität und Effektivität der Arbeit.

Eine Frage der Vervollkommnung der sozialistischen Leitungstätigkeit ist somit auch die konsequente Ausrichtung der Wirksamkeit der unterschiedlichen Leitungsmethoden auf die Entwicklung und Festigung der sozialistischen Arbeitsmotivation. Dazu bedarf es jedoch der Analyse der konkreten Motivationsstruktur des Arbeitskollektivs und der Berücksichtigung der sich daraus ergebenden Konsequenzen in der Anwendung der unterschiedlichen Leitungsmethoden. Weiterhin ist die konsequente Ausrichtung der Wirksamkeit der Leitungsmethoden auf die Entwicklung der sozialistischen Arbeitsmotivation nur möglich, wenn die Formen der administrativ-organisatorischen Leitung und die Formen der moralischen und materiellen Stimulierung auf der Grundlage und in Übereinstimmung mit der politisch-ideologischen Erziehungsarbeit erfolgen.

Diese Seiten der Leitungstätigkeit stellen an den sozialistischen Leiter höhere Anforderungen sowohl in bezug auf die Nutzung und Anwendung der Erkenntnisse der Psychologie als auch bezüglich seines psychologischen Einfühlungsvermögens, um die Entfaltung der schöpferischen Initiative der Werktätigen auf der Grundlage sozialistischer Handlungs- und Verhaltensmotive durch seine Leitungstätigkeit zu gewährleisten.

Ist damit auch nur eine Problemstellung der sozialistischen Leitungstätigkeit angesprochen, so zeigt sie jedoch die wachsende Bedeutung auch der Anwendung und Ausnutzung psychologischer Erkenntnisse für die weitere Vervollkommnung der sozialistischen Leitungstätigkeit.

Wie in jedem Bereich gilt auch für die Leitungstätigkeit die von der Parteiführung gezogene Schlußfolgerung: „Je umfassender und tiefgreifender sich der Wandel der gesellschaftlichen Verhältnisse vollzieht, um so wichtiger werden die sozialistischen Denk- und Verhaltensweisen der Menschen, wird das sozialistische Arbeiten, Lernen und Leben.“[4]

Anmerkungen

1 Vgl. Bericht des Zentralkomitees der Sozialistischen Einheitspartei Deutschlands an den IX. Parteitag der SED, Berichterstatter: Genosse Erich Honecker, Berlin 1976, S. 88/89.

2 Vgl. F. Engels, Ludwig Feuerbach und der Ausgang der klassischen deutschen Philosophie, in: Karl Marx/Friedrich Engels, Werke, Bd. 21, Berlin 1962, S. 281.

3 K. Hager, Der IX. Parteitag und die Gesellschaftswissenschaften, Berlin 1976, S. 36/37.

4 Beschluß des Politbüros des Zentralkomitees der SED vom 18. Mai 1977, in: Die Aufgaben der politischen Massenarbeit der Partei, Berlin 1977, S. 74.

ABHANDLUNGEN
DER AKADEMIE DER WISSENSCHAFTEN DER DDR
Abteilung Veröffentlichungen der Wissenschaftlichen Räte

Tagungen des Wissenschaftlichen Rates
für die wirtschaftswissenschaftliche Forschung

Erschienen:

19. Tagung vom 7. 12. 1976 Nr. W 2/1977
Theoretische Fragen der weiteren Vertiefung der sozialistischen ökonomischen Integration

20. Tagung vom 25. 3. 1977 Nr. W 5/1977
Probleme der sozialistischen Lebensweise

2. Tagung der Gemeinsamen Kommission der Ökonomen der UdSSR und der DDR Nr. W 6/1977
Probleme der Intensivierung der sozialistischen erweiterten Reproduktion

22. Tagung vom 10. 6. 1977 Nr. W 1/1978
Probleme der Leitung in der Wirtschaft

23. Tagung vom 1. 11. 1977 Nr. W 3/1978
Zur planmäßigen Entwicklung der sozialistischen Produktionsverhältnisse

3. Tagung der Gemeinsamen Kommission der Ökonomen der UdSSR und der DDR Nr. W 6/1978
Ökonomische und soziale Probleme des wissenschaftlich-technischen Fortschritts

24. Tagung vom 21.–22. 4. 1978 Nr. W 8/1978
Wirtschaftswissenschaftliche Konferenz der DDR
Hauptwege zur Steigerung der Arbeitsproduktivität

4. Tagung der Gemeinsamen Kommission der Ökonomen der UdSSR und der DDR Nr. W 9/1978
Probleme der Leitung und Planung der sozialistischen Wirtschaft

In Vorbereitung:

25. Tagung vom 13. 10. 1978 Nr. W 2/1979
Intensivierung der landwirtschaftlichen Produktion

FSC
www.fsc.org
MIX
Papier | Fördert
gute Waldnutzung
FSC® C083411

Kolibri 360 GmbH
Ferdinand-Jühlke-Straße 7
99095 Erfurt, Deutschland
produktsicherheit@kolibri360.de